普通高等院校经济管理类"十三五"应用型规划教材
物流系列

广东省"教学质量与教学改革工程"建设项目

TRANSPORTATION MANAGEMENT
运输管理

主　编　王术峰
副主编　冯国苓
参　编　王道勇　吴良勇　汪义军　饶慧　等

机械工业出版社
China Machine Press

图书在版编目（CIP）数据

运输管理 / 王术峰主编 . —北京：机械工业出版社，2018.3（2023.1 重印）
（普通高等院校经济管理类"十三五"应用型规划教材·物流系列）
ISBN 978-7-111-59221-1

I. 运… II. 王… III. 物流 – 货物运输 – 管理 – 高等学校 – 教材 IV. F252

中国版本图书馆 CIP 数据核字（2018）第 036458 号

本书从企业物流运输的实际出发，立足企业实际运作模式，以物流运输业务流程为脉络，对运输管理知识体系进行了重新编排；以工作过程为导向进行内容设计，将运输业务过程与工作过程相结合，使运输管理实务的内容更具有完整性，教学组织更贴近实际工作过程。此外，本书根据各章节的知识点和对能力的要求，设计了丰富的实际操作训练内容，供学生练习使用。

本书可作为高校运输管理、物流管理、物流工程、电子商务、国际贸易等专业学生的专业基础课程或专业核心课程教材，也适于从事相关教学研究的教师、研究生和企业管理人员作为专业参考书。

出版发行：机械工业出版社（北京市西城区百万庄大街 22 号　邮政编码：100037）
责任编辑：董凤凤　　　　　　　　　　　　责任校对：殷　虹
印　　刷：北京建宏印刷有限公司　　　　　版　　次：2023 年 1 月第 1 版第 10 次印刷
开　　本：185mm×260mm　1/16　　　　　印　　张：17
书　　号：ISBN 978-7-111-59221-1　　　　定　　价：39.00 元

客服电话：(010) 88361066　68326294

版权所有·侵权必究
封底无防伪标均为盗版

Preface 前 言

"运输管理"是高校运输管理、物流管理专业的专业基础课程或专业核心课程。它面向物流行业运输服务领域，培养物流运输管理实战型人才。运输是物流的主要服务功能之一，是物流部门用来实现物品在产地和需要地之间的空间位移、创造商品的空间效应、实现其使用价值、满足社会需要的一个极为重要的环节。在经济发展和市场竞争时期，企业注重的是内部管理，以降低成本，提高经济效益，增强竞争优势。

本书的编写，期望达到以下三个目的：一是改变以传统的学科知识结构为脉络的课程设计思路，构建以工作过程为主线、工作任务为环节的新型课程体系；二是能够系统梳理课程内容，按照业务主体、业务流程、业务单证等知识点，进行布篇和编写；三是通过对本课程的学习，我们希望学生能够全面了解各种运输方式的主要业务活动和业务环节，掌握运输管理的理论，掌握运输费用计算的方法，解决货运事故和纠纷等相关问题。

该课程作为大学本科的主干核心课程，由于具有跨学科性，授课有相当大的难度；编者长期讲授该门课程，深感教材"适合度"的重要性。为此，本书在编写过程中力求做到理论介绍与实例分析相结合，定性分析与定量分析相结合，数学寻优技术与综合评价方法相结合，注重可操作性与实用性，以使本书更能适应本科生的学习要求。同以往教材相比，本书具有以下特色：

（1）坚持教学内容梳理原则。本书力求打破原有以学科知识体系为框架选取课程内容的模式，采用任务驱动的方法进行内容设计；突出过程性知识为主、陈述性知识为辅的原则，实现理论、实践一体化，遵循"理论－方法－操作"的原则整合课程内容。

（2）教学内容具有适用性。本书针对各章的教学要点和技能要点设计了丰富的习题，便于初学者把握、学习精髓；提供了大量不同类型的物流运输管理案例、丰富的知识资料，以供读者阅读；各章提供了丰富的习题和实际操作训练内容，以供学习者练习和训练使用。本书内容直观简洁，注重理论联系实际，体现了行业标准和操作规范，能够满足高等院校物流管理及相关专业的教学需要，同时便于对学生所学知识进行巩固和培养他们的物流实操能力。

（3）教学内容具有实用性。本书力求将物流运输管理的知识体系进行整合与优化，从物流运输企业的实际出发，立足企业实际运作模式，基于物流运输业务流程对学习内容进行重新编排，以工作过程为导向进行内容设计，将运输业务过程与工作过程相结合，使运输管理实务的内容更具有系统性，教学组织更贴近实际工作过程。

本书的主要内容包括：运输管理认知、公路货物运输、水路货物运输、铁路货物运输、航空货物运输、国际多式联运、运输决策、运输合同管理等，以培养学生的操作能力为主线，以工作过程为导向。

本书由王术峰、冯国苓负责设计结构、目录，由王术峰、杨嘉雯、梁靖祺负责统稿。各章编写分工如下：第1章由王术峰、许诗燕编写，第2章由王术峰、陈文玉编写，第3章由王道勇、张慧凝编写，第4章由吴良勇、陈迷芳编写，第5章由王术峰、罗妤娜编写，第6章由汪义军、刘雪彬编写，第7章由饶慧、张咏茵编写，第8章由冯国苓、张龄尹编写。

本书可作为高等院校运输管理、物流管理、物流工程、电子商务、国际贸易等专业学生的专业基础课程或专业核心课程教材，也适于从事相关教学研究的教师、研究生和企业管理人员作为专业参考书。

由于编者的学识与水平有限，书中难免有不妥或错误之处，敬请同人和广大读者批评指正（邮箱：wangshufeng2015@163.com）。

王术峰
2017年12月于广东白云学院

Suggestion 教学建议

"运输管理"是高校运输管理、物流管理等相关专业开设的一门专业基础或专业核心课程。由于该课程具有跨学科性,授课有相当大的难度。为此,本书倡导"以学生为中心"的教学理念、"以项目为导向"的教学设计思路,将运输业务过程与管理过程相结合,使运输管理实务的内容更具有系统性,教学组织更贴近实际工作过程。通过理论与实践相结合的教学方式,本书旨在重点训练学生的应用能力和实践能力。

学时分配建议(供参考)

序号	章节	教学要点	学时
1	第1章 运输管理认知	(1) 了解运输、运输管理的概念 (2) 掌握运输的空间效用、时间效用 (3) 理解运输的基本方式以及运输合理化原理	4
2	第2章 公路货物运输	(1) 熟悉公路货物运输的业务流程和单证 (2) 掌握公路货物运输的费用计算 (3) 了解公路货物运输的实际应用	6
3	第3章 水路货物运输	(1) 掌握水路货物运输的流程单证 (2) 熟悉水路货物运输的费用计算 (3) 了解水路货物运输的实际应用	8
4	第4章 铁路货物运输	(1) 熟悉铁路货物运输的业务流程和单证 (2) 掌握铁路货物运输的费用计算 (3) 了解铁路货物运输的实际应用	6
5	第5章 航空货物运输	(1) 熟悉航空货物运输的业务流程和单证 (2) 掌握航空货物运输的费用计算 (3) 了解航空货物运输的实际应用	6
6	第6章 国际多式联运	(1) 熟悉国际多式联运的业务流程和单证 (2) 掌握国际多式联运的责任划分 (3) 了解国际多式联运的实际应用	6
7	第7章 运输决策	(1) 掌握运输方式与运输路线的选择 (2) 熟悉运输计划编制 (3) 了解运输决策的实际应用	6
8	第8章 运输合同管理	(1) 熟悉运输合同与纠纷处理 (2) 掌握运输责任的划分 (3) 了解运输合同的实际应用	6
9	合计		48

目 录 Contents

前言
教学建议

第 1 章　运输管理认知 　　1
　　本章要点 　　1
　　开篇案例 　　1
　　1.1　运输基础知识 　　2
　　1.2　运输与物流的关系 　　6
　　1.3　运输合理化 　　9
　　1.4　运输规划 　　16
　　1.5　运输管理认知实训项目 　　21
　　本章小结 　　27
　　复习思考题 　　27
　　案例分析 　　28

第 2 章　公路货物运输 　　30
　　本章要点 　　30
　　开篇案例 　　30
　　2.1　公路货物运输业务流程 　　31
　　2.2　公路货物运输单证 　　38
　　2.3　公路货物运输费用的计算 　　43
　　2.4　国际货物公路运输 　　47
　　2.5　公路货物运输实训项目 　　49
　　本章小结 　　52
　　复习思考题 　　52
　　案例分析 　　53

第 3 章　水路货物运输 　　56
　　本章要点 　　56

| 开篇案例 | 56 |

3.1 水路货物运输的业务流程 56
3.2 水路货物运输相关单证 64
3.3 水路货物运输费用的计算 71
3.4 海上国际集装箱运输 77
3.5 水路货物运输实训项目 86
本章小结	89
复习思考题	90
案例分析	90

第4章 铁路货物运输 94
| 本章要点 | 94 |
| 开篇案例 | 94 |

4.1 铁路货物运输的业务流程 95
4.2 铁路货物运输单证 101
4.3 铁路货物运输费用的计算 105
4.4 国际铁路运输 109
4.5 铁路货物运输实训项目 114
本章小结	117
复习思考题	117
案例分析	118

第5章 航空货物运输 119
| 本章要点 | 119 |
| 开篇案例 | 119 |

5.1 航空货物运输的业务流程 120
5.2 航空货物运输单证的缮制 133
5.3 航空货物运输费用的计算 137
5.4 国际航空运输 146
5.5 航空货物运输实训项目 148
本章小结	152
复习思考题	152
案例分析	152

第6章 国际多式联运 153
| 本章要点 | 153 |

｜ 开篇案例 153
　　6.1 国际多式联运业务流程 154
　　6.2 国际多式联运单证 160
　　6.3 多式联运运费的计算 172
　　6.4 多式联运经营人与赔偿责任制 173
　　6.5 国际多式联运实训项目 178
　　｜ 本章小结 181
　　｜ 复习思考题 182
　　｜ 案例分析 182

第7章 运输决策 188
　　｜ 本章要点 188
　　｜ 开篇案例 188
　　7.1 运输方式选择 189
　　7.2 运输路线选择 196
　　7.3 运输计划编制 202
　　7.4 运输决策实训项目 226
　　｜ 本章小结 228
　　｜ 复习思考题 228

第8章 运输合同管理 229
　　｜ 本章要点 229
　　｜ 开篇案例 229
　　8.1 合同管理 231
　　8.2 运输合同 234
　　8.3 海上运输合同 242
　　8.4 集装箱运输合同 244
　　8.5 运输责任划分 249
　　8.6 运输合同纠纷处理 251
　　8.7 运输合同管理实训项目 256
　　｜ 本章小结 261
　　｜ 复习思考题 261

附录A 常用的缩略词及短语 262
参考文献 264

Chapter 1 第 1 章

运输管理认知

本章要点

- 运输、运输管理的概念
- 运输的空间效用、时间效用
- 运输的基本方式
- 运输合理化管理
- 运输规划

开篇案例

沃尔玛通过运输管理节约成本

沃尔玛是世界上最大的商业零售企业之一。在物流运营过程中,尽可能地降低成本是其经营哲学。

沃尔玛有时采用空运,有时采用船运,还有一些货物采用卡车公路运输。在中国,沃尔玛百分之百地采用公路运输,所以如何降低卡车运输成本,是沃尔玛物流管理面临的一个重要问题。为此,它主要采取了以下措施:

(1) 沃尔玛使用一种尽可能大的卡车,大约有 16 米加长的货柜,比集装箱运输卡车更长或更高。沃尔玛把卡车装得非常满,产品从车厢的底部一直装到最高限度,这样非常有助于节约成本。

(2) 沃尔玛的车辆都是自有的,司机也是其自有员工。沃尔玛的车队大约有 5 000 名非司机员工,有 3 700 多名司机,车队每周一次运输,路程可达 7 000~8 000 千米。

沃尔玛知道,卡车运输是比较危险的,有可能会出交通事故。因此,对于运输车队来说,保证安全是节约成本重要的环节。沃尔玛的口号是"安全第一,礼貌第一",而不是"速度第一"。在运输过程中,卡车司机都要严格遵守交通规则。沃尔玛定期在公路上对运输车队进行调查，卡车上面都带有公司的号码。如果调查人员看到司机违章驾驶，就可以根据车上的号码报告，以便进行惩处。沃尔玛认为，卡车不出事故，就是在为公司节省费用，就是最大限度地降低物流成本。由于狠抓安全驾驶，运输车队已经创造了300万千米无事故的纪录。

（3）沃尔玛采用全球定位系统对车辆进行定位，因此在任何时候，调度中心都可以知道这些车辆在什么地方，离商店有多远，还需要多长时间才能运到商店，这种估算可以精确到小时。沃尔玛知道卡车在哪里，产品在哪里，就可以提高整个物流系统的效率，有助于降低成本。

（4）沃尔玛连锁商场的物流部门，24小时进行工作，无论白天或晚上，都能为卡车及时卸货。另外，沃尔玛的运输车队还利用夜间进行运输，从而做到当日下午进行集货，夜间进行异地运输，翌日上午即可送货上门，保证在15~18个小时完成整个运输过程，这是沃尔玛在速度上取得优势的重要措施。

（5）沃尔玛的卡车把产品运到商场后，商场可以把产品整个卸下来，而不用对每个产品逐个检查，这样就可以节省很多时间和精力，加快物流的循环过程，从而降低成本。这里有一个非常重要的先决条件，就是沃尔玛的物流系统能够确保商场所得到的是与发货单上完全一致的产品。

（6）沃尔玛的运输成本比供货厂商自己运输产品所产生的成本要低。所以，厂商也使用沃尔玛的卡车来运输货物，从而做到把产品从工厂直接运送到商场，大大节省产品流通过程中的仓储成本和转运成本。

沃尔玛的集中配送中心把上述措施有机地组合在一起，做出了一个经济、合理的安排，从而使沃尔玛的运输车队能以较低的成本高效率地运行。

1.1 运输基础知识

1.1.1 运输概述

运输可以说是伴随着人类文明的进步在不断发展，它与人类有着同样悠久的历史，但是运输业的出现则要晚得多。我国的运输业发展至今经历了不同的运输阶段，由最原始的运输方式发展到现在的以机械运输工具为主导的运输形式。目前，我国已经形成了多种运输方式共存的局面，主要是以公路、铁路、水运、航空和管道五种运输方式为主导的运输体系。每种运输方式都有其各自的适用环境。只有在不同的运输环境和运输条件下，选择相应的运输方式，才能提高运输效率与效益。

1. 运输的定义

运输是指用设备和工具，将物品从一个地点向另一个地点运送的物流活动。它包括集货、分配、搬运、中转、装入、卸下、分散等一系列操作。它是在不同的地域范围间，以改变"物"的空间位置为目的的活动，是对"物"进行的空间位移。

2. 运输的特点

（1）运输不生产有形的产品。

运输作为一种特殊的物质生产，并不生产有形的产品，只提供无形的服务。作为运输的抽象劳动，其创造的新价值会被追加到所运输货物的原有使用价值中。

（2）运输不改变运输对象的性质。

运输过程不像工农业生产那样改变劳动对象的物理、化学性质和形态，而只改变运输对象（客、货）的空间位置。对旅客来说，通过运输实现了消费；对货物来说，通过运输创造了附加价值。

（3）运输对自然的依赖性很大。

运输不同于工业生产，它对自然有较强的依赖性。大部分的运输活动会露天进行，风险较大。运输的场所、设施设备分布分散，流动性强，具有点多、线长、面广的特点，受自然条件的影响较为明显。

（4）运输是资本密集型产业。

由于运输不生产有形产品，它不需要为原材料或零部件预付一个原始价值，运输成本仅涉及运输设施设备与运输运营成本两部分。因此，在运输成本中，固定成本所占比例相对较大，所以运输需要大量的投资，为资本密集型产业。

（5）运输是"第三利润的主要源泉"。

一方面，运输费用在整个物流费用中占有最高的比例。运输的实现需要借助大量的动力消耗，所以在一般社会物流费用中运输费用占接近50%的比例，有些产品的运输费用甚至会高于生产制造费用。

另一方面，运输具有节约空间的特点。运输活动承担的是大跨度的空间位移任务，具有时间长、距离长、消耗大等特点；通过体制改革、技术革新、运输合理化，可以减少运输的吨·千米数，从而成为"第三利润"的主要源泉。

1.1.2 运输的空间效用和时间效用

运输作为物流的基础、核心模块，是使用者以一定的成本从供应商那里购买"一揽子服务"，通过集货、分配、搬运、中转、装入、卸下、分散等一系列操作，将物品从一个地点运送到另一个地点的活动。而运输最基本、最重要的功能，就是实现物品的空间位移，创造空间效用。

1. 空间效用的概念与意义

空间效用（place utility），又称为"场所效用"，是指通过运输实现物的物理性位移，消除物的生产与消费的位置背离，使物的使用价值得以实现。

空间效用的原理为：运输成本的下降创造了空间效用。运输距离的增加意味着产品市场范围会以更大比例增加。因此，更高效率的运输方式、更低的运输成本创造了新的空间效用。

运输的空间效用使地域分工专业化，大规模生产、竞争的加剧得以实现最好的效果。这会进一步加剧市场竞争，提高土地价值。

2. 时间效用的概念与意义

时间效用是指改变物从供给者到需要者之间的时间差所创造的效用。也就是说，时间效用是缩短时间上的间隔，使人的可用时间增加，使物的获得时间减少，在消费者需要的时候将产品送达。创造时间效用的形式有以下几种：

（1）缩短时间创造效用。

缩短物流时间，可获得多个方面的好处：减少物流损失，降低物流消耗，提高物的周转率，节约资金等。马克思从资本角度早就指出过："流通时间越等于零或近于零，资本的职能就越大，资本的生产效率就越高，它的自行增殖就越大。"

这里所讲的流通时间完全可以理解为物流时间，因为物流周期的结束是资本周转的前提条件。这个时间越短，资本周转越快，资本的增值速度就越快。所以，通过物流时间的缩短可以取得高的时间效用。

（2）弥补时间差创造效用。

在经济社会中，需要和供给普遍存在时间差。例如，粮食、水果等农作物的生产、收获有严格的季节性和周期性，这就决定了农作物的集中产出，但是人们天天都有消费需求，因而供给和需求不可避免地会出现时间差。正是有了这个时间差，商品才能取得自身最高价值，才能获得十分理想的效益。但是，因这个时间差而产生的效用本身不会自动实现，如果不采取有效的方法，集中生产出的粮食除了当时被少量消费外，就会损坏、腐烂，而在非生产时间，人们就会找不到粮食、水果可吃，所以必须进行储存、保管以保证经常性的需要，供人们食用以实现其使用价值。这种使用价值是通过物流活动克服季节性生产和经常性消费的时间差得以实现的，这就是物流的时间效用。

（3）延长时间差创造效用。

尽管加快物流速度，缩短物流时间是普遍规律，但是在某些具体物流中也存在人为地、能动地延长物流时间来创造效用的情况。例如，囤积居奇便是一种有意识地延长物流时间增加时间差来创造效用的现象。

1.1.3 物流运输的功能与原理

运输是物流的主要功能之一，也是物流的基本活动要素。物流是物品实体的物理性运动。这种运动不但改变了物品的时间状态，也改变了物品的空间状态。运输承担了改变物品空间状态的主要任务，是改变物品空间状态的主要手段；运输再配以搬运、配送等活动，就能圆满完成改变空间状态的全部任务。运输是人和物的载运及输送，在物流过程中，运用多种设备和工具，将物品从不同地域范围间进行运送的活动，以改变"物"的空间位置，包括集货、分配、搬运、中转、装入、卸下、分散等一系列操作。

具体来说，在选择运输手段时，第一要考虑运输物品的种类，第二要考虑运输量，第三要考虑运输距离,第四要考虑运输时间,第五要考虑运输费用。运输管理是指产品从生产者手中到中间商手中再至消费者手中的运送过程的管理。它包括运输方式选择、时间与路线的确定及费用的节约。其实质是对铁路、公路、水运、空运、管道五种运输方式的运行、发展和变化,进行有目的、有意识的控制与协调,实现运输目标的过程。

运输的功能

(1) 实现物品的空间位移。

无论物品处于哪种形式,是材料、零部件、装配件、在制品,还是制成品,也不管它是在制造过程中,还是在流通过程中,运输都是必不可少的环节。运输的主要功能就是产品在价值链中的空间位移。

(2) 创造"场所效用"。

同种物品由于所处空间场所不同,其使用价值的实现程度也不同。所谓场所效用就是指由于改变场所而最大限度地提高物品的使用价值和产出投入比。通过运输,可以把物品运到场所效用最高的地方,发挥物品的潜力,实现资源的最优配置。从这个意义上说,运输提高了物品的使用价值。

(3) 物品储存。

对物品进行临时储存是一个不太寻常的运输功能,即将运输车辆临时作为储存设施。在仓库空间有限的情况下,利用运输车辆储存不失为一种可行的选择。

1.1.4 运输系统的构成

运输管理是基于运输系统进行的一种综合管理,而运输系统作为物流系统的最基本系统,是指由与运输活动相关的各种因素组成的一个整体。它的构成如下:

1. 运输节点

运输节点是指以连接不同运输方式为主要职能,处于运输线路上,承担货物的集散、运输业务的办理、运输工具的保养和维修的基地与场所。运输节点是物流节点中的一种类型,属于转运型节点。

2. 运输线路

运输线路是供运输工具定向移动的通道,也是物流运输赖以运行的基础设施,它是构成物流运输系统的最重要的要素。在现代运输系统中,主要的线路有公路、铁路、航线和管道。

3. 运输工具

运输工具是指在运输线路上用于载重货物并使其发生位移的各种设备装置,它们是物流运输能够进行的基础设备。

4. 运输参与者

(1) 货主。货主是货物的所有者,包括托运人(或委托人)和收货人。有时托运人和收货人是同一主体,有时是非同一主体。

（2）承运人。承运人是指进行运输活动的承担者，主要包括铁路货运公司、航运公司、民航货运公司、运输公司、储运公司、物流公司以及个体运输业者。

（3）货运代理人。货运代理人是指根据用户要求，并为获得代理费用而招揽货物、组织运输和配送的人。货运代理人属于非作业中间商，因此被称为无船承运人。

（4）运输经纪人。运输经纪人是指替托运人、收货人和承运人协调运输安排的中间商，负责协调包括装运装载、费率谈判、结账和追踪管理等。运输经纪人也属于非作业中间商。

（5）政府。由于运输也是一种经济行业，所以政府要维持交易中的高效率水平。

（6）公众。公众关注物流运输的可达性、费用和效果以及环境上和安全上的标准。

1.2 运输与物流的关系

1.2.1 运输和物流的区别

运输本身是物流的一个基本职能环节，是物流的组成部分之一。从这一点上看，物流与运输是从属关系，物流是大范畴的，而运输是小范畴的。同时，运输是物流最重要的职能之一，运输的水平决定着整体物流的可实现程度，从这一点上看，二者又是相互依赖和制约的关系。

1. 对物的控制不同

物流的仓储、运输、配送是以企业的生产、销售计划为前提的，而运输是由客户需求决定的。生产的精益化、准时制等管理模式要求物流服务时间上的精确化，因此产品的实物流动快或慢，接取送达的早或晚都是由物流系统控制的。

2. 运行计划的执行和调整不同

物流服务的作业过程是整个物流系统中各职能环节的联动，依据整体物流计划进行，如需调整，也是整体系统环节、各部门的共同调整，以保证物流系统运行的协调。运输作为物流的一个职能环节，其运行完全服从整体物流计划；如果运输作为一个独立的系统运行，则其运行服从社会对运输的需求和运输本身所具有的运输能力及可实现的运输水平。

3. 服务范围的不同

物流服务是对客户的物进行全流程的、高质量的服务。物流服务质量有标准但没有极限，可表现在每一个作业节点上。在服务过程中，凡是客户需要的地方都应根据自身的能力，给予适度的服务，尽可能地满足客户的需求。运输作为物流系统的组成部分，服务范围仅限于物流通道。

4. 运营中营销管理的不同

从企业职能上讲，物流企业要强化营销管理，以争取客户，并逐步形成战略协作关系，以实现物流企业长期稳定的客户群，这种营销管理不着眼于一次业务或一项合同的签订，而是为用户设计一整套最优化、最经济的产品物流方案，使客户能通过物流业务外包获得实实在在的利益。

5. 发展战略的不同

物流服务的基本战略是跟随型战略，即保持与服务对象，特别是具有战略合作伙伴关系的大客户的关系，依据服务对象的发展战略来调整自己的运营决策和发展战略，并不断提高对客户服务的水平，以保持和发展与大客户的战略协作关系。运输提供功能性物流服务，实现物品的空间位移。

1.2.2 运输方式

1. 铁路运输

铁路运输是现代运输的主要方式之一，也是构成陆上货物运输的两个基本运输方式之一。它在整个运输领域中占有重要的地位，并发挥着越来越重要的作用。

铁路运输由于受气候和自然条件影响较小，且运输能力及单车装载量大，在运输的经常性和低成本性方面占据优势，再加上有多种类型的车辆，使它几乎能承运任何商品，几乎可以不受重量和容积的限制，这些都是公路和航空运输方式所不能比拟的。

铁路运输的优点在于：运输能力大；运行速度快；运输成本低；运输经常性好；能耗低；通用性好；受自然环境影响小；连续性好。

其缺点在于：机动性差；投资大；建设周期长。

2. 公路运输

公路运输是综合运输体系的重要组成部分。公路货物运输是利用可以载货的货运汽车（包括敞车、集装箱车、厢式货车、特种运输车辆）、机动三轮货运车、人力三轮货运车以及其他非机动车辆，在道路（含城市道路和城市以外的公路上），使货物进行位移的道路运输活动。

（1）技术经济特征。

①技术经营性能指标好。由于工业发达国家不断采用新技术和改进汽车结构，汽车技术经济水平有很大提高，主要表现在动力性能的提高和燃料消耗的降低上。为了降低运输费用，目前世界各国普遍采用燃料经济性较好的柴油机做动力，货运运行能耗为3.4升/（100吨·千米），而汽油消耗则高达6.5升/（100吨·千米）。

②货损货差小。随着货物结构中高价值生活用品的比重增加，汽车运输能保证质量，及时送达的特性日益突显。对于高价货物而言，汽车运价虽高，但在总成本中所占的比重小，并可以从减少货损货差，及时供应市场中得到补偿。随着公路网的发展和建设，公路等级不断提高，混合行驶的车道越来越少，而且汽车的技术性能与安全装置也大为改善。

③送达快。由于公路运输灵活方便，可以实现"门到门"的直达运输，一般不需中途倒装，因而其送达快，有利于保持货物的质量和提高货物的时间价值，加速流动资金的周转。

④原始投资少，资金周转快。汽车购置费低，原始投资回收期短。美国有关资料表明：公路货运企业每收入1美元仅需投资0.72美元，而铁路则需2.7美元。公路运输的资本每年周转3次，铁路则需3~4年才周转一次。

⑤单位成本高，污染环境。公路运输，尤其是长途运输，单位运输成本要比铁路运输和水路运输高，相对而言对环境的污染更严重。

（2）经营管理特征。

①车路分离。世界各国公路的建设与养护，通常都由政府列入预算，汽车运输企业一般不直接负担其资本支出。

②高度灵活性。汽车行驶不受轨道限制，一般以车为基本运输单元，灵活性较高，具体表现在：空间上的灵活性、运营时间上的灵活性、载运量的灵活性、运行条件的灵活性、运输组织方式的灵活性、服务的灵活性、公司规模的灵活性以及汽车运输场站服务对象的灵活性。

③"门到门"运输。汽车可进入市区，进入场库，既可承担全程运输任务，实现"门到门"运输，也可以辅助其他运输方式，实现"门到门"运输。

④经营简易。若私人经营汽车运输业，可采用小规模方式，甚至一人一车也可以经营，即使经营失利，也可以转往他处或将车辆出售。

3. 水路运输

水路运输是指利用船舶、排筏和其他浮运工具，在江、河、湖泊、人工水道以及海洋上运送货物的一种运输方式。

水路运输的优点在于：运输能力大；能源消耗低；单位运输成本低；续航能力大；劳动生产率高。

其缺点在于：受自然和商港限制，可及性低；航速低；投资额巨大且回收期长；国际化经营且竞争激烈；运力过剩；兴衰循环，运费收入不稳；舱位无法储存；须尊重国际法律。

4. 航空运输

航空运输通常是在其他运输方式不能运用时，用于紧急服务的一种极为保险的方式。它快速及时，价格高昂，但对于致力于全球市场的厂商来说，当考虑库存和顾客服务问题时，也许是成本最为节约的运输模式。

航空运输的优点在于：①高速直达性，因为空中较少受自然地理条件限制，航线一般取两点间的最短距离。②安全性能高，随着科技的进步，飞机不断地进行技术革新，安全性能增强，事故率低，保险费率相应较低。③经济性良好，使用年限较长。④包装要求低，因为空中航行的平稳性和自动着陆系统减少了货换的比率，所以可以降低包装要求。此外，在避免货物灭失和损坏时还有明显的优势。⑤库存水平低。⑥易于保持竞争力和扩大市场。

航空运输的缺点在于：①受气候条件的限制，在一定程度上影响了运输的准确性和正常性；②需要航空港设施，所以可达性差；③设施成本高，维护费用高；④运输能力小，运输能耗大；⑤运输技术要求高，人员（飞行员、空勤人员）培训费高。

航空运输适用的作业为：①适用于高附加值、低质量、小体积的物品运输；②属快捷运输途径，适合对速度、运达时间有要求的运输；③邮政运输手段；④是实现多式联运的一种新型运输方式。

5. 管道运输

它是近几十年来发展起来的一种新型运输方式。管道运输的运输形式是靠物体在管道内顺着压力方向顺序移动实现的。管道运输方式和其他运输方式的重要区别在于管道设备是静止不动的。目前，全球的管道运输承担着很大比例的源物质运输，包括原油、成品油、天线气、煤浆等。其完成的运量常常大大超出人们的想象。

管道运输的优点在于：①运输效率高，适合于自动化管理，这是因为管道运输是一种连续工程，运输系统不存在空载行程；②建设周期短、费用低、运输费用也低；③耗能少、成本低、效益好；④运量大、连续性强；⑤安全可靠、运行稳定、不会受恶劣多变的气候条件影响；⑥埋于地下，所以占地少；⑦有利于环境保护，能较好地满足运输工程的绿色环保要求；⑧对所运的商品来说损失的风险很小。

管道运输的缺点在于：①运输对象受到限制，承运的货物比较单一；②灵活性差，不易随便扩展管道，路线往往完全固定，服务的地理区域十分有限；③设计量是个常量，所以与最高运输量之间协调的难度较大，且在运输量明显不足时，运输成本会显著增加；④仅提供单向服务；⑤运速较慢。

管道运输适用的作业包括：主要担负单向、定点、量大的流体状货物运输。

1.3 运输合理化

1.3.1 运输合理化的介绍

1. 运输合理化的概念

运输合理化是指在一定的条件下合理地组织物品的运输，以最短运输时间、最优运输成本获得最大的效率和效益。运输合理化是一个动态过程，其趋势是从合理到更加合理。具体而言，运输合理化是指按照商品流通规律、交通运输条件、货物合理流向、市场供需情况，走最少的路程，经最少的环节，用最少的运力，花最少的费用，以最短的时间把货物从生产地运到消费地。也就是，用最少的劳动消耗，运输更多的货物，取得最佳的经济效益。

2. 运输合理化的影响因素

（1）运输距离。在运输时，运输时间、运输货损、运费、车辆或船舶周转等运输的若干技术经济指标，都与运输距离有一定的比例关系。运输距离长短是运输是否合理的一个最基本因素，缩短运输距离从宏观和微观来看都会带来好处。

（2）运输环节。每增加一个运输环节，不但会增加起运的运费和总运费，还会增加运输的附属活动，如装卸、包装等，各项技术经济指标也会因此下降。所以，减少运输环节，尤其是同类运输工具的环节，对运输合理化有促进作用。

（3）运输工具。各种运输工具都有其使用的优势领域，对运输工具进行优化选择，根据运输工具特点进行装卸运输作业，最大限度地发挥所用运输工具的作用，是运输合理化的重要手段。

（4）运输时间。运输是物流过程中需要花费较多时间的环节，尤其是远程运输。在全部物流时间中，运输时间占绝大部分，所以缩短运输时间对整个流通时间的缩短有决定性作用。此外，运输时间短，有利于运输工具的加速周转，充分发挥运力的作用，有利于加快货主的资金周转，有利于提高运输路线的通过能力，从而有利于运输合理化。

（5）运输费用。运输费用在全部物流费用中占很大的比例，它的高低在很大程度上决定了整个物流系统的竞争能力。实际上，运输费用的降低，无论对货主还是物流经营企业，都是运输合理化的一个重要目标。

（6）货物密度。运输工具的运载能力，不仅受货物重量的限制，还受货物体积的限制。因此，货物密度也是影响运输费用的一个重要因素。如果货物密度很小，虽然运输工具的载重量还有很大的富余，但其空间已经占满，因此，用单位重量所计算的运输费用就比较高。

运输企业在核算费用的时候，会考虑货物搬上和卸离运输工具的相关费用。此时如果货物采用集装化技术，将大大便利装卸搬运，有利于降低整体运输费用。

（7）风险。如果由运输公司承担产品在运输途中的损毁责任，则运输费用就很高。相反，如果货主已经就运输途中的货物进行投保，则运输费用就可以相应地降低。在由运输企业承担货物损毁风险的情况下，如果产品具有易毁性、易腐性、易被偷盗性、易自燃性及易爆性等特征，则运输企业必然要求收取较高的运输费用。

1.3.2 运输合理化管理

1. 不合理运输的表现形式

（1）空驶运输。空驶运输是指运输工具不载货的运输。由于运输计划不周或者未能有效地利用运输车辆，可能会造成起程或返程空驶现象。

（2）运能利用不充分。由于运输工具装载不合理或者运输计划不到位，可能造成运输工具的有效运能利用不充分的现象。比如，在运输过程中，由于较轻的货物未能和较重的货物搭配装载，导致在运输工具空间已经用完的情况下，运输工具的载重能力还有很大的富余。

（3）相向运输。相向运输指的是同种货物或替代性非常强的货物在同一线路或平行线路上做相对方向的运输，而发生一定程度的交错重叠的现象。相向运输的交错重叠部分，对企业而言是一种无谓的浪费。

（4）迂回运输。在迂回运输的情况下，货物本可以选择一种较近的运输路线，却绕道而行，选择了一种较远的运输路线，结果导致运输费用不必要的增加。

（5）倒流运输。倒流运输是指货物从销地流回产地或起运地的一种运输现象。这种双程运输都是不必要的,是对运力的一种浪费。

(6) 过远运输。过远运输是指在调运物质资料时舍近求远,放弃从较近的物质资料供应地调运,而从较远的物质资料供应地调运的一种运输现象。

(7) 重复运输。重复运输是指本来可以直接将货物运到目的地,却在到达目的地之前将货物卸下,再重复装运送达目的地的运输方式。重复运输虽未增加运输里程,却增加了装卸搬运次数,导致装卸搬运费用和货损的增加,降低了货物流转的速度。

(8) 运输工具选择不当。由于对运输工具的选择不当,导致运输费用增加,或者货物运输不及时。如在近距离运输中选择铁路运输,由于不能形成"门到门"运输,需要增加装卸搬运环节,造成运输费用的增加。

(9) 超限运输。超限运输是指超过运输工具规定的长度、宽度、高度或承载重量装载货物的运输现象。超限运输容易造成货物及运输工具的损坏,甚至可能引发交通事故,危及人身安全。

2. 运输合理化的措施

(1) 合理设计运输网络。首先,企业应合理地进行生产工厂及各配送中心的选址,为运输合理化打下基础。对于生产工厂的选址而言,原材料消耗大的工厂应尽可能靠近原材料的产地或重要的交通枢纽;对于产成品运输费用高的工厂而言,应尽可能靠近主要的消费地。配送中心的覆盖范围应适当,辐射半径应适中。在工厂和配送中心已经确定的情况下,企业应合理规划运输路线,实现总运输里程的最小化。

(2) 选择合适的运输方式。企业应根据所运货物的特点、时限要求、运输距离及企业的承受力等,在铁路、公路、水路、航空等不同的运输方式中做出选择。比如,对于某种国外生产的价值高、重量轻的精密零部件,就计算机芯片而言,企业为了及时满足生产的需要,采用航空运输无疑是最好的选择。同时,由于重量轻,单位运输费用也不会很高。

(3) 提高运输工具的装载率。装载率是指运输工具的实际载重量乘以运输距离的乘积与核定的载重量乘以行驶里程的乘积之比。提高装载率,有助于减少运输工具的空驶以及运能利用不充分的现象。比如,实施配载运输,在以重质货物(如矿石)运输为主的情况下,同时搭载一些轻泡货物(如农副产品),在基本不减少重质货物运输的情况下,解决了轻泡货物的搭运,效果显著。再如,在装运货物时,通过利用集装化技术,以提高运输工具空间的利用率。

(4) 开展联合运输。不同运输方式之间的联合运输,可以实现各种运输方式的优势互补,提高整体的运输效率。

(5) 开展流通加工。开展流通加工,可以有效地减少货物的重量或体积,更合理地开展运输。例如将轻泡产品预先捆紧包装成规定的尺寸,再进行装车,就容易提高装载量;对水产品及肉类预先冷冻可提高车辆装载率并降低运输损耗。

(6) 推进共同运输。企业内部各部门之间、各子公司或分公司之间以及不同的企业之间,通过在运输上开展合作,可以提高运输工作效率,降低运输费用。例如海尔集团实现业务流程再造，于1999年年初建立物流推进本部之后，原来分属冰箱、冷柜、空调和洗衣机等事业本部的物流职能统一到物流推进本部，大大提高了运输效率。

（7）充分利用社会化运输力量。不同的企业都建立自己的自营车队，开展自我服务，往往不能形成规模，容易造成运力忙闲不均的现象，在旺季时运力紧张，不能满足需求；在淡季时运力富余，处于闲置状态，浪费很大。实行社会化运输，可以有效地利用各种运输工具，提高运输工具的利用效率。

（8）尽量发展直达运输。直达运输是追求运输合理化的重要形式，其对合理化的追求要点是通过减少中转、过载、换载，提高运输速度，省却装卸费用，降低转货损。直达的优势在一次运输批量和用户一次需求量达到一整车时表现最为突出。此外，在生产资料、生活资料运输中，通过直达，建立稳定的产销关系和运输系统，有利于提高运输的计划水平，考虑用最有效的技术来实现这种稳定运输，从而大大提高运输效率。

（9）"四就"直拨运输。"四就"直拨是减少中转运输环节，力求以最少的中转次数完成运输任务的一种形式。以往一般批量到站或到港的货物，首先要进入分配部门或批发部门的仓库，然后再按程序分拨或销售给用户。这样一来，往往会出现不合理运输。

"四就"直拨，则首先是由管理机构预先筹划，然后就厂、就车站（码头）、就仓库、就车（船）将货物分送给用户，而无须再入库。

"四就"直拨的具体形式包括：

①就厂直拨。物流部门从工厂收购产品，在经厂验收后，不经过中间仓库和不必要的转运环节，直接调拨给销售部门或直接送到车站码头运往目标地的方式。就厂直拨主要包括：厂际直拨、厂店直拨、厂批直拨、用工厂专用线。

②就车站（码头）直拨。物流部门对外地到达车站（码头）的货物，在交通运输部门容许占用货位的时间内，经交接、验收后，直接分拨或运给各销售部门、运往市内各销售部分，或者运往外地要货单位。

③就仓库直拨。在货物发货时超出逐级的层层调拨，省略不必要的中间环节，直接从仓库拨给销售部门，具体包括：

- 对必须要储存保管的货物进行仓库直拨
- 对必须要更新库存地的货物进行仓库直拨
- 对常年生产、常年销售的货物进行仓库直拨
- 对季节生产、常年销售的货物进行仓库直拨

④就车（船）过载直拨。对外地用车（船）运送的货物，经交接、验收后，不在车站或码头停放，不进库保管，随即通过其他运输工具换装置直接运至销售部门，具体包括：

- 就火车直装汽车
- 就船直装火车或汽车
- 就大船过驳小船

应用直拨的措施，把货物直接分拨给基层批发、零售中间环节，这种方式可以减少一道中间环节，在时间与其他各方面收到双重经济效益。在实际的物流工作中，物流经理可以依据不同的情形，采用就厂直拨、就车站（码头）直拨、就仓库直拨、就车（船）等具体运作方式。

1.3.3 运输质量管理

管理机构进行货运质量管理的主要任务是制定道路货物运输质量管理规章制度和办法，组织、指导、考核、监督全行业货运质量管理工作，处理货运质量纠纷，使全行业的货物运输达到安全优质、准确及时、经济方便、热情周到、完好送达。货物运输质量事故是指货物从托运方起，至承运方将货物交收货方签收为止的承运责任期内，发生的货物丢失、短少、变质、污染、损坏、误期、错运以及由于失职、借故刁难、敲诈勒索而造成的不良影响或经济损失。以下以公路货物运输和水路运输质量考核指标为例进行说明。

1. 公路货物运输质量考核指标

（1）货运质量事故的分类。按货运质量事故造成货物损失金额的不同，有以下几种类别：①重大事故，即货损金额在3 000元以上的货运质量事故，以及经省级有关部门鉴证为珍贵、尖端、保密物品在运输过程中发生灭失、损坏的事故；②大事故，即货损金额在500~3 000元的货运质量事故；③一般事故，即货损金额在50~500元货运质量事故；④小事故，即货损金额在20~50元的货运质量事故。此外，货损金额在20元以下的货运质量事故不做事故统计上报，但企业要做内部记录和处理。

（2）货运质量考核指标。目前，我国公路货物运输质量考核的指标主要包括以下几项：

- 重大货运质量事故次数。国家要求公路运输经营户杜绝发生重大货运质量事故。
- 货运质量事故频率。这是指每完成百万吨·千米发生货运质量事故的次数，以一车一次为计算单位，全国平均考核标准一般为每百万吨·千米0.7次。其计算公式为

$$货运质量事故频率 = 货运质量事故 \div 完成货运周转量$$

- 货损率。这是指运输统计报告期内，发生货运质量事故造成货损吨数占货运总吨数的比例。其计算公式为

$$货损率 = （货损吨数 \div 货运总吨数） \times 100\%$$

- 货差率。这是指运输统计报告期内，发生货运质量事故造成货差的吨数占货运总吨数的比例。其计算公式为

$$货差率 = （货差吨数 \div 货运总吨数） \times 100\%$$

- 货运质量事故赔偿率。这是指运输统计报告期内，发生货运质量事故所赔偿的金额占货运总收入金额的比例。其计算公式为

$$货运质量事故赔偿率 = （货运质量事故赔偿金额 \div 货运总收入金额） \times 100\%$$

- 完成运量及时率。这是指运输统计报告期内，按托运要求的时间完成的货运吨数占完成货运总吨数的比例。对于完成运量及时率考核标准，国家暂不做统一规定，由

各地根据实际情况自定标准。其计算公式为

完成运量及时率 =（按规定要求的时间完成吨数÷完成货运总吨数）×100%

2. 水路运输质量考核标准

从事营业性内、外贸货物运输及相关的港口装卸、储存、驳运等作业的企业、单位和个体联户适用以下标准：

（1）水路货物运输重大事故认定标准。发生以下任何一种事故，皆为重大货运事故：①内贸货物每一运单的货物损失赔偿金额达 30 万元以上或外贸货物每一提单的货物损失赔偿金额达 250 万元以上的货运事故（一票整船货物除外）；②同一事故或同一航次内涉及一票以上的内贸货物的货物损失赔偿金额达 200 万元以上或外贸货物的货物损失赔偿金额达 500 万元以上的货运事故。发生重大货运事故，应在事故发生后两个工作日内上报行业主管部门。

（2）货物赔偿率标准。货物赔偿率不得超过货物总价的 1%。

（3）水路货运质量考核指标。水路货运质量考核指标包括：①无重大货运事故；②货物赔偿率不得超过 1%。

1.3.4 绿色运输管理

1. 绿色物流的产生

我们知道运输是物流活动中最主要的活动，但同时也是物流作业耗用资源、污染和破坏环境的重要环节。运输过程中产生的尾气、噪声、可能出现的能源浪费等都对绿色物流管理提出了挑战。近年来，激烈的能源供求矛盾使运输的绿色化更加突显出来。基于可持续发展战略的绿色革命同样适用于运输活动，于是绿色运输理念应运而生。在这种情况下，便产生了绿色物流这一概念。

2. 绿色运输概念

绿色物流倡导在运输活动中采用环保技术，提高资源利用率，最大限度地降低运输活动对环境的影响。绿色运输要求在企业供应链中时时处处考虑环保与可持续发展，采取与环境和谐相处的理念去建立和管理交通运输系统。

绿色运输是指以节约能源、减少废气排放为特征的运输。其实施途径主要包括：合理选择运输工具和运输路线，克服迂回运输和重复运输，以实现节能减排的目标；改进内燃机技术和使用清洁燃料，以提高能效；防止运输过程中的泄露，以免对局部地区造成严重的环境危害。

3. 绿色运输的实现方式

实现绿色运输，保证运输与社会经济和资源环境之间的和谐发展，实现运输的可持续发展模式已成为我国物流业发展的重要内容。发达国家的成功经验为我国企业实现运输绿色提供了借鉴。

（1）发展多式联运。

伴随我国国际化步伐的加快，国家对资源节约和环境保护的重视程度与日俱增。我国已实施了一些法律并制定了一些优惠政策（如对公路运输提价，鼓励铁路运输等），鼓励企业绿色生产、绿色经营。从美国运输企业实现绿色化的经验来看，大量采取多式联运是企业遵守国家法律和制度，推行物流绿色化的有效途径。

多式联运可以减少包装支出，降低运输过程中的货损、货差。多式联运的优势还表现在：它克服了单个运输方式固有的缺陷，通过最优化运输线路的选择、各种运输方式的合理搭配，使各种运输方式扬长避短，实现运输一体化，从而在整体上保证运输过程的最优化和效率化，以此降低能源浪费和环境污染；从物流渠道来看，它有效地解决了由于地理、气候、基础设施建设等各种市场环境差异造成的商品在产销空间、时间上的分离，促进了产销之间的紧密结合以及企业生产经营的有效运转。

多式联运不是单纯的运输方式的转换，而是运输企业或运输承运人的自觉行动，以提高运输效率。多式联运的主要特点是：在从生产者到消费者的整个行程中，货物运输在公路和铁路（有时是水上）之间是连续不断的；多式联运的核心是每一种运输形式都发挥出最适应其运输特点的应有的作用。

（2）发展共同配送。

配送是指在经济合理区域范围内，根据用户要求，对物品进行拣选、加工、包装、分割、组配等作业，并按时送达指定地点的物流活动。配送作为一种现代流通组织形式，集商流、物流、信息流于一身，是具有独特运作模式的物流活动。在物流活动中，运输主要是指长距离两地间的商品和服务移动，而短距离、少批量、高频率的商品和物品的移动常常被称之为配送。

共同配送是指由多个企业联合组织实施的配送活动。它主要适用于某一地区的客户所需要物品数量较少而使用车辆不满载、配送车辆利用率不高等情况。共同配送可以最大限度地提高人员、物资、资金、时间等资源的利用效率，取得最大化的经济效益，同时可以去除多余的交错运输，并取得缓解交通、保护环境等社会效益。对企业界而言，向物流绿色化推进就必须实行共同配送，以节约能源，防止环境污染。

（3）建立信息网络。

当前经济形势对多品种、小批量的物流要求成为趋势，这就更加要求企业信息系统保持顺畅、可靠的特征。因此，采用和建立库存管理信息系统、配送分销系统、用户信息系统、EDI/Internet 数据交换、GPS 系统以及决策支持系统、货物跟踪系统和车辆运行管理系统等，对提高物流系统的运行效率起着关键作用；同时要更好地建立和运用企业间的信息平台，将分属不同所有者的物流资源通过网络系统连接起来进行统一管理和调配使用，放大物流服务和货物集散空间，使物流资源得到充分利用。

4. 推行绿色物流运输的技术措施

优化物流运输设备技术是实现绿色物流运输、节能减排、降低污染等最直接的技术方法，主要包括以下四个方面：

（1）从运输设备制造的技术源头上改进车辆的传动系统技术，提供更强大的发动机、更低的传输损失，减少滚动阻力和空气阻力，从而提高燃油经济性，实现低排放。

（2）使用混合型动力汽车，加长整车拖挂并最大化货运空间，提高货运能力，采用排污量小的货车车型，提高其运输的经济性和环保性。

（3）利用先进技术改造汽车发动机，利用替代性、可再生性能源，如乙醇燃料、蓄电池、太阳能电池，实现能源清洁化。

（4）调整汽车的驱动系统技术，提高能源利用率。作为汽车重要的驱动设备——轮胎对提高能源利用率有着不可忽视的作用，这是由于汽车的滚动阻力消耗的燃料约占整车使用成本的30%。适当的轮胎压力和轮胎尺寸能够优化滚动阻力，从而降低能源的消耗。

1.4 运输规划

1.4.1 运输规划的特点和任务

运输规划在物流管理中具有十分重要的地位，因为运输成本要占物流总成本的35%～50%，也就是说，运输成本占物流总成本的比重比其他物流活动大。

1. 运输规划的特点

商品运输是在运输规划的指导下进行的，运输规划是商品物流规划的重要组成部分。运输规划编制科学，有利于实现商品运输的合理化，有利于企业经营，同时有利于提高企业经济效益。

运输业的特殊地位，决定了运输规划的特点。

（1）运输业负有节约运输费用的任务，因而不能把运输业产值作为评价其工作成绩的唯一尺度。

（2）安全、准时、减少损耗都是运输规划的目标。运输业虽不增加物质产品实体，但可以通过优质服务减少物质产品的损耗。

（3）运输规划也要留有余地，留有后备运输能力。

2. 运输规划的任务

运输规划的任务，是根据物流运输的自身客观要求，安排好运输网建设，通过各种运输方式的发展与彼此协调，加强合理运输的组织工作，提高运输能力与效率。物流企业应合理组织商品运输，节约运力，降低运费，确保运输任务的完成。

1.4.2 运输规划编制的基本依据和原则

1. 编制商品运输规划的基本依据

编制运输规划，要深入进行调查研究，掌握商品运输的客观规律，使编制的商品运输规划具有充分的依据。商品在空间上的位置移动，一般是根据商品的生产、分配、调拨、库存的情况决定的。而运哪种商品，运多少，什么时候运，运往何地，又都决定于商品流转规划，因而商品流转规划是编制商品运输规划，特别是年度、季度规划的主要依据。

另外，要依据市场上的商品供求状况来编制，这是指导运输规划编制的重要依据。运输能力的现状、运价的有关规定、运输的季节性等，也是编制商品运输规划的重要依据。企业必须注意研究历史统计资料和前期运输规划的执行情况，并结合当前供求状况和预测规划期商品运输量的变化，这样编制的运输规划才有可靠的物质技术基础。编制运输规划要保持一定的弹性，留有适当的余地，以适应环境的突然变化。

2. 编制商品运输规划的基本原则

（1）合理运输。编制运输规划，制定出合理的运输流向，选择运输时间、里程、环节、费用和安全性最佳组合的运输路线、运输工具和运输方式。

（2）先急后缓，保证重点。编制运输规划，应结合市场需要的变化、商品的特性和运力的情况，按轻重缓急对需要运输的商品进行排队，对市场急需、季节性和时效性强的商品、鲜活易腐商品等应优先安排运输规划。

（3）均衡运输。编制运输规划应根据规划期内运量与动力的情况，统筹兼顾，力争运量和运力实现平衡；避免运输任务过分集中，承运部门负荷过重，以及各种运输方式和运输工具忙闲不均现象，充分发挥现有运量的作用。

1.4.3 运输规划的程序

1. 确定货运规划指标

货运规划指标主要有两个：货运量和货物周转量。

确定货运量的方法包括：系数法、平衡法和比重法。

（1）系数法。系数法是在分析规划期影响运输系数的各种因素作用效果的基础上估算运输系数，据以测算规划期货运量的方法。

计算公式为：

$$规划期货运量 = 规划期生产量 \times 运输系数$$

由于运输系数在一定时期内是比较稳定的，因此，用系数法计算货运量比较简便易行。

（2）平衡法。平衡法是通过编制主要货物的运输平衡表来确定货运量的方法。运输的货物种类繁多，不可能也不必要逐一编制平衡表来测算货运量。在实际规划工作中，一般将货物分为14大类：煤、焦炭、石油及其制品、钢铁及其制品、金属矿石、非金属矿石、矿物建筑材料、水泥、木材、化肥及农药、粮食、棉花、盐以及其他。各种货物按大类分别编制平衡法。

（3）比重法。比重法是根据某类货物在货运量中所占比重及其变化趋势，估算规划期货运量的方法。它适用于估算运输量较小但变化不大，有关的经济情况和数据又难以查清的小宗货物的货运量。货运量确定后，确定货物周转量指标的关键在于确定平均运程。

在货运量一定时，缩短平均运输距离，会减少运输损耗，降低运费，缩短运输工具的运行周转时间，提高运输效率。如果运输距离延长，通常情况下反映出运输效率降低。因此，在确定货物周转量时应采取措施，消除不合理运输，缩短运输距离。

确定平均运程的方法，首先，按照合理运输的原则，根据资源分布状况和各地区、各部门、各企业的生产经营需要，正确划分物资的供应范围；其次，在此基础上，充分利用现有的运输路线和运输工具，选择合理的运输路径；最后，根据货物调运方案，确定各种货物的运输距离。

2. 选择运输路线

运输路线的选择影响运输设备和人员的利用，正确地确定合理的运输路线可以降低运输成本，因此运输路线的确定是运输规划的一个重要领域。我们可运用运筹学中线性规划的方法确定运输路线，如最短路线、表上作业法、图上作业法等。

线性规划法是在运价已知、路程已知的条件下，对 m 个商品生产地和 n 个商品销售地的商品运输建立数学模型，利用单纯形法求解，以使满足条件的总运费最小。

（1）表上作业法。表上作业法是已知各地单位运价和各产销地供需量，在表上标注出货物运出地、运入地、调运量及两地距离。然后根据就近供应原则，在表上制订商品调运方案，在表上求解使总运费最低，使运输总路程最短的方案。初始调运方案可根据最小费用（运价）法编制，然后进行判优、调整，最后将结果填入商品调运平衡表，直到找到总运费最低的方案。

（2）图上作业法。图上作业法是将配送业务量反映在交通图上，通过对交通图初始调运方案的调整，求出最优配送车辆运行调度方法。运用这种方法时，要求交通图上没有货物对流现象，以运行路线最短、运费最低或行程利用率最高为优化目标。

3. 选择运输方式

选择适宜的运输方式，是进行运输规划的重要内容。一个现代化的物流运输体系是由铁路运输、公路运输、水路运输、航空运输及管道运输五种运输方式组成的。运输方式的选择就是按照成本、方式、距离的最佳组合同时充分发挥各种运输方式作用的原则，统筹兼顾，权衡利弊，对运输方式做出理想的选择。

影响各种运输方式的技术、经济因素主要包括运输速度、运输工具的容量及线路的运输能力、运输成本、经济里程，研究这些因素有助于我们选择合理的运输方式，充分发挥其在物流运输系统中的优势。

（1）运输速度。物流运输的产品以什么样的速度实现它们的位移是物流运输的一个重要技术经济指标。作为运输工具，它的最高技术速度决定于通常的地面道路交通环境下允许的安全操作速度。

一般来说，航空速度最快，铁路次之，水路最慢。但在短距离的运输中，公路运输具有灵活、快捷、方便的绝对优势。

（2）运输工具的容量及线路的运输能力。由于技术及经济的原因，各种运载工具的容量范围大不相同,即各种运输方式的运输能力是不同的。在进行货物运输时,应充分考虑这一问题,根据要运输货物的具体情况,选择合适的运输工具。

(3) 运输成本。物流运输成本主要由四项内容构成:基础设施成本、转运设备成本、营运成本和作业成本。由于单项或全部成本在各种运输方式之间存在较大的差异,这就决定了各种运输方式的经济效益的不同。

(4) 经济里程。经济里程是指单位物流运输距离所支付票款的多少。交通运输经济性状况一般说来受投资额、运转额以及运输速度和运输距离的影响。

不同运输方式的运输距离与成本之间的关系存在较大的差异。例如,铁路运输距离增加的幅度要大于成本上升的幅度,而公路则相反。从国际惯例来看,运输在 300 千米内主要选择公路运输,300~500 千米内主要选择铁路运输,500 千米以上则选择水路运输。

4. 确定运输工具的需要量

运输线路和运输方式确定之后,就要确定物流运输对各种运输工具的需要量。

(1) 确定铁路运输车数的需要量。车数是指需要整车运输的油罐数或车皮数。车数的需要量主要取决于整车运输的物流运量和货车的平均净载量。铁路整车运输所需车数的计算,有以下两种方法。

一是以铁路整车物流运量除以货车标重求得。铁路整车运输的物流运量,可从前期实际资料中计算各类整车运量占铁路物流运量的百分比,再结合规划期的变动因素,确定规划期整车运输物流运量占铁路运输物流运量百分比,然后根据已确定的规划期铁路运输物流运量,计算规划期铁路整车运输物流的运量。

所需车数的计算公式如下:

$$车数 = \frac{整车物流运量}{货车标重}$$

二是计算历史同期的某类物流运输计划金额与铁路整车完成数据的比值,再依据规划期物流运输计划金额计算铁路整车车数的需求量,其计算公式如下:

$$车数 = \frac{去年同期铁路整车完成车数 \times 规划期某类物流供应额(元)}{去年同期物流运输实际完成金额(元)}$$

(2) 确定汽车运输的需要量。凡确定由汽车运输的物流,则需要确定物流运输对于汽车的需要量。目前,在物流运输系统中,大都是自备车辆,故汽车运输计划主要在系统内制订、执行。

物流运输对于汽车的需要量取决于需要由汽车运输的货物周转量和每辆汽车的年产量(吨·千米)。其计算公式如下:

$$汽车需要量 = \frac{货物周转量(吨·千米)}{每辆汽车的年产量(吨·千米)}$$

(3) 确定船舶需要量。凡确定由水路运输工具运输的物流,需要确定计划期水路物流运输对船舶的需要量。

船舶的需要量按吨位计算。物流运输对于水运工具的需要量,取决于需要水路运输的物流的货物周转量（总吨·千米）和每吨（马力）生产量。

船舶需要量计算公式如下：

$$船舶需要量 = \frac{货物周转量（总吨·千米）}{船舶每吨位（马力）年产量}$$

船舶每吨位（马力）年产量＝船行率×平均航行速度
×载重量利用率或每马力工作效率×计划期营运天数

5. 预测运输成本

运输成本是物流成本的主要组成部分，因此，控制运输成本越来越成为降低物流成本，获得更多利润的重要途径。生产、流通企业自办运输，降低其成本是它们的目的之一。第三方物流企业作为运输的业务主体，也希望通过降低运输成本达到降低物流成本的目的，从而在价格上赢得竞争优势。

运输成本通常可根据成本的特性划分为以下四个部分：

一是变动成本。变动成本是指与每一次运输配送直接相关的费用，包括与承运人运输每一票货物有关的直接费用，如人力成本、燃料费用和维修保养费用等。

二是固定成本。固定成本包括端点站、运输设施、运输工具、信息系统的设立和购置成本等。

三是联合成本。联合成本是指决定提供某种特定的运输服务所发生的费用。例如，为承运人决定装载一卡车的货物从 A 地运往 B 地时，卡车从 B 地返回 A 地的费用是不可避免的，这部分费用就称为"联合成本"。联合成本对运输收费有很大的影响，因为承运人索要的运价中必须包括隐含的联合成本。一般，确定运价时都会考虑托运人有无适当的回程货。

四是公共成本。公共成本是指承运人代表所有的托运人或某个分市场的托运人支付的费用，包括诸如端点站或管理部门之类的费用。

1.4.4 运输操作管理

运输形式有五种，即公路运输、铁路运输、航空运输、水路运输和管道运输。无论哪种运输形式，大体上来说，其操作过程涉及三个环节，即接货、运送和交付。

1. 接货

接货是货物实体由托运人转移到承运人手中的过程。在发生实体转移之后，货物在途管理责任也转移到承运人手中。因此，在接货的时候，无论是托运人还是承运人都要关注以下几个方面的操作：

（1）包装。外包装基于物品运输目的，会对物品起保护作用。另外考虑运输搬运作业方便，一般也会将货物置入箱、袋中。

内包装可以保证商品在运输等过程中不散包、不破损、不受潮、不污染、不变质、不变味、不变形、不腐蚀、不生锈、不生虫，保持商品的数量和质量不变。

外包装和内包装的特点基本决定了使用何种运输工具来完成货物运输。

（2）验货。验货是指在装运之前，要对货物的数量和重量进行检验。这是货物从托运人转交给承运人时，必须要办理的手续，目的是分清责任。

（3）装货。装货完成之后，托运人和承运人要办理相关货物交接手续，一般是由双方在运输单证上签字表明货物已经按照实际情况由托运人在约定的时间和地点转移到承运人手中。

2. 运送

运送是指承运人接货之后，货物的在途过程。运输途中货物的安全、完好情况均由承运人负责，但发生不可抗力的情况时除外。这些情况一般在货物发生实体转移之前由委托人和承运人在运输合同上做出约定。

3. 交付

交付是指承运人按照货运单证上的要求，按时、完好地在约定的目的地把承运的货物交给收货人，程序简述如下：

（1）通知。承运人要在货物抵达最终目的地之前，或者按照运输合同规定的时间，通知收货人做好收货准备。

（2）交接。交接是指承运人将承运的货物在双方约定的目的地和时间交于收货人。

（3）验收。收货人按照运输单证来验收货物。如果验收无误，收货人将签妥的收货凭证交与承运人。如果是运费到付的，还要将运费交与承运人。

1.5 运输管理认知实训项目

1.5.1 项目一：基于运输合理化的产品网络设计（样板）

【例1-1】A公司为饮料生产企业，主要生产可口可乐瓶装饮料。公司位于广州开发区，每天运输量达100～300吨，省内外销售比例为6:4。省内市场是珠三角地区，运输主要采用汽运方式；省外市场是华北地区（河北、天津、北京），运输主要采用内贸海运集装箱方式。

思考题：

1. 如何设计省内外运输网络？
2. 如何优化运输方式，降低运输费用，实现运输合理化？

任务1：学习运输合理化理论与方法

（1）运输合理化概念。

运输合理化是指在一定的条件下以最少的物流运作成本获得最大的效率和效益。物流运输合理化是一个动态过程，其趋势是从合理到更加合理。具体而言，物流运输合理化是指按照商品流通规律、交通运输条件、货物合理流向、市场供需情况，走最少的路，经最少的环节,用最少的运力,花最少的费用,以最短的时间把货物从生产地运到消费地。也就是,用最少的劳动力消耗,运输更多的货物,取得最佳的经济效益。

(2) 运输合理化影响因素。

影响物流运输合理化的因素很多,起决定作用的有五个方面,即合理运输的"五要素"。

①运输距离。在运输过程中,运输时间、运输运费等若干技术经济指标都与运输距离有一定的关系。运输距离长短是运输是否合理的一个最基本的因素。

②运输环节。每增加一个运输环节,势必要增加运输的附属活动,如装卸、包装等,各项技术经济指标也会因此发生变化,因此减少运输环节有一定的促进作用。

③运输工具。各种运输工具都有其优势领域,对运输工具进行优化选择,最大限度地发挥运输工具的特点和作用,是运输合理化重要的一环。

④运输时间。在全部物流时间中,运输时间占绝大部分,尤其是远程运输,因此,运输时间的缩短对整个流通时间的缩短具有决定性的作用。此外,运输时间的缩短,还可以加速运输工具的周转,充分发挥运力效能,提高运输线路通过能力,不同程度地改善不合理运输现象。

⑤运输费用。运输费用在全部物流费用中占很大的比例,它的高低在很大程度上决定了整个物流系统的竞争能力。实际上,运输费用的相对高低,无论对货主还是对物流企业都是运输合理化的一个重要的标志。运输费用的高低也是各种合理化措施是否行之有效的最终判断依据之一。

(3) 运输合理化措施。

所谓运输合理化,是指合理地组织物质资料的运输,以节省运力,缩短运输时间,节约运输费用,提高运输效率。一般可以采取以下一些措施:

①合理设计运输网络。首先,企业应合理地进行生产工厂及各配送中心的选址,为运输合理化打下基础。对于生产工厂而言,原材料消耗大的工厂应尽可能地靠近原材料的产地或重要的交通枢纽;对于产成品运送费用高的工厂而言,应尽可能地靠近主要消费地。其次,配送中心的覆盖范围应适当,辐射半径应适中。最后,在工厂和配送中心确定的情况下,企业应合理规划运输路线,实现总运输里程的最小化。

②选择合适的运输方式。企业应该根据所运货物的特点、时限要求、运输距离以及企业的承受力等,在四种运输方式(除去管道运输)中做出选择。当然也要考虑运输费用的高低。

③提高运输工具的装载率。装载率是指运输工具的实际载重量乘以运输距离的乘积与核定的载重量乘以行驶里程的乘积之比。公式如下:

$$装载量 = \frac{实际载重量 \times 运输距离}{核定的载重量 \times 行驶里程}$$

提高装载量有助于减少运输工具的空驶以及运能利用不充分的现象。比如,在实施配载运输,在以重质货物运输为主的情况下,同时搭载一些轻泡货物。在基本不减少重质货物运输的情况下同时解决了轻泡货物的搭运;或者借助集装化技术,提高运输工具空间的利用率。

④展开联合运输。不同运输方式之间的联合运输，可以实现各种运输方式的优势互补，提高整体的运输效率。

⑤充分利用社会化运输力量。运输社会化的含义是发挥运输的大生产优势，实现专业分工，打破一家一户自成运输体系的状况。事先通过与铁路、交通等社会运输部门签订协议，规定专门收、到站，专门航线及运输路线，专门船舶和泊位等，有效保证许多工业产品的稳定运输，以取得很好的成绩。

⑥发展直达运输。直达运输是追求运输合理化的重要形式，其对合理化的追求要点是通过减少中转过载、换载，从而提高运输速度，省却装卸费用，降低中转货损。直达的优势尤其是在一次运输批量和用户一次需求量达到一整车时表现最为突出。此外，在生产资料、生活资料运输中，通过直达，建立稳定的产销关系和运输系统，也有利于提高运输的计划水平，考虑用最有效的技术来实现这种稳定运输，从而大大提高运输效率。

⑦开展流通加工。开展流通加工，可以有效地减少货物重量或体积，更合理地开展运输，如将轻泡产品预先捆绑包装成规定的尺寸，再进行装车，就容易提高装载量；对水产品及肉类预先冷冻，可提高车辆转载率并降低运输损耗。

任务2：业务需求调研分析

（1）运输量业务需求描述。

A公司为饮料生产企业，主要生产可口可乐瓶装饮料。每天运量为100~300吨，省内外销售比例为6:4（见表1-1和图1-1）。

表1-1 运输业务需求表

供应商	产品	运量（吨）	省内外市场比例
A公司	可口可乐	100~300	6:4

（2）产品供应地及市场范围描述。

公司位于广州开发区，供应地集中在省内市场的珠三角地区、省外的华北地区（河北、天津、北京）；运输方式省内主要采用汽运方式，省外主要采用内贸海运集装箱方式（见表1-2）。

任务3：运输合理化的产品网络设计

假设A公司的可口可乐发往各个供应地每天的运量是

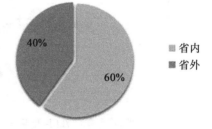

图1-1 A公司市场销售比例

250吨，省内与省外的比例是6:4，即省内150吨、省外100吨。此外，假设省内的每个城市的需求量是一样的。

表1-2 产品供应地及市场范围表

市场范围	供应地	主要运输方式
省内	珠三角地区	汽运
省外	华北地区（河北、天津、北京）	内贸海运集装箱

(1) 设计省内产品运输网络。

广州开发区位于广州市东部,地处珠江三角洲核心地带,两小时的车程覆盖深圳、珠海等城市。如图 1-2 所示,珠三角地区一共有广州、东莞、惠州、江门、中山、珠海、肇庆、佛山、深圳等城市。由于现在的公路运输比较发达,高速线路逐渐完善,所以 A 公司销售地运往各个供应地的时候,我们可以选择汽车运输。

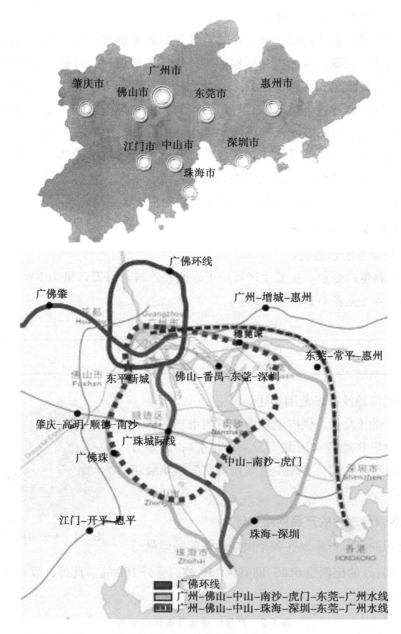

图 1-2 珠三角线路图

在交通线路上,发点用"〇"(圆圈)表示,并将发货量记在里面,收点用"□"(正方形)表示,并将收货量记在里面。两点间交通线的长度记在交通线旁边,然后做调运物资的流向图。物资调运的方向用"→"表示，并把"→"按调运方向画在交通线的右边，调运物资的数量在箭头的下方带有括号。根据图 1-2 珠三角的交通枢纽，采用汽车运输的方式，分为三条路线（见图 1-3）。线路 1：从 A 出发，一次性运货 40 吨，供给佛山 20 吨，再把剩下的 20 吨货直接运往肇庆；路线 2：从 A 出发，一次性运货 40 吨，供给东莞 20 吨，再把剩下的 20 吨货直接运往惠州；路线 3：从 A 出发，分为两批车队出发，第一批车队运往江门、中山，第二批车队运往珠海、深圳。这样设计线路的优点有以下三个：

- 消除对流，节省运输力量。
- 消除迂回运输，节省运输力量和运费。
- 减少空车运载，尽量每辆车都满载；还可以减少环节，追求最大的经济效益。

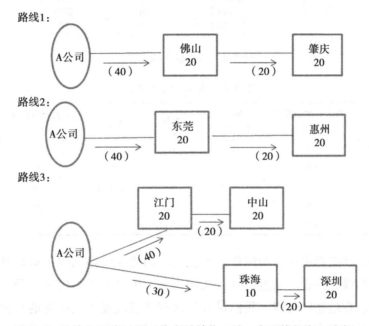

图 1-3 物资调运流量图（收发量单位：吨；交通线长度：千米）

（2）设计省外产品运输网络（见图 1-4）。

省外运输是由广州运往华北地区，此时需要通过内贸海运。广州市区主要有 5 个港口，分别是黄埔港、广州内港、番禺区码头、南沙老港和南沙新港。运往华北地区主要有三个港口可以考虑，分别是连云港、青岛港和天津港。这里选择的是广州内港—青岛港。

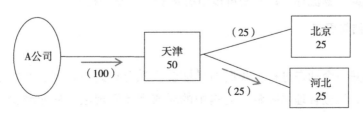

图 1-4 省外运输网络图

（3）优化运输方式，降低运输费用，实现运输合理化。

①省内线路优化。在省内路线规划的时候，我们通过汽车运输，3条线路同时出发，这样运输到供货地的时间比较灵活，但是造成回程空车率高，迂回运输和对流比较严重，损耗运力，并增加了运费。通过比较，我们优化路线2和路线3，合并为优化线路1（见图1-5和表1-3）。

优化线路1：

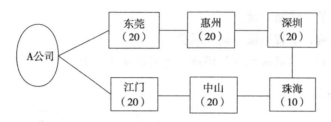

图1-5 省内优化线路图

表1-3 省内路线优化表

序号	地点	与上一地点距离（千米）	车程（小时）	序号	地点	与上一地点距离（千米）	车程（小时）
1	A公司	0	1	6	中山	50	1
2	东莞	50	1.5	7	江门	45	1
3	惠州	90	1.5	8	A公司	110	2
4	深圳	90	1	合计		596	10.5
5	珠海	161	2.5				

针对省内的设计线路中存在的问题，现在我们的优化线路减少了运输环节，进而大大减少了对流和迂回线路现象。通过计算，线路优化1可以节省1倍的车程，也就是说可以节省1倍的运费。在运输的时候，我们最好采用与供应地需求量匹配的车辆，并且采用直达运输的方式，最大程度地利用好车辆的最大装载量。假如每天的需求量稳定的话，我们可以考虑在供应点的辐射中心设一个配送中心的分点，以最少的成本争取最大的经济效益。

②省外线路优化。广州到青岛，28千米/小时，需要60小时。如果线路采用广州—天津港，而代替广州—青岛港口，这样就可以节省运费，在中转货物的时候也比较方便，直接从天津港运往临近的供应点北京和河北，天津供应地甚至可以采取自提方式到码头取货。这样做一是可以减少物流环节；二是可以节省运费，一举两得。

任务4：总结与思考

（1）结论。

运输合理化是一个动态过程，我们的目标就是从合理到更合理。在本书的论述中，通过对线路的优化，运输合理化减轻了运输中的对流和迂回现象，从而减少了环节，降低了费用，实现了最大的经济效益。除此之外，运输合理化是选择车辆和节省运费的一种智慧，能够减少车辆的发车次数，降低运输中的能源消耗，解决环境问题。

(2) 建议。

基于以上问题和现象，提出以下几点建议：

- 根据交通枢纽的不断完善，我们要计算运输时间和运输费用，选择最优方案。
- 根据产品的特点和需求量，选择不同的车辆，尽量满足最大装载量。
- 利用网络分析法，找出关键线路，避免对流和迂回线路，实现运输合理化。
- 发展综合运输体系，充分发挥多种运输方式的优势，提高各种运输资源的配置效率，满足需求，降低物流成本。

1.5.2 项目二：基于运输合理化的产品网络设计（实训）

【例1-2】B公司为饮料生产企业，主要生产乐百氏乳酸奶饮料。公司位于广东佛山沙口开发区，每天运输量50～100吨，省内外销售比例为7:3。省内市场是珠三角地区，运输主要采用汽运方式；省外市场是华东地区（浙江、江苏、上海），运输主要采用内贸海运集装箱方式。

思考题：

1. 如何设计省内外运输网络？
2. 如何优化运输方式，降低运输费用，实现运输合理化？

任务1：学习运输合理化理论与方法

任务2：业务需求调研分析

任务3：运输合理化的产品网络设计

任务4：总结与思考

本章小结

本章介绍了运输的概念，明确了运输的范畴；阐述了运输的空间效用，分析其在运输活动中的表现；说明了不同的运输类别的特点和功能、运输系统的构成与特点；重点介绍了运输合理化的因素、具体运输活动中的不合理现象，并针对性地给出对策，从不同角度区分不同的运输方式。

复习思考题

一、名词解释

1. 运输
2. 运输管理
3. 物流运输系统
4. 运输合理化

二、简答题

1. 简述运输合理化措施。
2. 简述物流运输系统构成。
3. 简述不合理运输的表现方式。
4. 简述货物运输实务的三个主要运输操作过程。

案例分析

荷兰 TPG 公司物流、快运模式的启示

荷兰 TPG 公司是一家提供邮件、快运和物流服务的全球性公司。在 1997 年荷兰邮政集团公司 KPN 兼并了澳大利亚 TNT 集团公司后,KPN 公司将其皇家 PTT 邮政与原 TNT 合并,组建了 TPG 公司。TPG 是 TNT Post Group 的英文缩写,于 1998 年 6 月挂牌上市。TPG 公司是世界上最大的国际商务邮件服务商之一,在欧洲各主要城市拥有网络。公司使用"皇家 PTT 邮政"和"TNT"两个品牌(TNT 快运、TNT 物流),目前业务范围覆盖 200 个国家,并在 58 个国家设有分支机构。

TPG 以 TNT 快运为品牌,2000 年快运营收为 41.45 亿欧元,比 1999 年增长了 17.2%。TNT 快运拥有 17 200 辆车、36 架飞机、808 个枢纽站和卫星集散站。全年共运送货物 19 293.7 万件,总重量为 320.5 万吨。TNT 快运服务网络覆盖面很广,按照服务功能和区域不同分为欧洲空运网络、欧洲路运网络、亚洲网络、商用网络、国内网络五个部分。货运量的 65% 靠路运,25% 靠空运,10% 靠商业航班。

TNT 快运实行统一销售、集中分级分拣、统一运输的运输组织形式,特别是集中分级分拣,对不同的货运站进行功能设置,有些大型货运站完全服务于粗拣后站与站间的运输,通过这种接力式的分拣、运输,强化了集团公司间的合作,也提高了分拣和运输的整体效率。这种在集团公司内部进行专业化分工的组织形式非常有利于提高整个网络的运输效率,降低营运成本。统一销售、统一调度、统一分拣、统一运输、信息共享,是今后快件运输发展的趋势,也是货物运输集团企业专业化、规模化、网络化的运作模式。TNT 快运目前主要提供以下五种门到门的服务:当日快件、早 9 点快件、午时 12 点快件、全球午后 17 点快件、经济快件。这五项服务均为标准化服务,服务的内容及要求都按照严格的标准及相关程序进行。另外,TNT 快运还提供多种价值附加服务,如技术速递、夜间速递、保险速递等。多样化的服务能够满足不同层次、不同要求顾客的需要,使得快运网络更加稠密、通达不同的角落,促进了企业快运业务的增长。

快件货物运输根据不同的服务项目的要求,采用空运或路运(汽车或大型货车)。一般早 9 点快件、午 12 点快件选择空运方式;当日快件则比较灵活,只要能按时到达即可,采用较经济的运输工具;经济快运一般采用汽车运输。通常在 800 千米范围内用汽车运输,超过 800 千米用航空运输。为此,TNT 快运欧洲空运网络有五个空运快件主集散站,分布在比利时的列日、英国的利物浦和德国的科隆等地。它在列日租用机场和跑道,每周飞行

500个航班,加上利用商业网络,构成250条空运航线,每周飞行13 000个飞行段,运送1 500吨货物,与745个集散站相连。在欧洲路运网络中,卫星集散站到客户(门或货架)的配送85%由TNT快运公司承担,卫星集散站到主集散站,主集散站之间的长途、大吨位厢式货车运输的30%由TNT快运公司承担,70%外包,由有运输协议的小型运输公司承担,但车辆和人员要使用TNT的标志与品牌。由于TNT快运网络十分发达,能运达200多个国家,故快件的运送速度比邮件快。虽然快件和邮件由不同的网络运送,但有时二者会相互利用和协调,邮件也能通过快件网络运行。

讨论题:

结合案例简述运输合理化的有效措施。

第 2 章 Chapter2

公路货物运输

 本章要点

- 公路货物运输的业务流程
- 公路货物运输单证的缮制
- 公路货物运输费用的计算
- 国际货物公路运输
- 公路货物运输实训项目

 开篇案例

中国公路物流行业现状分析

公路物流是我国物流的最主要方式,公路货运量占我国整体货运量的75%,因此我国物流整体能力薄弱的一个重要原因便是公路物流效率的低下。

运输环节存在的突出问题是运输效率低下,涉及运力调配、运用等多个环节。一方面,我国货车平均每天有效行驶里程仅为300千米,而美国可以达到1 000千米;另一方面,当前国内有1 000多万辆营运货车,空载率达到40%以上,车辆停配货的间隔时间平均长达72小时左右,其中大量的时间浪费在等货、配货环节。这造成了资源的极大浪费,导致运输成本居高不下。车辆空驶不仅加重了高速公路和城市道路的管理压力,产生的无效益尾气排放也加剧了大气污染。公路物流中的仓储中转环节也存在设备落后、人工成本高、作业效率低、货物重复质押等突出问题。与美国、日本国外发达国家相比,在单位GDP中,我国的仓储成本占比是其他国家的2~3倍。与此同时,近年来我国仓库成本呈现不断上升的态势,在一定程度上阻碍了物流总成本的降低。

中国公路物流存在的问题及发展趋势如下所述。一方面,受碎片化发展模式影响,中国公路物流行业集约化程度低,呈现"小、散、乱、差"四大特点。所谓"小"指的是经营主体规模小、数量多。根据交通部 2013 年的统计数据，全国道路货物运输经营业户数为 745.17 万，公路营运载货汽车为 1 419.48 万辆，平均每户拥有的货车不到两辆。"散"指的是经营运作处于"散兵游勇"状态，产业的组织化水平很低，90% 以上的运力掌握在个体运营司机手中，行业集中度非常低。"乱"指的是市场秩序较乱，竞争行为不规范，诚信体系缺失，标准不统一。"差"指的是服务质量差、服务确定性差、经营效益差、信息化应用差。

另一方面，货运物流信息严重不对称，公路物流网络系统缺失，导致车货匹配效率低下，资源错配现象突出。其一，当前行业中缺少功能齐备的公路运输枢纽网络，以及统一且规模化的信息化服务平台。其二，在目前的货运物流服务链中，处于末端的是个体车主，由于从业人员参与门槛低、供过于求、组织水平低，这些个体车辆在货运交易中的博弈非常被动，除非存在特殊时段、特殊线路或特殊车辆需求等某些结构性原因，绝大多数个体车辆运输的货物来源和定价权往往掌握在托运人手中。

要解决公路物流业现存的问题，亟须提升系统能力：①需要对行业资源进行整合，包括对市场参与主体、运力资源以及货物资源进行整合，从而减少资源无谓的消耗和浪费，完善公路运输网络；②需要完善基础网络，配备功能齐全的公路运输枢纽网络，为广大物流企业和个体货运司机及车辆提供集货、仓储、配货的平台，并为其提供相应的商务、生活及运输配套服务；③需要优化信息流环节，通过物联网技术，将信息的传感设备和互联网进行结合，形成一个便于对供应链各个环节的关键信息进行管理的巨大网络，并且借助有形的服务节点形成"信息池"，以此为基础提供线下或线上的供需匹配、车货匹配等业务，提升供应链的运作效率。

信息化和网络化是我国公路物流业升级的必由之路。针对行业当前的痛点，传化物流要打造的是一个全国性的智能公路物流运营系统。这一系统采用的是"线上平台"+"线下公路港"模式，由线上平台（创新业务）、线下平台（基础业务）和智能信息系统三大板块组成，实际上属于"第四方物流"（4PL）的形式。

2.1 公路货物运输业务流程

2.1.1 整车货物运输业务流程

整车货物运输是指托运人一次托运的货物在 3 吨（含 3 吨）以上，或虽不足 3 吨，但其性质、体积、形状需要一辆 3 吨以上的车辆进行公路运输。公路整车货物运输的过程是从货物受理托运开始，到交付收货人为止的生产活动。其作业流程如图 2-1 所示。

1. 受理托运

（1）托运人填写托运单。发货人托运货物时，要在起运地车站办理托运手续，并填写货物托运单（或称运单）作为书面申请。托运单一般由托运人填写，也可以委托他人填写。

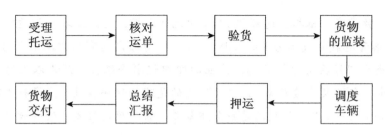

图 2-1 整车货物运输的业务流程

(2) 托运单是托运人与运输企业之间的契约，是发货人托运货物的原始依据，也是车站承运货物的原始依据。

(3) 车站接到发货人提供的货物托运单后，要认真审查。货运员还应根据货物托运单的记载内容，认真验收货物；检查货物的品名、质量、件数、包装和货物标记等是否齐全；查看按规定应附的证明文件和单据是否齐全，发货人声明栏填写的内容是否符合规定等。

托运单一般为一式四份，一份交给托运人作为托运凭证，三份交给承运单位：其中一份留待受托部门存查，一份由财务部门凭其收款和结算运费，还有一份交给调度部门作为派车依据。

(4) 填写托运单时的注意事项。

①填写的托运单必须详细、清楚和真实。如因托运人填写不实造成错运或其他事故，一概由托运人负责。

②托运单每单以运到同一目的地交同一收货人为限。托运两种或两种以上的货物时，应在托运单内按货物种类分别填写。

③托运长大、笨重、危险和鲜活易腐货物时，应将货物性质记入"货物性质"栏内。

④除"货规"规定外，托运人如有特约事宜经双方商定填入"约定事项"栏。

⑤托运人托运的货物应符合国家包装标准或专业标准。

2. 核对运单

(1) 货运员在收到托运人的运单后，要审核货物的名称、质量、体积、重量以及根据具体情况决定是否受理。如发现货物不符合国家要求的，承运人不予以受理，例如禁运的危险货物、法律禁止流通的物品、未取得卫生检疫合格证明的动植物等。

(2) 检查有关运输的凭证：货物托运应向运输部门提供货物运输的证明文件和随货物同行的有关票据单据，如动植物检疫合格证、超限运输许可证等。

(3) 审核货物有无特殊要求，如运输期限、押运人数或和托运方议定的有关事项。

(4) 确定货物运输里程和运杂费。

(5) 托运单认定后，编制托运单的号码，并将结算通知交给货主。

3. 验货

(1) 运单上的货物是否处于待运状态。

(2) 货物的数量、发运日期有无变更。

(3) 货物的包装是否符合运输要求。

(4) 装卸场地的机械设备、通行能力是否完好。

4. 货物的监装

在车辆到达厂家的出货地点后，司机和接货人员会同出货负责人一起根据出货清单，对货物的包装、数量、重量等进行清点与核实，核对无误后再进行装车。

(1) 车辆到达装货点后，监装员要根据运单填写的内容与发货人联系并确定交货的办法。

(2) 货物装车前，监装员检查货物包装有无破损、渗漏、污染等情况。监装员如发现不适合装车的情况，应及时和发货人商议。如果发货人自愿承担由此引起的货损，则应在运单上做批注和加盖印章，以明确责任。

(3) 装车完成后，应清查货位，检查有无错装、漏装。装车后要与发货人核对实际装车件数，确认无误后，办理交接签收手续。

5. 调度车辆

调度员在接到出货信息后，根据运输任务编制车辆运行作业计划并发布调度命令。首先，要根据货物的运输数量、时间要求，调度出可以使用的车辆；然后，调度员进行具体派车，同时在托运单上做出已派车记录。

6. 押运

(1) 建立收货客户档案。

(2) 司机要及时反馈运输途中的信息。

(3) 与收货客户电话联系送货情况。

(4) 填写跟踪记录。

(5) 发现异常情况时，要及时与客户联系。

7. 总结汇报

当押运任务完成后，要认真总结，吸取经验和教训，并将有关情况向领导汇报。

8. 货物交付

(1) 清点监卸。

(2) 检查货票是否相符。

(3) 收货人开具作业证明，签收。

(4) 发现货物缺失，做记录，开具证明。

(5) 处理货运事故。

2.1.2 零担货物运输业务流程

公路零担货物运输是指托运人一次托运的货物不足 3 吨（不含 3 吨）的零担货物。按件托运的零担货物，单价体积一般不小于 0.01 立方米（单件重量超过 10 千克的除外），不大于 1.5 立方米；单件重量不超过 200 千克；货物长度、宽度、高度分别不超过 3.5 米、1.5 米和 1.3 米。其作业流程如图 2-2 所示。

1. 受理托运

受理托运是指始发站负责承运的物流业务人员根据货物的性质及受运限制等业务规则和本企业营运范围内的线路、站点、运距、中转范围、到达站点的装卸能力以及有关规定来承接托运零担货物，办理托运手续。受理托运时，物流业务员必须严格遵守物流公司承运货物的有关规程，根据托运要求向托运人询问清楚后认真填写托运单，并交由承运人审核无误后方可承运。受理托运的方法有以下三种：

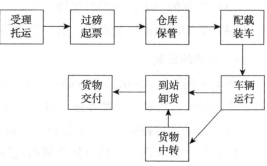

图 2-2 零担货物运输流程

（1）限时受理制。这种受理制对托运日期无具体规定，发货人在营业时间内均可把货物送到托运站办理。

适用地：作业量小的货运站、急运货运站，以及始发量小、中转量大的中转货运站。

（2）预先审批制。发货人事先向货运站提出申请，车站再根据各个发货方向及站别的运量，并结合站内设备和作业能力加以平衡，分别指定日期进货集结，组成零担班车。

适用地：作业量大的货运站、事先安排好的货运站，以及始发量大、中转量小的中转货运站。

（3）日历承运制。货运站根据零担货物流量及流向规律，编写承运日期表，事先向外公布，然后发货人再按照规定承运日期表来办理托运手续。

适用地：作业量大的货物站、事先安排好的货运站。

2. 过磅起票

零担货物受理人员在收到托运单后，审核托运单填写内容与货物实际情况是否相符，检查包装，过磅量方，扣、贴标签和标志。

审核托运单的要求如下：

（1）验货员检查货物清单的内容是否详细、具体，核对货物品名、件数和包装标志是否和托运单相符。

（2）检查托运单的各栏有无涂改，对涂改不清的要重新填写。

（3）审核货运站与收货地址是否相符，以免误运。

（4）注意是否夹带限制运输货物或危险货物。

（5）一般人力搬运装卸的货物单件重量不超过 40 千克，笨重零担货物应按起运、中转、到达站的起重装卸能力受理。

检查货物包装要求：检查货物包装时要按看、听、闻、摇的要求，即看货物包装是否符合相关规定要求；听是否有异声；闻有无异味；摇货物在包装内是否晃动。

过磅量方要求如下：

（1）司磅员要确定货物的重量，发现不符按规定纠正处理。货物重量分实际重量、计费重量和标定重量。

（2）过磅量方后，司磅员、收货人员要在托运单上签字证明并指定货位将货物搬入仓库，然后在托运单上签注货位号，加盖承运日期戳，留存一份托运单，将另一份交还给货主——货主会持该托运单向财务核算部门付款开票。

扣、贴标签和标志要求如下：

（1）标签的各栏必须认真填写，在每件货物的两端或者正侧面明显处各贴一张。

（2）为确保货物运输安全，针对货物性质的不同，货件应有不同要求的图式标志，标志图形必须符合《中华人民共和国国家标准包装储运图示标志》的规定。危险货物还须使用危险货物包装标志。

3. 仓库保管

（1）首先，将接收的货物按到站或中转范围放入指定货位，堆码时要标签向外，箭头向上，要将同一票货物放在同一库位；其次，检查验收后的货物是否全部放入货位；再次，在货物运单上填写货位号，验收日期并签章；最后，签装卸工作单。

（2）严格划分货位，一般分为待运货位、急运货位、中转货位、到达待交货位。

（3）零担货物进出仓要照单入库或出库，做到以票对货、票票不漏、货票相符。

4. 配载装车

（1）按照中转先运、急件先运、先托先运、合同先运进行。

（2）尽量采用直达运送方式，必须中转的货物，则应合理安排流向配载。

（3）充分利用车辆的载货量和容积。

（4）严格执行货物混装的限制规定。

（5）加强预报中途各站的待运量，尽可能让同站装卸的货物在体积和质量上相适应。

（6）签发装货清单。填单时按货物先远后近、先重后轻、先大后小、先方后圆的顺序进行，以便按单顺次装车。

5. 车辆运行

（1）零担车辆必须按期发车，不得误班。

（2）定期零担班车应按规定路线行驶，凡按规定要求停靠的中途站，车辆必须进站，并由中途站值班人员在行车路单上签字。

（3）行车途中，驾驶员应经常检查车辆装载情况。如发现异常情况，应及时处理。

6. 货物中转（见表2-1）

7. 到站卸货

无异常情况的处理如下。

（1）有单无货：共同签字确认，在交接单上注明，原单返回。

表 2-1 货物中转法一览表

货物中转法	概念	优点	缺点
落地法（全部落地中转）	全部零担货物卸下入库，再重新集结，另行安排零担货车分别装运，继续运到目的地	简便易行，车辆载重量和容积利用较好	装卸作业量大，仓库和场地的占用面积大，中转时间长
坐车法（部分落地中转）	同一到站且中转数量较多或卸车困难的那部分核心货物留在车上，让卸货人员将其余货物卸下后再加装一同到站的其他零担货物，继续运到目的地	部分货物不用卸车，减少了作业量，加快了中转作业速度，节约了装卸劳力和货位	对留在车上的货物装载情况和数量不易检查清点
过车法（直接换装中转）	将车内一部分中转货物由一辆车直接换装到另一辆车上，而不在仓库货位上卸货。组织过车时，既可以向空车上过，也可以向留有货物的车上过	在完成卸车作业时也完成了装车作业，提高了作业效率，加快了中转速度	对到发车辆的时间衔接等条件要求较高，容易受意外因素干扰和影响运输计划

(2) 有货无单：验收入库，仓库人员签发清单，共同签字，清单寄回起运站。

(3) 货物到站错误：货物原车返回起运站。

(4) 货物缺失、破损、受潮、污染、腐烂：共同签字确认，填写事故清单。

8. 货物交付

货物到站后，到达站应及时向收货人发出到货通知，并做好记录。收货人凭提货单取货，并应在提货单上加盖印章。到达站交货后也应在提货单上加盖"货物付讫"戳记后存查。

2.1.3 公路货物运输组织

1. 普通货物运输

货物运输组织方法会直接影响货物运输速度和费用。做好货物运输组织工作会使企业在各种运输方式竞争激烈的环境下脱颖而出。货物运输组织要在具有一定货源的基础上，根据货物结构和性质的不同，合理调配和使用车辆，做到车种适合货种，标重配合货重。公路货物运输行车组织方式常采用直达行驶法和分段行驶法。

(1) 直达行驶法是指每辆汽车装运货物由起点经过全线直达终点，卸货后再装货或者空车返回，即货物中间不换车（见图 2-3）。采用直达行驶法时，因车辆在路线上运行的时间较长，为确保驾驶员的休息和行车安全，驾驶员每天的工作时间不超过 8 小时。在特殊条件下可适当延长，但最多不可超过 12 小时。直达行驶法可以减少货物装卸作业劳动量，从而提高货物的运送速度。但是，这种方法只适用于货源稳定，但数量不大的货物运输以及零担货物的长途运输等。

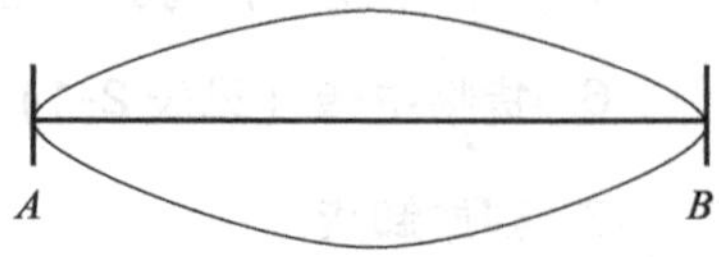

图 2-3 直达行驶法示意图

（2）分段行驶法是指将货物全线运输路线适当分成若干段，即区段。每一区段都有固定的车辆工作，在区段的衔接点，货物由前一区段的车辆转交给下一个区段的车辆接运，每个区段的车辆不出本区段工作（见图2-4）。在长途干线组织货物运输采用分段行驶法，可保证驾驶员具有正常的休息时间，有利于安全行车和提高车辆的工作时间利用系数。为提高车辆的运输效率，减少空驶和等待回程货物，采用分段行驶法时，必须加强车辆定时运输相衔接的组织工作。这种行驶方法应用载托式牵引车或半挂车运输货物是最理想的，这样可以避免货物多次倒装，减少货损货差现象。

图2-4 分段行驶法示意图

2. 甩挂运输的组织形式

甩挂运输是指带有动力的机动车将携带的承载装置，包括半挂车、全挂车甚至货车底盘上的货箱甩留在目的地后，再拖带其他装满货物的装置返回原地，或者驶向新的地点。甩挂运输适用于运输距离较短、装卸能力不足且装卸停歇时间占汽车列车运行时间的比重较大的情况。

（1）一线两点甩挂运输。

这种组织形式适宜在往复式运输线路上采用，即在线路两端的装卸作业点均配备一定数量的挂车，汽车列车往返于两个装卸作业点之间进行甩挂作业。根据线路两端不同货流情况或装卸能力，可组织"一线两点，一端甩挂"（装甩卸不甩或卸甩装不甩）和"一端两点，两端甩挂"两种形式。这种甩挂适用于装卸作业固定、运量较大的线路。

（2）循环甩挂。

这种组织形式是在车辆沿环形式路线行驶的基础上，进一步组织甩挂的组织方式。它要求在闭合循环的回路的各个装卸点配备一定数量的挂车，汽车列车每到达一个装卸点后甩下所带的挂车，装卸工人集中力量完成主车的装卸作业，然后挂上预先准备好的挂车继续行驶。这种组织形式的实质是用循环调度的方法来组织封闭回路上的甩挂作业，提高车辆的载运能力，压缩装卸作业的停歇时间，提高里程利用率，是甩挂运输中较为经济、运输效率较高的组织形式之一。

循环甩挂涉及面广，组织工作较为复杂，所以，在组织循环甩挂时，一要满足循环调度的基本要求，二要选择运量较大且稳定的货流进行组织，同时还要有适合组织甩挂运输的货场条件。

（3）一线多点，沿途甩挂。

这种组织形式要求汽车列车在起点站按照卸货作业地点的先后顺序，本着"远装前挂，近装后挂"的原则编挂汽车列车。采用这一形式时，在沿途有货物装卸作业的站点，甩下汽车列车的挂车或挂一个预先准备好的挂车继续运行，直到终点站。汽车列车在终点站整列卸载后，沿原路返回，经由先前的甩挂作业点时，挂上预先准备好的挂车或甩下汽车列车上的挂车，继续运行直到返回始点站。

这种形式适用于装货地点比较集中而卸货地点比较分散，或卸货地点集中而装货地点分散，且货源比较稳定的同一运输线路。

(4) 多点一线，轮流拖挂。

这种形式是指在装（卸）点集中的地点，配备一定数量的周转挂车，在汽车列车未到达的时间内，预先装（卸）好周转挂车的货物，当在某线行驶的列车到达后，先甩下挂车，集中力量装卸主车，然后挂上预先装（卸）好的挂车返回原卸（装）点，进行整列卸（装）的甩挂运输组织。

这种形式实际上是"一线两点，一端甩挂"的复合，不同的是在这里挂车多线共用，提高了挂车的运用效率。它适用于发货点集中而卸货点分散，或卸货点集中而装货点分散的线路。

2.2 公路货物运输单证

2.2.1 公路货物运输合同的概念与特点

1. 公路货物运输合同的概念

公路货物运输合同是指汽车承运人与搬运人之间签订的明确相互权利关系的协议，是指国内经营公路货物运输的企业与其他企业、农村经济组织、国家机关、事业单位、社会团体等法人之间以及个人或联户之间，为了完成特定货物运输任务而明确相互权利、义务关系的协议。

2. 公路货物运输合同的特点

公路货物运输合同除具有一般货运合同的特点外，还有下列几个特点。

第一，承运人必须是经过国务院交通行政主管部门批准并持有运输经营许可证的单位和个人；国家交通行政主管部门必须对运输工具、司机进行管理，明确职责，以确保货物运输的安全。

第二，具有门到门的优势和特点。公路货物运输合同可以是全程运输合同，即交由公路承运人通过不同的运输工具一次完成运输的全过程。

第三，承运人的许多义务是强制性的，如定期检修车辆，确保车辆处于适运状态；运费的计算和收取必须按照有关部门的规定，不得乱收费等。

3. 公路货物运单的种类

公路货物运单分为甲、乙、丙三种。甲种运单适用于普通货物、大件货物、危险货物等货物运输和运输代理业务；乙种运单适用于集装箱汽车运输；丙种运单适用于零担货物运输。承托运人要按道路货物运单内容逐项如实填写，不得简化、涂改。承运人或运输代理人接收货物后应签发道路货物运单，道路货物运单经承托双方签章后有效。

对于甲、乙两种道路货物运单，第一联存根，作为领购新运单和行业统计的凭据。

对于第二联托运人存查联，要交托运人存查并作为运输合同当事人一方保存。

对于第三联承运人存查联，要交承运人存查并作为运输合同当事人另一方保存。

对于第四联随货同行联，要作为载货通行和核算运杂费的凭证，货物运达、经收货人签收后，作为交付货物的依据。

对于丙种道路货物运单，第一联存根，作为领购新运单和行业统计的凭证。

对于第二联托运人存查联，要交托运人存查并作为运输合同当事人一方保存。

对于第三联提货联，要由托运人邮寄给收货人，凭此联提货，也可由托运人委托运输代理人通知收货人或直接送货上门，收货人在提货联收货人签章处签字盖章，收、提货后由到达站收回。

对于第四联运输代理人存查联，要交运输代理人存查并由运输合同当事人另一方保存。

对于第五联随货同行联，作为载货通行和核算运杂费的凭证，货物运达、经货运站签收后，作为交付货物的依据。

丙种道路货物运单与汽车零担货物交接清单配套使用。承运人接收零担货物后，按零担货物到站次序，分别向运输代理人签发道路货物运单（丙种）。已签订年、季、月度或批量运输合同的，必须在运单"托运人签章或运输合同编号"栏目中注明合同编号，托运人委托发货人签章。批次运输任务完成或运输合同履行后，凭运单核算运杂费，或将随货同行联（第五联）汇总后转填到合同中，由托运人审核签字后核算运杂费。道路货物运输和运输代理经营者凭运单开具运杂费收据。运输危险货物必须使用在运单左上角套印"道路危险货物运输专用章"的道路货物运单（甲种），方准运行。

国际公路货物运输合同公约（CMR）运单一式三联。发货人和承运人各持运单的第一、三联，第二联随货物走。CMR 运单不是议付或可转让的单据，也不是所有权凭证。CMR 运单必须记载下列事项：运单签发日期和地点，发货人、承运人、收货人的名称和地址，货物交接地点、日期，一般常用货物品名和包装方法，货物重量、运费，海关报关须知等。

托运人托运货物时，应向起运地车站办理托运手续，并填写货物托运单（或运单）作为书面申请。托运单载明了托运货物的名称、规格、件数、包装、质量、体积、货物保险价和保价价格、收发货人姓名和地址、货物装卸地点以及承托双方有关货运事项等。托运单是托运人托运货物的原始依据，也是车站承运货物的原始凭证，明确规定了承托双方在货物运输过程中的权利、义务和责任。因此，公路货物运输合同的基本文件是货物托运单。

2.2.2 公路货物运输相关业务单证

1. 托运单

托运单是货主（托运方）和运输方（承运方）之间关于托运货物所签订的契约，由托运方填写约定事项，再由运输单位审核承诺（见表 2-2）。托运单记载有关托运人与承运人在货物运输中的权利、义务与责任，是货主托运货物的原始凭证，也是运输单位承运货物的原始凭证。

表 2-2　托运单

承运人：		经办人：		电话：		地址：	
托运人	单位：		收货人	联系人：		单位：	
	电话：			电话：		地址：	
货物名称	件数	总重量（吨）		包装规格	保费（元）	运费（元）	备注
合计费用：（大写）			¥		结算方式		
运输协议							
托运方签章				承运人签章			

托运单由托运人填写，托运单的统一格式在《中华人民共和国交通部公路汽车货物运输规则》中有规定，具体填写要求如下：

（1）准确表明托运人和收货人、承运人的名称（姓名）和地址（住所）、电话、邮政编码。

（2）准确表明货物的名称、性质、件数、重量、体积以及包装方式。

（3）准确表明运单中的其他有关事项。

（4）一张运单托运的货物，必须是同一托运人、收货人。

（5）危险货物与普通货物以及性质相互抵触的货物不能用一张运单。

（6）托运人要求自行装卸的货物，经承运人确认后，在运单内注明。

（7）应使用钢笔或圆珠笔填写，字迹清楚，内容准确，需要更改时，必须在更改处签字盖章。

（8）已签订定期运输合同或一次性运输合同的，运单由承运人按规定填写，在运单托运人签字盖章处填写合同序号。

（9）托运的货物品种不能在一张运单内逐一填写的，应填写货物清单（见表 2-3）。

表 2-3　货物清单

起运地点：				运单号码：		
编号	货物名称及规格	包装形式	件数	长×宽×高	体重（千克）	保险或保价金额
托运人签章：		承运人签章：			年　月　日	

（10）托运货物的名称、性质、件数、质量、体积、包装方式等，应与运单记载的内容相符。

（11）按照国家有关部门规定需办理准运或审批、检验等手续的货物，托运人托运时应将准运证或审批文件提交承运人，并随货同行。托运人委托承运人向收货人代递有关文件时，应在运单中注明文件名称和份数。

（12）在托运的货物中，不得夹带危险货物、贵重货物、鲜活货物和其他易腐货物、易污染货物、货币、有价证券以及政府禁止或限制运输的货物等。

（13）托运货物，应当按照承托双方约定的方式包装。对包装方式没有约定或者约定不明确的，可以协议补充；不能达成补充协议的，按照通用的方式包装，没有通用方式的，应在足以保证运输、搬运装卸作业安全和货物完好的原则下进行包装。

（14）托运人应根据货物性质和运输要求，按照国家规定，正确使用运输标志和包装储运图示标志。使用旧包装运输货物，托运人应将包装上与本批货物无关的运输标志、包装储运图示标志清除干净，并重新标明制作标志。

（15）托运特种货物，托运人应按以下要求，在运单中注明运输条件和特约事项：

①当托运需冷藏保温的货物时，托运人应提出货物的冷藏温度和在一定时间内保持温度的要求。

②当托运鲜活货物时，应提供最长运输期限及途中管理、照料事宜的说明书。货物允许的最长运输期限应大于汽车运输能够达到的期限。

③当托运危险货物时，按交通部《汽车危险货物运输规则》办理。

④当托运采用集装箱运输的货物时，按交通部《集装箱汽车运输规则》办理。

⑤当托运大型特型笨重物件时，应提供货物性质、重量、外廓尺寸及对运输要求的说明书；承运前承托双方应先查看货物和运输现场条件，需排障时由托运人负责或委托承运人办理；运输方案商定后办理运输手续。

⑥当整批货物运输时，散装、无包装和不成件的货物按重量托运；有包装、成件的货物，托运人能按件点交的，可按件托运，不计件内细数。

⑦当托运途中需要饲养、照料的生物、植物，以及尖端精密产品、稀有珍贵物品、文物、军械弹药、有价证券、重要票证和货币等时，托运人必须派人押运。大型特型笨重物件、危险货物、贵重和个人搬家物品，是否派人押运，由承托双方根据实际情况约定。

除上述规定的货物外，托运人要求押运时，需经承运人同意。

（16）当托运需派人押运的货物时，托运人在办理货物托运手续时，应在运单上注明押运人员的姓名及必要的情况。

（17）押运人员每车一人，托运人需增派押运人员，在符合安全规定的前提下，征得承运人的同意，可适当增加。押运人员须遵守运输和安全规定。押运人员在运输过程中负责货物的照料、保管和交接，如发现货物出现异常情况，应及时做出处理并告知车辆驾驶人员。

2. 货票

货票是一种财务性质的票据,是根据货物托运单填记的(见表2-4)。发货人办理货物托运时,应按规定向车站交纳运杂费,并领取承运凭证,即货票。

货票上应明确货物的装卸地点、发货人与收货人姓名和地址、货物名称、包装、件数和质量、计费里程与计费质量、运费与杂费等。在发运站,它是向发货人核收运费的依据;在到达站,它是与收货人办理货物交付的凭证之一。此外,货票也是企业统计完成货运量、核算营收、计算有关货运指标的原始凭证。

表2-4 货票

托运人:　　　　　　　　　　　　　　车属单位:

装货地点					发货人		地址		电话	
卸货地点					收货人		地址		电话	
运单或货签号码		计费里程			付款人		地址		电话	
运费金额	包装形式	件数	实际重量(吨)	计费运输量		吨·千米运价				
				吨	吨·千米	货物等级	道路等级	运价率	运费金额	
运杂费合计金额(大写)										
备注						收货人签收章				

开票单位(盖章):　　　　　开票人:　　　　　承运驾驶员:　　　　　年　月　日

3. 行车路单

行车路单是在整车货物运输条件下营运车辆据以从事运输生产的凭证,是整车货物运输生产中一项最重要的原始记录(见表2-5)。它是企业调度机构代表企业签发给汽车驾驶员进行生产的指令。行车路单除具有工作指令、原始记录的作用之外,还在各专业公路货物运输企业之间的有关费用结算、免费服务等方面起着"有价证券"的作用。

表2-5 行车路单

承运车辆:　　　　　　　　　　　　　　No:

起点	发车时间	终点	到达时间	货物名称	包装	件数	运量(吨)	行车里程(千米)		
								总行程	重驶行程	空驶行程
合计	重驶行程(千米)		运输量(吨)		周转量(吨·千米)			备注		

签发单位(章):　　　　　签发人:　　　　　　　　　回收人:

对于行车路单的使用要注意以下几点：

(1) 行车路单必须严格按顺序号使用，不可以使用空白路单。

(2) 每一次任务完成后，必须立即将其交回，不许积压、拒交。

(3) 行车路单各项记录必须填写准确和齐全，车队调度员对交回的路单的各项记录要进行审核。

2.3 公路货物运输费用的计算

2.3.1 公路货物运输运费计算公式

1. 整批货物运费计算

$$整批货物运费 = 吨次费 \times 计费重量 + 整批货物运价 \times 计费重量 \times 计费里程 + 货物运输其他费用$$

式中，整批货物运价按货物运价价目计算；吨次费，即对于整批货物运输，在计算运价费用的同时按货物重量加收吨次费。

2. 零担货物运费计算

$$零担货物运费 = 计费重量 \times 计费里程 \times 零担货物运价 + 货物运输其他费用$$

式中，零担货物运价按货物运价价目计算。

3. 计时包车运费计算

$$包车运费 = 包车运价 \times 包用车辆吨位 \times 计费时间 + 货物运输其他费用$$

式中，包车运价按照包用车辆的不同类别分别制定。

4. 集装箱运费计算

$$重（空）集装箱运费 = 重（空）箱运价 \times 计费箱数 \times 计费里程 + 箱次费 \times 计费箱数 + 货物运输其他费用$$

式中，集装箱运价按计价类别和货物运价费目计算；箱次费，即对汽车集装箱运输，在计算运价费用的同时按不同箱型加收箱次费。

2.3.2 公路货物运输的其他收费

(1) 调车费：应托运人要求，车辆调出所在地而产生的车辆往返空驶，计收调车费。

(2) 装货（箱）落空损失费：因托运人要求，车辆行至约定地点而装货落空造成的车辆往返空驶，按其运价的50%计收装货（箱）落空损失费。

(3) 排障费：当运输大型特型笨重物件时，需对运输路线的桥涵、道路及其他设施进行必要的加固或改造所发生的费用，由托运人负担。

(4) 车辆处置费：因托运人的特殊要求，对车辆改装、拆卸、还原、清洗时，计收车辆处置费。

(5) 车辆通行费：货物运输需要支付的过渡、过路、过桥等通行费由托运人负担，承运人代收代付。

（6）运输变更手续费：托运人要求取消或变更货物托运手续，应核收变更手续费。

（7）延滞费：车辆按约定时间到达约定的装货或卸货地点，因托运人或收货人责任造成车辆和装卸延滞，计收延滞费。

（8）检验费：在运输过程中，国家有关检疫部门对车辆的检验费以及因检验造成的车辆停运损失，由托运人负担。

（9）装卸费：由托运人承担。

（10）保管费：货物运达后，明确由收货人自取，自承运人向收货人发出提货通知书的次日，以邮戳或电话记录为准起计，第四日开始核收货物保管费；应托运人的要求或托运人的责任造成的需要保管的情况，计收货保管费。

（11）道路阻塞停车费：在汽车货物运输过程中，如发生自然灾害等不可抗力造成的道路阻滞，无法完成全程运输，需要就近卸存、接运时，卸存、接运费用由托运人负担。

2.3.3 公路货物运输运费计算步骤

1. 确定基本运价

（1）基本运价计算如下：

①整批发运运价是指一整批普通货物在等级公路上运输的每吨·千米运价，单位为元/（吨·千米）。

②零担发运运价是指零担普通货物在等级公路上运输的每千克·千米运价，单位为元/（千克·千米）。

③包车运价的计费时间以小时为单位，最小的计费时间为4小时，使用时间按实际包车时间计算；整日包车，每日按8小时计算，使用时间超过8小时的，按实际使用时间计算；时间尾数不足0.5小时的舍去，超过0.5小时的，按1小时计算，单位为元/（吨·小时）。

④集装箱运价是指各类标准集装箱重箱在等级公路上的每箱·千米运价，单位为元/（箱·千米）。

（2）货物等级。货物根据本身性质进行分类。

普通货物实行分等级计价，以一等货物为基础，二等货物加成15%，三等货物加成30%。

大型特型笨重货物运价计算如下：

①一级大型特型笨重货物在整批货物基本运价的基础上加成40%~60%。

②二级大型特型笨重货物在整批货物基本运价的基础上加成60%~80%。

（3）危险货物运价计算如下：

①一级危险货物在整批（零担）货物基本运价的基础上加成60%~80%。

②二级危险货物在整批（零担）货物基本运价的基础上加成40%~60%。

（4）贵重、鲜活货物运价计算如下：

①在整批（零担）货物基本运价的基础上加成40%~60%。
②快速货物运价按计价类别在相应运价的基础上可加成40%。
(5) 非等级公路货运运价计算如下：
在整批（零担）货物基本运价的基础上加成10%~20%。
(6) 特种车辆运价计算如下：
按车辆的不同用途，在基本运价的基础上加成计算。特种车辆运价和特种货物运价两个价目不准同时加成使用。
(7) 快速货运运价计算如下：
按计价类别在相应运价的基础上加成计算。
(8) 集装箱运价计算如下：
①标准集装箱运价。重箱运价按照不同规格箱型的基本运价执行；空箱运价在标准集装箱重箱运价的基础上减成计算。
②非标准集装箱运价。重箱运价按照不同规格的箱型，在标准集装箱基本运价的基础上加成计算；空箱运价在非标准集装箱重箱运价的基础上减成计算。
③特种箱运价。在箱型基本运价的基础上按装载不同特种货物的加成幅度加成计算。
(9) 出入境汽车货物运价计算如下：
按双边或多边出入境汽车运输协定，由两国或多国政府主管机关协商确定。

2. 确定计费重量

(1) 普通货物。
①整批货物：1吨以下计算至100千克，尾数不足100千克的，四舍五入。
②零担货物：最低的计费重量为1千克，尾数不足1千克的，四舍五入。
(2) 轻泡货物。
整批轻泡货物的高度、长度、宽度以不超过有关道路交通安全规定为限，记吨位计算重量。零担轻泡货物以货物包装最长、最高、最宽部位尺寸计算体积，按每立方米折合为333千克计算重量。

【例2-1】 某商人托运两箱毛绒玩具，毛重185.3千克，每箱规格为1.0米×0.8米×0.8米，一级普通货物运价为0.0025元/（千克·千米），毛绒玩具属于三等货物，运距为120千米，主要支付多少运费？

解： $\because$ 185.3/（2×1.0米×0.8米×0.8米）<333千克/平方米

$\therefore$ 属于轻泡货物

$\therefore$ 计费重量 2×1.0米×0.8米×0.8米×333=426.24≈426（千克）

运价 = 0.0025×(1+30%) = 0.00325(元/千克·千米)

运费 = 426×0.00325×120 = 166.14≈166(元)

(3) 包车运输。
按车辆实际标记的核定载重量计算。

(4) 散装货物。

如砖、瓦、砂、石、土、矿石、木材等，按体积，由各省、自治区、直辖市统一规定重量换算标准计算。其运费计算的原则如下：

在公路运输中，通常可以根据积载因数把货物分为重货和轻货两种。

- 积载因数每吨≤3立方米为重货，按实际重量计费。
- 积载因数每吨>3立方米为轻货（有时也叫泡货或轻泡货）按计费重量计费。

具体做法就是：把最后计算出来的结果进行比较，选择数值大的结果作为计费重量，这种做法也叫作"择大计收"原则。

【例 2-2】 以下有 A、B 两种货物：

A：实际重量为 100 千克，长、宽、高分别为 50 厘米、30 厘米、40 厘米，那么，

实际重量 W = 100 千克

体积重量 M = 50 厘米 × 30 厘米 × 40 厘米 ÷ 3 000 = 20

由于实际重量比体积重量大，所以选择实际重量 100 千克计算运费。

B：实际重量为 100 千克，长、宽、高分别为 80 厘米、60 厘米、80 厘米，那么，

实际重量 W = 100 千克

体积重量 M = 80 厘米 × 60 厘米 × 80 厘米 ÷ 3 000 = 128

由于体积重量比实际重量大，所以选择实际重量 128 千克计算运费。

3. 确定计费里程

（1）货物运输的计费里程，按装货地点至卸货地点的实际载货营运里程计算；营运里程以省、自治区、直辖市交通行政主管部门核定的营运里程为准，未经核定的里程，由承托双方商定。

（2）同一运输区间有两条（含两条）以上营运路线可供行驶时，应按最短的路线计算计费里程或按承托双方商定的路线计算计费里程。

（3）拼装分卸的货物，其计费里程为从第一装货地点起至最后一个卸货地点止的载重里程。

（4）出入境汽车货物运输的境内计费里程以交通主管部门核定的里程为准；境外里程按毗邻国（地区）交通主管部门或有权认定部门核定的里程为准。未核定里程的，由承托双方协商或按车辆实际运行里程计算。

（5）因自然灾害造成道路中断，车辆需绕道而行的，按实际行驶里程计算。

（6）城市市区里程按当地交通主管部门确定的市区平均营运里程计算；当地交通主管部门未确定的，由承托双方协商确定。

4. 其他费用

货物运输的其他费用主要包括燃油费、过桥费、轮胎费、调车费等，按照运输惯

例,一般按其在运输过程中实际发生的费用计算。

【例 2-3】 某货主托运一批瓷砖,重 4 538 千克,一级普通货物费率为 1.2 元/(吨·千米),吨次费为 16 元/吨,该批货物运输距离为 36 千米,瓷砖为普通货物三级,计价加成 30%,途中通行费 35 元,计算货主应支付运费多少元?

解: (1) 确定计费重量:瓷砖重 4 538 千克,超过了 3 吨,按整车货物运输办理。
$$4\ 538\ 千克 \approx 4.5\ 吨$$

(2) 确定运价:瓷砖为三级普通货物,计价加成 30%,则运价 = 1.2 × (1 + 30%) = 1.56 元/(吨·千米)。

(3) 计费里程为 36 千米。

(4) 运费 = 16 × 4.5 + 1.56 × 4.5 × 36 + 35 = 359.72 ≈ 360(元)

2.3.4 公路货物运费的结算

结算公路货物运费时,应遵守如下规定:

(1) 货物运费在货物托运、起运时一次结清,也可按合同采用预付费用的方式,随运随结或运后结清。托运人或者收货人不支付运费、保管费以及其他运输费用的,承运人对相应的运输货物享有留置权,但当事人另有约定的除外。

(2) 运费尾数以元为单位,不足 1 元时四舍五入。

(3) 货物在运输过程中因不可抗力灭失,未收取运费的,承运人不得要求托运人支付运费;已收取运费的,托运人可以要求返还。

2.4 国际货物公路运输

2.4.1 国际货物运输路线

1. 中蒙国际道路运输线路

新疆哈密市—老爷庙口岸(中)—布尔嘎斯台口岸—(蒙)和阿尔泰市—布尔嘎斯台口岸(蒙)—老爷庙口岸(中)的国际道路运输线路

新疆青河县—塔克什肯口岸(中)—布尔干口岸(蒙)—布尔根县国际道路运输线路

青河县—塔克什肯口岸(中)—布尔根县国际道路运输线路

2. 中国与哈萨克斯坦国际客货运输线路

伊宁—都拉塔口岸(中)—科里扎特口岸(哈)—琼扎

伊宁—都拉塔口岸(中)—科里扎特口岸(哈)—阿拉木图

阿勒泰—吉木乃口岸(中)—迈哈布奇盖口岸(哈)—谢米巴拉金斯克

霍尔果斯口岸(中)—霍尔果斯口岸(哈)—雅尔肯特

塔城-巴克图口岸(中)—巴克特口岸(哈)—阿拉木图

乌鲁木齐—吉木乃口岸（中）—迈哈布奇盖口岸（哈）—兹里亚诺夫斯克

乌鲁木齐—吉木乃口岸（中）—迈哈布奇盖口岸（哈）—利德热

乌鲁木齐—阿拉山口口岸（中）—多斯蒂克口岸（哈）—塔尔迪库尔干

乌鲁木齐—霍尔果斯口岸（中）—霍尔果斯口岸（哈）—琼扎

乌鲁木齐—霍尔果斯口岸（中）—霍尔果斯口岸（哈）—塔尔迪库尔干

乌鲁木齐—巴克图口岸（中）—巴克特口岸（哈）—阿拉木图

以上线路为客运、货运并运线路，各 11 条，合计为 22 条。中哈两国开通的直达国际道路运输线路将达 64 条，其中旅客运输线路 33 条，货物运输线路 31 条，哈萨克斯坦将成为中国在中亚地区开通国际道路运输线路最多的国家。

3. 中国与俄罗斯间开通的国际道路运输线路

牡丹江—绥芬河—波格拉尼奇内—乌苏里斯克

佳木斯—同江—下列宁斯科耶—比罗比詹

鹤岗—萝北—阿穆尔捷特—比罗比詹中俄双方即将延伸鸡西—密山—图里罗格—乌苏里斯克客货运输线路

伊春—嘉荫—巴什科沃—比罗比詹客货运输线路

哈巴河至喀纳斯山口

哈尔滨—牡丹江—绥芬河（东宁）—乌苏里斯克—海参崴（纳霍德卡/东方港）

哈尔滨—佳木斯—抚远—哈巴罗夫斯克—共青城

哈尔滨—佳木斯—同江—下列宁斯科耶—比罗比詹—哈巴罗夫斯克

哈尔滨—双鸭山—饶河—波克罗夫卡—哈巴罗夫斯克

哈尔滨—鸡西—密山（虎林）—乌苏里斯克—海参崴

伊春—嘉荫—巴什科沃—比罗比詹

鸡西—密山—图里罗格—乌苏里斯克

鸡西—虎林—马尔科沃—乌苏里斯克

4. 中国与巴基斯坦的国际运输公路

喀什—红其拉甫口岸—苏斯特口岸—卡拉奇港/卡西姆港和喀什—红其拉甫口岸—苏斯特口岸—卡拉奇港—瓜达尔港（货运）

塔什库尔干—红其拉甫口岸—苏斯特口岸（客运）

喀什—红其拉甫口岸—苏斯特口岸—吉尔吉特（客运）

5. 四条干线公路通向东南亚、南亚国家

（1）中越公路通道。中国云南与越南—昆河走廊，昆明—河内国际公路，全长 664 千米，其中中国云南境内 400 千米，越南境内 264 千米。从中国昆明到越南河内，再延伸到海防和广宁，即占据了"两廊一圈"中的一廊。

（2）中老泰公路通道。昆明—曼谷国际公路，即昆明—磨憨—南塔—会晒—清孔—清

莱—曼谷。这是目前由我国大西南陆路连接泰国最直接、最便捷的路径，全长约 1 796 千米。昆明至曼谷公路全线通车后，昆明到泰国北部城市清莱只有 800 多千米，一天多的车程；昆明到曼谷陆路只需要两天时间，到马来西亚、新加坡也只需要四天时间。公路货运将可以承载 20 尺[一]或 40 尺大型集装箱运输，因此陆路运输将会成为中国与东盟市场的主要运输方式。昆明—曼谷公路实现大西南高等级公路网与亚洲公路网的对接和融合，将中国、老挝、泰国、马来西亚、新加坡等国家连为一体，形成中国—老挝—泰国—马来西亚—新加坡国际公路运输商贸及旅游的黄金线路，有利于推动沿线各国经济社会的发展，昆明也将成为东盟国际运输线路的起始站和终点站。

(3) 中缅公路通道。昆明—仰光国际公路，即昆明—瑞丽—腊戌—仰光，全长约 1 917 千米。国内昆明—瑞丽段全长约 760 千米，瑞丽—仰光段约 1 157 千米。

(4) 经缅甸至南亚公路通道。昆明—吉大港国际公路，全长 2 482 千米，云南境内 698 千米，"十一五"期间全线改建为高速公路。缅甸境内 543 千米，印度境内 617 千米，孟加拉境内 624 千米。其中缅甸境内猴桥至密支那公路长 105 千米，由中国出资援建二级公路。

2.4.2 边境公路过境汽车货物运输流程

1. 出口货物公路过境运输

(1) 托运人填报托运单并提交有关出口许可证。

(2) 车队凭委托书及许可证，填制中华人民共和国海关出口货物报关单，向出境口岸报关。

(3) 海关征税验关后，将货物封关，运送至指定境外交货点交接。

2. 进口货物公路过境运输

(1) 托运人向我驻外办事处办理托运手续。

(2) 接受后，驻外机构通知国内驻口岸机构，并安排具备过境承运的外运车队，派车前往装货，驻口岸办事处向收货人索取进口许可证，填报中华人民共和国海关进口货物报关单，向口岸海关报检放行。

(3) 海关验关征税放行后，按托运委托书的要求，将货物运送至指定地点，交收货人签收。

2.5 公路货物运输实训项目

2.5.1 项目一：公路货物托运单填制和运费计算（样板）

项目内容：学习货物托运单的作用、公路运输运费计算，研究货物托运单的格式，根据材料填制货物托运单并计算货物运费。

项目要求：填制货物托运单、计算运费，了解货物托运单的格式和运费的计算方法，掌握货物托运单的填制要求和运费的计算步骤，能正确缮制货物托运单和计算运费。

[一] 1 尺 = 0.33 米。

训练素材：空白货物托运单一份。
训练方法：根据案例提供资料填制货物托运单和计算运费。
组织方式：个人完成，相互检查。
实施步骤：学习货物托运单规范→阅读案例→填制货物托运单、计算运费→听老师讲解→小组成员相互检查、评分。
考核评价：任务考核。

【项目资料】

2015年4月3日，JC物流有限公司客服部客服人员陈小芳收到客户托运订单，相关信息如下。

托运人：上海叮当有限公司（地址：上海市栖霞大道10号，联系人：张小娴，电话：020-83387978，邮编210038），包用天天运输公司一辆5吨货车5小时40分钟，包车运价为12元/吨·小时，发生工料费120元，包用期间运输玻璃3箱、食盐3吨，发生通行费70元，行驶里程总计136千米。

收货人：广州金沙有限公司（地址：广州市天河区5号，联系人：陈小姐，电话：13577486541，邮编510450）。

托运要求：①要求取货和送货，取货地联系信息与托运人联系信息相同，送货地联系信息与收货人联系信息相同。②2015年11月10日到货。③委托注意事项：不按运输托运单规定时间和要求配货发车的，由承运单位酌情赔偿损失；运输过程中货物灭失、短少、损坏，按货物的实际损失赔偿。托运方未按货物单规定时间和要求提供托运的货物，应偿付承运方实际损失的违约金。由于货物包装缺陷产生破损，造成人身伤亡的，托运方应承担赔偿责任。

结算：结算方式为采用现金。

实训要求：根据以上资料填制托运单和计算运费。

任务1：缮制货物托运单

托运单

承运人：　　　　经办人：　　　　电话：　　　　地址：

托运人	单位：上海叮当有限公司	收货人	联系人：陈小姐	单位：广州金沙有限公司
	电话：020-83387978		电话：13577486541	地址：广州市天河区5号
货物名称	件数	总重量（吨）	包装规格	保费（元）	运费（元）	备注
玻璃	3		纸箱	0		
食盐		5	纸箱	0		
合计费用：	￥550			结算方式	现金	
运输协议	不按运输托运单规定时间和要求配货发车的，由承运单位酌情赔偿损失；运输过程中货物灭失、短少、损坏，按货物的实际损失赔偿。托运方未按货物单规定时间和要求提供托运的货物，应偿付承运方实际损失的违约金。由于货物包装缺陷产生破损，造成人身伤亡的，托运方应承担赔偿责任					
托运方签章				承运人签章		

任务 2：计算运费

由于是包车，因此总运费计算如下：

计费时间：5 小时 40 分 ≈ 6 小时

运费 = 12 × 5 × 6 + 120 + 70 = 550（元）

2.5.2 项目二：公路货物托运单填制和运费计算（实训）

项目内容：学习货物托运单的作用、公路运输运费的计算，研究货物托运单的格式，根据材料填制货物托运单并计算货物运费。

项目要求：填制货物托运单、计算运费，了解货物托运单的格式和运费的计算方法，掌握货物托运单的填制要求和运费的计算步骤，能正确缮制货物托运单和计算运费。

训练素材：空白货物托运单一份。

训练方法：根据案例提供资料填制货物托运单和计算运费。

组织方式：个人完成，相互检查。

实施步骤：学习托运单填制要求、公路运输运费计算方法→填制托运单、计算案例中的公路运输运费→老师公布结果、适当讲解→小组成员相互批阅、评分。

考核评价：任务考核。

【项目资料】

2010 年 4 月 23 日，南京市苏源物流有限公司客服部客服人员张毅收到客户托运订单，相关信息如下：

运单号：YDHM0065506120。

托运人：南京高力家具有限公司（地址：南京市栖霞大道 10 号，联系人：沈明，电话：025-83345678，邮编 210038），托运以纸箱包装的电脑办公桌子 A，单件体积 38cm × 78cm × 45cm，35 套，总重量 100kg，体积 13.1m^3；电脑办公桌子 B，单件体积 46cm × 85cm × 100cm，25 套，总重量 120kg，体积 12.5m^3；电脑办公桌子 C，单件体积 49cm × 58cm × 68cm，12 套，总重量 135kg，体积 11.3m^3；此批货物可以堆叠，但不能堆得超过 5 米高。

收货人：上海爱德科技有限公司（地址：上海市中山路晋南路 123 号，联系人王芳，电话 0102-12345688，邮编：123456）

托运要求：①要求取货和送货，取货地联系信息与托运人联系信息相同，送货地联系信息与收货人联系信息相同；②2010 年 4 月 29 日 20：30 前到货。

结算：①结算方式：采用现金；②取派费用 350 元，无其他杂费。

投保：只对电脑办公桌子 B 进行投保，此项货值是 100 000 元，保险费率为货值的 1%，所投保险公司为中华保险公司，南京站陆运保险员张福负责此项。

实训要求：根据以上资料，填制货物托运单，计算运费。

任务 1：缮制货物托运单

托运单

托运人	单位： 电话：	收货人	联系人： 电话：		单位： 地址：	
货物名称	件数	总重量（吨）	包装规格	保费（元）	运费（元）	备注
合计费用：（大写）		¥		结算方式		
运输协议						
托运方签章			承运人签章			

承运人：　　　　经办人：　　　　电话：　　　　地址：

任务 2：计算运费

本章小结

本章介绍了公路货物运输的业务流程，包括整车、零担运输的货物流程，还介绍了甩挂运输组织、公路货物运输的相关单证和费用的计算、国际货物公路运输的相关线路，以及中国与周边国家的线路和边境公路过境汽车货物运输流程。本章重点阐述了公路货物运输的单证填制方法，主要包括托运单、货票和行车路单。

复习思考题

一、名词解释

1. 整车运输
2. 零担运输
3. 托运单
4. 货票
5. 行车路单

二、简答题

1. 简述整车货物业务流程。
2. 简述零担货物业务流程。
3. 简述公路运费计算步骤。

三、计算题

1. 某公司欲将一批设备由北京发往上海，这批设备重 2 867.8 千克。已知北京至上海营运里程为 1 243 千米，当前零担货物基准指导价（一级）为 0.46 元/(吨·千米)，机器设备属于三等普通货物。由于货物价值 2.5 万元，欲保价运输，保价费率为 3‰，另双方商定，按运价的 50% 收取返程空驶调车费。请计算运费。

2. 一批货物重 2 000 千克，体积为 5 米×2 米×2 米，从济南运往青岛，运距为 375 千米，零担基准运价为 0.002 元/(千克·千米)，此批货物为贵重货物，计价加成 60%。

(1) 试计算其运费。

(2) 若用 5 吨整车运输，相比较而言，哪个划算？（假设整车货物运价为 0.27 元/(吨·千米)，吨次费为 3 元/吨）。

案例分析

沃尔沃信息化把"特短"变"特长"

瑞典的沃尔沃汽车集团曾有这样的苦恼，由于生产与物流环节不畅，因此出现了多年库存积压的现象。近年来，由于引入信息化管理手段，建立了一个全新的信息化物流管理系统，沃尔沃将过去的"特短"变成了"特长"，打造全新的物流电子系统。在新物流构架的建造过程中，沃尔沃汽车集团体现了"说得不多，听得多，做得更多"的特点，在专心致志地倾听物流专家高谈阔论之余，潜心研究本集团的汽车生产和销售全过程，竭尽全力把物流专家提出的精辟理论和研究结论，按照自己的计划付诸物流实践中。

经过认真的市场调查和进行专家咨询以后，沃尔沃汽车集团下属的沃尔沃物流公司拨出巨额投资，推出了专门为出口物流提供合作物流操作的全新物流电子信息系统（LIS），把汽车制造、零售商、汽车部件生产商、承包商、托运人、承运人和运输公司全部连接在一起。这套系统于 2001 年年初正式引进，同年 10 月在沃尔沃集团全面推广。这一招非常精明，因为沃尔沃物流公司看到，汽车全球物流运作过程中大量的原材料、半成品、零部件和产成品均承受沉重的费用负担，大幅度降低成本是当务之急。同时客户对汽车物流提出越来越高的标准，迫切要求供应商随时提供有关订货情况和所需货物的实时信息。解决这些问题的关键因素，在于提供实物分销或者供应运作的信息，还有就是具备传递这种信息的能力。有人士指出，全球物流管理信息正在替代实物资源，成为物流经济活动的重要资源；世界上的著名汽车生产厂商越来越重视数据处理、信息系统，并开始积极地在通信基础设施上进行投资。沃尔沃物流公司看到了这个趋势。沃尔沃物流公司的配送应用信息系统 A4D 是一种全新的、覆盖面非常广泛的出口物流信息系统网站，从汽车生产流水线车间到交货地点，出口链上的所有部门和外商合伙人都能访问该网站的电子商贸平台，确保供应链的透明度。这套配送技术应用信息网络系统，是沃尔沃集团自己设计开发的。沃尔沃物流公司负责出口商贸和发展规划的副总裁戴格埃说："用于汽车内销的软件在外面市场上容易找到，而专门用于汽车外销的电子信息系统软件则找不到，我们试过与汽车外销物流要求类似的水果外销行业的网络软件，以及更加先进的自动化行业应用的信息系统软件，但是效果都不够理想，最后只好自己设计研制。

A4D：从头到尾的解决方案

汽车的订货与供货是一个庞大的物流过程，提供一个从头到尾与客户保持紧密联系的解决方案，是提高物流效率的必要手段。通过 A4D 信息系统和数字交换系统，沃尔沃物流公司不仅要与新老客户保持密切的联系，而且还要提供沃尔沃汽车从订货到交货的一条龙服务。在通常情况下，一些大型的汽车制造厂商会专门设立负责听取消费者投诉和提供售后服务的客户服务部门或者信息技术部门，但是沃尔沃汽车集团自从推出 A4D 信息网络和数字交换系统以后，所有的售后服务与消费者投诉的受理全部由网络信息系统解决，因为沃尔沃物流公司配送中心的总经理就是负责网络电子商贸应用系统的兼职总经理，消费者的投诉信息一到他的手里，他有权立即着手处理，从而让消费者得到最快的回应。

戴格埃副总裁介绍说，沃尔沃物流公司目前使用的 A4D 电子信息系统的商贸平台，是全球汽车制造行业中的领先者。该电子信息系统的性能主要包括：①确保向消费者提供精确的交货信息；②缩短汽车从订货到交货的时间；③为客户提供灵活、优先和便捷的交易操作；④能够同时进行沃尔沃品牌以及其他汽车品牌的交易；⑤降低管理成本、产品库存量和经营成本；⑥明确显示产品的详细情况，包括开始生产、完成生产和从订货到交货的时间，物流配送操作和周边成本，以及交货时汽车的质量；⑦及时参与新产品的物流规划。例如，当沃尔沃汽车生产厂商设计出一种全新型号的沃尔沃汽车车身产品时，沃尔沃物流公司立即着手为这一新型沃尔沃汽车提前安排物流操作计划和运输规格。这方面的工作全部由沃尔沃物流公司完成。现在汽车消费者的主要注意点已经不在交货时间上，而是落在交货质量和汽车的销售成本上。对于汽车产品进行全程监视的 A4D 电子信息系统，可以有效地解决这个问题。通过电子数字交换或者通过 A4D 系统互联网，可以对每辆汽车进行跟踪和监督，取得有关数据。这一套系统可以实际应用到客户订货合同中规定的每一个细节上，把生产厂商提供的产品、客户的订货和市场销售系统有机地结合起来，使得汽车零售商能够通过 A4D 系统互联网络，清楚地了解新型汽车产品的信息。与此同时，沃尔沃汽车集团的配送系统随时向承运人和其他有关运输公司提供信息。每当汽车零售商把客户的订单输入信息系统后，A4D 网络系统立即开始计算出"交货许诺"，根据这个"交货许诺"，有关汽车从生产、装配、包装、运输一直到交货的每一步都可以安排好。沃尔沃汽车集团在 A4D 信息系统中设立的"前期程序"，把订单上的每一辆汽车从生产点到交货点的路线都编制成信息，再把信息发给零售商或者销售商。如果有必要，该信息系统会自动调整交货时间。总而言之，沃尔沃汽车物流公司通过网络与多家承运人保持密切的联系，具有多种运输方式可供选择，有足够的能力优化组织交货。由于现在沃尔沃汽车集团基本上都由网络信息系统指导，以产定销，过去曾有过的库存积压的现象已经不复存在。

在过去的几年中，沃尔沃物流公司在联合承包和提供物流等方面积极与其他汽车生产厂商合作，如美国的福特汽车公司、日本的陆虎（兰德罗孚）汽车公司、法国雷诺汽车公司和美国的马克货车有限公司。但是沃尔沃物流公司本身并不拥有对外运输的承运工具,所有的对外运输车辆全部是租用的。因此,沃尔沃物流公司必须通过签订协议和合同,与远洋承运人的货运代理和其他运输公司的物流部门、运输部门保持密切的业务联系,随时通过它们提供的运输服务,把出厂的沃尔沃汽车送到每一个汽车销售点。信息化的物流管理系统,无疑为沃尔沃良好监控与合作伙伴的业务联系,提供了良好的基础。

讨论题:

1. "特短""特长"指的是什么?沃尔沃是如何通过全新的物流信息管理系统将"特短"变"特长"的?

2. 结合案例,阐述"全球物流管理信息正在替代实物资源"这句话的含义。

第 3 章 • Chapter 3

水路货物运输

 本章要点

- 水路货物运输的业务流程
- 水路货物运输的相关单证
- 水路货物运输费用的计算
- 海上国际集装箱运输

 开篇案例

中国在全球海运史中的角色

全球海运史也可以称为世界各国文化、科技交流与融合的历史。整个海运史讲述了世界各国从偏安一隅到洲际合作,再到全球化的整个进程。从某种程度上来讲,全球海运史就是一部国家文明的碰撞与交流史。伴随着古代海上丝绸之路的不断扩展,在清朝以前中国曾一度成为全球海运发展进程中的先锋,在海运发展史中扮演着不可或缺的大国角色。唐朝时期,我国与世界各国的海上交往达到了全面繁荣的阶段。到了明朝时期,航海业发展到了顶点,郑和在公元 1405~1433 年七次下西洋,途经亚洲、非洲 30 多个国家和地区,最远到达今天非洲东岸的索马里与肯尼亚一带,这也宣告了中国航海业在世界上的带头作用。

思考题:
海运对一个国家的经济、文化和综合国力有什么样的影响?

3.1 水路货物运输的业务流程

3.1.1 内河货物运输组织

内河运输是指利用船舶、排筏和其他浮运工具,在江、河、湖泊、水库及人工水道上从事的运输，主要使用中小型船舶。航行于内河的船舶除客轮、货轮、推（拖）轮、驳船以外，还有一定数量的木帆船、水泥船、机帆船。内河货物运输要以《中华人民共和国合同法》（以下简称"《合同法》"）《危险化学品安全管理条例》等为依据。

水运主要承担大数量、长距离的运输，是在干线运输中起主力作用的运输形式。在内河及沿海，水运也常作为补充及衔接大批量干线运输的方式存在。

3.1.2 内河货物运输的业务流程

内河货物运输的业务流程如图3-1所示：

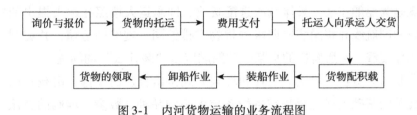

图3-1 内河货物运输的业务流程图

1. 询价与报价

询价与报价是水路运输作业的第一个环节。当托运人需要运输货物时，向承运人询问运输的基本情况和运输价格的行为被称为询价。为保证能够得到低价优质的运输服务，托运人可以向多家承运人询价，了解多家承运人所提供的运输服务和运输价格的基本情况。

承运人在接到托运人的询价后，向托运人发出的关于运输时间、数量、运输价格和其他运输条件的答复就被称为报价。

询价与报价的形式可以采用书面形式，如信件、传真、电子邮件，也可以采用电话等口头形式。

2. 货物的托运

当托运人与承运人对运输的价格达成一致时，托运人就可以向承运人提出具体的托运请求。托运通常采用书面形式，如合同书、格式合同、货物运单等；当采用合同书时需要承托双方就合同的内容进行商定，但采用格式合同或货物运单时，则表明托运人已接受其中标明的各项规定和条件。进行托运时，托运人向承运人提交托运单证，托运单证中要注明运输货物的名称、数量、包装方式、识别标志、货物运输时限、运到时限或运期、起运港、到达港、收货人等运输事项。

3. 费用支付

托运人按照约定向承运人支付运费。如果约定装运港船上交货，运费由收货人支付，则应当在运输单证中载明，并在货物交付时向收货人收取。如收货人约定指定目的地交货，托运人应交纳货物运输保险费、装运港口作业费等各项费用。

4. 托运人向承运人交货

承托双方在订立运输合同后，托运人应尽快准备好货物，在规定时间、规定地点交付给承运人。在交货之前,托运人应根据托运合同或有关水运货物包装的要求,在保证货物运输、中转、装卸搬运安全的原则上,对货物进行包装;在货物包装上粘贴必要的运输标志、指示标志等货运标志。承运人在接收货物前要对货物进行验收,验收时要根据运输合同检查货物的品名、数量、件数、重量、体积等是否与运输合同一致,如一致则可接受货物。承运人接收货物后,货物的风险和责任由承运人来承担。

5. 货物配积载

承托双方在订立运输合同后,要安排船舶对所承运货物进行运输,此过程中最重要的就是对船舶的配积载,制作货物清单和货物交接单。

船舶配载是为船舶在某一具体航次选配货物,即承运人按照托运人提出的货物托运要求和计划,将相同航线和相同装船期限的货物安排给同一艘船舶运输,并编制一张船舶配载图,此即船舶配载。它所解决的是某一艘船舶应该"装什么"的问题。

船舶积载是指对货物在船上的配置和堆装方式做出合理的安排,由载货船舶的大副或船长在货物配载的基础上确定货物在各舱各层配装的品种、数量、堆码的方法与工艺,并编制一张积载图。它所解决的是船舶配载的货物应该"如何装"的问题。

6. 装船作业

(1) 装船前,承运人应将船舱清扫干净,准备好垫隔物料,港口经营人应准备好保障安全质量的防护措施。

(2) 承运人与港口经营人在船舷进行货物交接。对于按件承运的货物,港口经营人应为承运人创造计数的条件,工班作业结束后,承运人和港口经营人应办清当班交接手续。

(3) 除承运人和港口经营人双方另有协议外,装船时应做到大票分隔,小票集中,每一大票货物应按单装船,一票一清,同一收货人的几票货物应集中在一起装船。每一大票货物或每一收货人的货物,装船开始及终了时,承运人应指导港口作业工人做好垫隔工作。

(4) 装船作业时,承运人应派人看舱,指导港口作业人员按计划装载图的装货顺序、部位装舱,堆码整齐。如发现货物残损、包装不符合标准要求或破裂、标志不清等情况,应编制货运记录。如发现港口经营人装舱混乱,或擅自变更计划积载图的装货顺序和部位,船方应立即提出停装或翻舱,港口经营人应翻舱整理。在特殊情况下,不能翻舱整理时,应编制货运记录。

(5) 装船作业时,港口经营人要严格遵守操作规程和货运质量标准,合理使用装卸工具,轻搬轻放,做到破包不装船、重不压轻、木箱不压纸箱、箭头向上、堆码整齐。散装货物应按承运人要求平舱。

(6) 港口经营人应在每一票货物装完时,检查库场、舱口、作业线路有无漏装、掉件,发现漏装及时补装,发现掉件及时拣归原批。港口经营人对装船中洒漏的地脚货物,属于散装货物的,要随时收集、进舱归位;属于袋装货物的,应扫集整理、灌包,并通知承运人安排舱位,分别堆放,同时在货物交接清单内注明灌包地脚货物的件数。

(7) 货物装船时,如发生实装数量与运单记载不符,承运人与港口经营人应编制货运记录。港口经营人事后发现货物漏装，应另行办理托运手续，费用由责任方承担；在运单特约事项中注明原承运船舶的船名、航次、原运单号码、原发货件数、重量等。

（8）装船完毕，通过港口库场装船的货物，由承运人和港口经营人在货物交接清单上签章；船边直接装船的货物，由承运人和托运人在货物交接清单上签章。未办妥交接手续，船舶不得开航。

（9）承运人在接收托运人递交的托运单后，需要对托运单进行审核，检查托运单所填内容是否符合事实、是否填写完整和符合要求。如符合要求，则可接受进行承运。如不符合合同要求或存在问题和疑问，则应要求托运人进行解释，对于托运人的不合理要求，承运人可提出修改意见；对无法办到的托运事项，承运人可以拒绝或要求托运人改变要求；对于违反国家法律或损害国家和他人及公共利益的要求，承运人要坚决拒绝。承托双方对于运输单证内容协商一致后，承运人签署托运单证，运输合同即告成立，对于特殊托运要求与特别协定可记录在特约事项栏中。

7. 卸船作业

（1）承运人应及时向港口经营人提供卸船资料。对船边直取的货物，应该事先通知收货人做好接运提货的准备工作。港口经营人根据承运人提供的资料以及与作业委托人签订的作业合同，安排好泊位、库场、机械、工具、劳力，编制卸船计划。

（2）船舶到港后，承运人应及时将有关货运单证交给港口经营人，并详细介绍装舱积载情况、卸船注意事项和安全措施。港口经营人应由专人负责与承运人办理联系工作，详细核对各项单证，如单证不齐、内容不一致或有其他需要了解的事项，应向承运人查询清楚。

（3）承运人应派人指导卸货。港口作业人员应接受承运人指导，按实际积载顺序、运单、标志卸船，整批货物应做到一票一清。几票集中装船的零星货物，应做到集中卸船。承运人发现港口经营人混卸或违章操作，应予以制止，制止无效的应编制在货运记录中。

（4）卸船时，如在船上发现货物残损、包装破裂、松钉、包装内有碎声、分票不清、标志不清、装舱混乱以及积载不当等情况，港口经营人应及时与承运人联系，检查确认，编制货运记录证明，不得拒卸或原船带回。

（5）卸船时，港口经营人应按规定的操作规程、质量标准操作，合理使用装卸机具，在货物堆码、报关标准、理货计数等方面创造条件，使交接双方易于计数交接，做到理货数字一班一清、一票一清、全船数字清等。每一张运单或一个收货人的货物卸完后，应由库场员复点核实。

（6）承运人和港口经营人在卸船作业中，应随时检查舱内、舱面、作业线路有无漏卸货物或掉件，港口经营人应将漏卸、掉件和地脚货物按票及时收集归原批。卸船结束，港口经营人应将舱内、甲板、码头、作业线路、机具、库场的地脚货物清扫干净。

（7）货物卸进港区库场，由承运人与港口经营人在船边进行交接。收货人船边直取货物，由承运人与收货人进行交接。卸船完毕，承运人和港口经营人或者承运人和收货人应在货物交接清单上签字盖章。未办妥交接手续，船舶不得离港。

8. 货物的领取

收货人接到到货通知办理提货手续，提交取货单证，检查验收货物，支付费用。

(1) 提交取货单证。

第一，收货人接到到货通知后，应当及时提货。接到到货通知后满 60 天，收货人不提取或托运人也没有来人处理货物时，承运人可将该批货物作为无法交付货物处理。

第二，收货人应向承运人提交证明收货人单位或者经办人身份的有关证件及由托运人转寄的运单提货联或有效提货凭证，供承运人审核。

第三，如果货物先到，而提货单未到或单证丢失的，收货人还需提供银行的保函。

(2) 检查验收货物。

收货人提取货物时，应当按照运输单证核对货物是否相符，检查包装是否受损、货物有无灭失等情况。发现货物损坏、灭失时，交接双方应当编制货运记录；确认不是承运人责任的，应编制普通记录。

收货人在提取货物时没有提出货物的数量和质量异议时，视为承运人已经按照运单的记载交付货物。

(3) 支付费用。

检查验收货物后，支付相关费用，领取货物。

3.1.3 班轮运输的业务流程

3.1.3.1 班轮运输的概念

班轮运输又称定期船运输，是指船舶在固定的航线上和固定的港口间按事先公布的船期表航行，为非特定的货主提供规则的、反复的货物运输服务，并按照运价本的规定收取运费的一种营运方式。班轮运输是国际海洋运输的重要形式。班轮运输特别有利于一般杂货和小额货物运输。零星成交、批次多、到港分散的货物，只要航班和舱位许可，不论数量多少，也不论直达或转船，班轮公司一般都愿意接受承运。班轮运输还有利于国际贸易的发展。班轮运输的"四固定"（固定航线、固定港口、固定船期、相对固定的费率）的特点使双方对时间和费用进行比较准确的把握。它能提供较好的运输质量，手续简单，方便货主。班轮承运人一般采取码头仓库交接货物的做法，并负责办理货物的装卸作业和支付全部费用。通常班轮承运人还负责货物的转口工作，并定期公布船期表，为货主提供极大的方便。

3.1.3.2 班轮运输的特点

(1) "四固定"，是指固定航线、固定港口、固定航期、固定运费（即相对固定的费率）。

(2) 班轮运价内已包括装卸费用，承运人负责配载和装卸货物，不存在滞期费和速遣费的问题。

(3) "钩至钩"条款，即承运人的责任从货物装上船开始，到货物卸下船为止。

（4）承运人和托运人之间的权利、义务和责任豁免主要以承运人签发的提单上的条款为依据，并接受统一的国际公约制约。

3.1.3.3 班轮运输的具体业务流程

班轮运输的业务流程如图 3-2 所示：

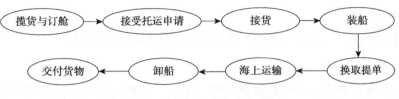

图 3-2 班轮运输的业务流程图

1. 揽货与订舱

揽货就是揽取货物，即从货主那里争取货源的行为。船公司为使自己所经营的班轮运输船舶能在载重和舱容上得到充分利用，以期获得最好的经济效益，通常都会采取一些措施来招揽顾客，如就自己经营的班轮航次、船舶挂靠的港口及其到、发港口时间制定船期表，并做广告宣传或者在各挂靠港设立分支机构等。揽货工作的好坏直接影响到班轮船公司的经营效益。

订舱是指货物托运人或其代理人向承运人（即船公司或其代理）申请货物运输，承运人对这种申请给予承诺的行为。班轮运输不同于租船运输，承运人与托运人之间不需要签订运输合同，而是以口头或传真的形式进行预约。只要承运人对这种预约给予承诺并做出舱位安排，即表明承托双方已建立了有关货物运输的关系。

2. 接受托运申请

货主代理向船公司提出订舱申请后，船公司首先考虑其航线、港口、船舶、运输条件等能否满足托运人的要求，然后再决定是否接受托运申请。

3. 接货

传统的件杂货不仅种类繁多，性质各异，包装形态多样，而且货物又分属不同的货主。如果每个货主都将自己的货物送到船边，势必造成装货现场的混乱。为提高装货效率，加速船舶周转，减少货损，在杂货班轮运输中，对于普通货物的交接装船，通常采用由船公司在各装货港指定装船代理人，由装船代理人在各装货港的指定地点（通常是码头仓库）接受托运人送来的货物，办理交接手续后，将货物集中整理，并按货物的性质、包装、目的港及卸货次序进行适当的分类后进行装船，即所谓的"仓库收货，集中装船"。对于特殊货物如危险品、冷冻货、贵重货、重大件货等，通常采取由托运人将货物直接送至船边，交接装船的方式，即采取现装或直接装船的方式。

仓库在收到托运人的货物后，应注意认真检查货物的包装和质量，核对货物的数量，无误后即可签署场站收据给托运人。至此，承运人与托运人之间的货物交接即已结束。

4. 装船

船舶到港前,船公司和码头计划室对本航次需要装运的货物制作装船计划,待船舶到港后,将货物从仓库运至船边,按照装船计划装船。

如果船舶系靠在浮筒或锚地作业,船公司或其代理人则用自己的或租用的驳船将货物从仓库驳运至船边再装船。

5. 换取提单

托运人可凭经过签署的场站收据,向船公司或其代理换取提单。

6. 海上运输

海上承运人对装船的货物负有安全运输、保管、照料的责任,并依据货物运输提单条款划分与托运人之间的责任、权利、义务。

7. 卸船

船公司在卸货港的代理人根据船舶发来的到港电报,一方面编制有关单证,约定装卸公司,等待船舶进港后卸货;另一方面还要把船舶预定到港的时间通知收货人,以便收货人做好接收货物的准备工作。

与装船时一样,如果各个收货人都同时到船边接收货物,同样会使卸货现场十分混乱,所以卸货一般也采用"集中卸货,仓库交付"的方式。

8. 交付货物

在实际业务中,交付货物的过程是收货人将注明已经接收了船公司交付的货物并将签章的提单交给船公司在卸货港的代理人,经代理人审核无误后,签发提货单交给收货人。然后收货人凭提货单前往码头仓库提取货物,并与卸货代理人办理交接手续。

交付货物时,除了要求收货人必须交出提单外,还必须要求收货人付清运费和其他应付的费用,如船公司或其代理人垫付的保管费、搬运费等费用及共同海损分摊和海滩救助费等。如果收货人没有付清上述费用,船公司有权根据提单上的留置权条款的规定暂不交付货物,直到收货人付清各项应付的费用后才交付货物。如果收货人拒绝支付应付的各项费用而使货物无法交付时,船公司还可以经卸货港所在地法院批准,对卸下的货物进行拍卖,以卖得的货款抵偿应向收货人收取的费用。

3.1.4 租船运输的业务流程

租船运输又称作不定期船运输,是相对于定期船运输即班轮运输而言的另一种国际航运经营方式。由于这种经营方式需要在市场上寻求机会,没有固定的航线和挂靠港口,也没有预先制定的船期表和费率表,船舶经营人与船舶承租人是通过洽谈运输条件、签订租船合同来安排运输的,故称之为"租船运输"。

租船运输是不定期的,没有固定的运价。租船运输中的提单不是一个独立的文件,船舶相关费用按租船合同规定划分和计算,主要用于国际贸易中的大宗货交易。

租船运输的方式有航次租船、期租船、包运租船、光船租船四种方式。

1. 航次租船

航次租船方式又称程租，它是船舶所有人按双方事先议定的运价与条件向租船人提供船舶全部或部分仓位，在指定的港口之间进行一个或多个航次运输指定货物的租船业务。

航次租船又分为以下三种：

（1）单航次程租，只租一个航次的租船。船舶所有人负责将指定货物由一个港口运往另一个港口，货物被运到目的港卸货完毕后，合同即告终止。

（2）来回航次租船，洽租往返航次的租船。一艘船在完成一个单航次后，紧接着在上一航次的卸货港（或其附近港口）装货，驶返原装货港（或其附近港口）卸货，货物卸毕合同即告终止。

（3）连续航次租船，洽租连续完成几个单航次或几个往返航次的租船。在这种方式下，同一艘船舶，在同方向、同航线上，连续完成规定的两个或两个以上的单航次，合同才告结束。

2. 期租船

期租船是指船舶所有人把船舶出租给承租人使用一定时期的租船方式。在这个期限内，承租人可以利用船舶的运载能力来安排货运。在租赁期内，船舶由租船人负责经营和管理；一般只规定船舶航行区域而不规定航线和装卸港；除另有规定外，可以装运各种合法货物；船东负责船舶的维修和机械的正常运转；不规定装卸率和滞期速遣条款；船东和租船人双方的权利与义务以期租船合同为依据。

3. 包运租船

包运租船，往往会签订包运合同（contract of affreightment，COA）又称大合同，即只确定承运货物的数量及完成期限，不具体规定航次数和船舶艘数的一种租船方式。包运租船实质上有"连续航次租船"的特征。包运租船运输时，船舶每个航次的货物运输除受包运合同的限制，还受其中明确规定的每航次租船合同的限制。

4. 光船租船

光船租船是一种比较特殊的租船方式，也是按一定的期限租船，但与期租不同的是船东不提供船员，光一条船交租船人使用，由租船人自行配备船员，负责船舶的经营管理和航行各项事宜。

租船运输的具体业务流程

1. 询盘（询租）

询盘的目的和作用是让对方知道发盘人的意向和需要的大致情况，因此除包括必须让对方知道的项目外，一般内容简单扼要。询盘可由租船人发出，也可由船东发出。

2. 发盘（报价）

船东收到租船人询价后，经过估算或对照其他询价条件，认为可以考虑，便通过经纪人向租船人报价，报出所能提供的船舶、运费率或租金等条件。报价又称发盘，分为实盘（绝对发盘）和虚盘（条件发盘）。

3. 还盘

还盘是指对报盘中的实质内容做出修改，并提出自己的不同条件。凡是还盘中没有提到的对方报盘中的条件，都被认为是已接受的条件。

4. 受盘

经报盘、还盘多次讨价还价，直到最后一次还盘的全部内容被双方接受，就算成交。有效的接受必须在报盘或还盘的时限内且不能附有保留条件，若时限已过，则欲接受的一方必须要求另一方再次确认才能生效。

5. 签约

经双方协商一致，谈妥租船合同各项条款后就要办理最后签约手续。签约有两种形式：一是租船人或船东自己签约；二是授权租船代理人签约。租船合同通常缮制正本两份，签署后由当事人双方各持一份存档备用。

3.2 水路货物运输相关单证

3.2.1 内河货物运输单证

国内水路货物运输采用运单制度。货物运单属于提单范围。承运人在接收货物时签发货物运单作为收据，货物运单是承运人收取运费的见证，也是承运人、托运人、港口经营人处理商务的凭据以及货物交接的凭证。货物运单的持有方在水路运输过程中，一次直达运输的运单最少涉及四个运作方：运港承运方或代理方、托运方、到达港口经营方和收货方。

3.2.2 班轮运输主要单证

在班轮运输中，为了方便货物的交接，区分货方与船方之间的责任，需要用到许多单证。

在这些单证中，有些是受国际公约和各国国内法的约束编制的，有些是按港口的规定和航运习惯编制的。尽管这些单证种类繁多，但主要单证是基本一致的，并能在国际航运中通用。常用的单证有以下几种。

1. 托运单

托运单是承运人或其代理人在接受托运人委托运输申请单的订舱时，根据托运人货物托运的口头或书面申请货物托运的情况，据以安排货物运输而制定的单证。托运单一经承运人确认，便作为承托双方订舱的凭证。

2. 装货单

装货单是由托运人按照订舱单的内容填制，交船公司或其代理人签章后，据以要求船公司将承运货物装船的凭证。

装货单一般由三联组成：第一联为留底联，用于缮制其他货运单证；第二联是装货单；第三联是收货单，又称大副收据，是船方接收货物装船后签发给托运人的收据。

3. 装货清单

装货清单是本航次船舶待装货物的汇总，由船公司或其代理人根据装货单的留底联制作，制作的要求是将待装货物按目的港和货物性质归类，按照挂靠港顺序排列，编制出一张总表。

装货清单是船舶大副编制船舶积载图的主要依据。这份单证是否正确，对积载的正确性、合理性具有十分重要的影响。

4. 载货清单

载货清单是本航次全船实际载运货物的汇总，它反映船舶实际载货情况。载货清单由船公司的代理人根据大副收据或提单编制，编好后再送交船长签字确认，编制的要求是将所装货物按照卸货港顺序分票列明。

5. 装箱单

装箱单是在载运集装箱货物时使用的单证。装箱单上应详细记载集装箱和货物的名称、数量等内容（每个载货的集装箱都要制作这样的单据），它是根据已装进集装箱内的货物制作的。不论是货主自己装箱，还是由集装箱货运站负责装箱，集装箱装箱单都是记载每个集装箱内所装货物情况的唯一单据。

6. 码头收据

码头收据又称站场收据、港站收据，一般由托运人或其代理人根据公司已制定的格式填制，并跟随货物一起运至某装箱码头堆场或仓库，由接收货物的人在收据上签字后交还给托运人，证明托运的货物已收到。接收货物的人在签署场站收据时，应仔细审核收据上所记载的内容与运来的货物实际情况是否相一致，如货物的实际情况与收据记载的内容不一致，则必须修改。如发现货物或箱子有损坏情况，则一定要在收据的备注栏内批注货物或箱子的实际情况。码头收据的签署，不仅表明承运人已收到货物，而且也明确表示承运人对收到的货物已经开始负责。

7. 提单

传统件杂货运输的货运提单是在货物实际装船完毕后经船方在收货单上签署，表明货物已装船，托运人凭经船方签署的收货单（大副收据）去船公司或其代理公司换取已装船提单。

集装箱提单是以码头收据换取的，同传统杂件货船舶运输下签发的提单不同，是一张收货待运提单。所以,在大多数情况下,船公司根据托运人的要求在提单上注明具体的装船日期和船名后,该收货待运提单也便具有了与已装船提单同样的性质。

8. 提货单

提货单是收货人或代理人据以向现场(码头、仓库或船边)提取货物的凭证。

虽然收货人或其代理人提取货物是以正本提单为交换条件,但在实际业务中采用的办法是由收货人或其代理人先向船公司在卸货港的代理人提交正本提单,再由船公司的代理人签发一份提货单给收货人或其代理人,然后再到码头仓库或船边提取货物。

船公司或其代理人在签发提货单时,首先要认真核对提单和其他单证的内容是否相同,然后再详细地将船名、货物名称、件数、质量、包装标志、提单号、收货人名称等记载在提货单上,并由船公司或其代理人签字交给收货人到现场提货。若同意收货人在船边提货,也应在提货单上注明。

提货单的性质与提单完全不同,它只不过是船公司或其代理人指令仓库或装卸公司向收货人交付货物的凭证而已,不具备流通或其他作用。

3.2.3 托运单

1. 概念

托运单是托运人根据贸易合同和信用证条款内容填制的,向承运人或其代理人办理货物托运的单证。

承运人根据托运单内容,并结合船舶的航线、挂靠港、船期和舱位等条件考虑,认为合适后,即接受托运。

2. 托运单的主要内容

- 经营单位或发货人
- 收货人
- 通知人
- 分批装运和转运
- 运费
- 装运日期
- 货物描述及包装
- 总毛重、总净重及总体积

3. 托运单的制作注意事项

(1) 目的港。名称必须明确、具体,并与信用证描述一致,如有同名港时,须在港口名称后注明国家、地区或州、城市。如信用证规定目的港为选择港,则应是同一航线上的、同一航次挂靠的基本港。

(2) 运输编号,即委托书的编号。每个具有进出口权的托运人都有一个托运代号(通常也是商业发票号),以便查核和财务结算。

(3) 货物名称。货物名称应根据货物的实际名称,用中英文两种文字填写,更重要的是要与信用证所列货名相符。

(4) 标记及号码。标记及号码又称唛头,是为了便于识别货物防止发错货而设,通常由型号、图形或收货单位简称、目的港、件数或批号等组成。

(5) 重量尺码。重量的单位为千克,尺码为立方米。

(6) 货物的具体描述。托盘货要分别注明盘的重量、尺码和货物本身的重量、尺码,对超长、超重、超高的货物应提供每一件货物的详细体积(长、宽、高)以及每一件的重量,以便货运公司计算货物积载因素,安排特殊的装货设备。

(7) 运费付款方式。一般有运费预付和运费到付。有的转运货物,一程运费预付,二程运费到付,要分别注明。

(8) 可否转船、分批以及装期、有效期等均应按信用证或合同要求一一注明。

(9) 通知人、收货人按需要决定是否填写。

(10) 有关的运输条款、订舱、配载信用证或客户有特殊要求的也要一一列明。

表 3-1 提供了海运出口托运单样本。

表 3-1 海运出口托运单样本

海运出口托运单 (Shipping letter of instruction)			
托运人(Shipper):			
编号(No.):	船名(S/S):	目的港(For):	
标记及号码 (Marks & Nos.)	件数 (Quantity)	货名 (Description of goods)	重量千克(Weight kilos)
			净(Net) / 毛(Gross)
			运费付款方式(Method of freight payment)
共计件数(大写)(Total number of packages in writing)			
运费计算(Freight)		尺码(Measurement)	
备注(Remarks)			
抬头 (Order of)	可否转船 (Whether transshipment allowed)		可否分批 (Whether partial shipment allowed)
通知(Notice)	装运期 (Period of shipment)	有效期 (Period of validity)	提单份数 (No. of B/L)
收货人(Receiver)	银行编号(Bank No.)		信用证号(L/C No.)

3.2.4 海运提单

1. 海运提单的定义

海运提单（简称"提单"）是收到货物或货物装船后，应托运人的要求由承运人或承运人的代理签发的证明承运人已收到提单上列明的状况良好的货物，并负责将该货物运至指定的目的港，完好地交付给收货人的货运单证。提单是一种用于证明海上货物运输合同和货物已由承运人接管或装船，以及承运人据以保证交付货物的单证。

2. 海运提单的性质

海运提单是货物收据，是所载货物的物权凭证，并且是海上货物运输合同的证明。

（1）海运提单是货物收据。

海运提单是承运人签发给托运人的收据，确认承运人已收到提单所列货物并已装船，或者承运人已接管了货物，已代装船。

（2）海运提单是海上货物运输契约证明。

海运提单是托运人与承运人的运输契约证明。承运人之所以为托运人承运有关货物，是因为承运人和托运人之间存在一定的权利、义务关系，双方权利、义务关系以海运提单作为运输契约的凭证。

（3）海运提单是所载货物的物权凭证。

海运提单是货物所有权的凭证。谁持有提单，谁就有权要求承运人交付货物，并且享有占有和处理货物的权利，该提单代表了其所载明的货物。

3. 海运提单关系人

海运提单的关系人可分为两类四种：基本关系人——承运人、托运人，其他关系人——收货人、被通知人。

（1）基本关系人。

承运人：负责运输货物的当事人，有时被称为船方。

托运人：也称为货方，可能是发货人（卖方）或者是收货人（买方）。

（2）其他关系人。

收货人：通常被称为提单的抬头人，可以是托运人本身，也可以是第三人。

被通知人：不是提单的当事人，只是收货人的代理人，是被承运人的通知人。

4. 海运提单的分类

（1）按货物是否已装船划分。

已装船提单：整票货物已全部装进船舱或装在舱面甲板上后，承运人根据大副收据签发给托运人的提单。

收货待运提单：又称备运提单、待装提单，或简称待运提单，是在托运人已将货物交给承运人，承运人已接管等待装船的货物后，向托运人签发的提单。

(2) 按提单收货人的抬头划分。

记名提单：又称收货人抬头提单，是指提单上的收货人栏中已具体填写收货人名称的提单。

不记名提单：是指提单上收货人一栏内没有指明任何收货人，而是注明"提单持有人"（bearer）字样或将这一栏保持空白，不填写任何人的名称的提单。

指示提单：是指在提单正面收货人一栏内填上"凭指示"或"凭某人指示"字样的提单。

(3) 按提单的法律效力划分。

正本提单：是指由承运人、船长或其代理人签名盖章并注明签发日期的提单，应标明original字样。

副本提单：是指没有承运人、船长或其代理人签名盖章，仅供参考的提单，应标明copy或non-negotiable字样。

(4) 按提单上有无批注划分。

清洁提单：是指货物装船时，货物的外表状态良好，承运人在签发提单时，对提单上印的"外表状况明显良好"没有做出相反的批注或附加条文，也就是未在提单上加注任何有关货物残损、包装不良、件数、重量和体积，或其他妨碍结汇的批注的提单。

不清洁提单：在货物装运时，承运人若发现货物包装不牢、破残、渗漏、玷污、标志不清等现象，将在收货单上对此加以批注，并将此批注转移到提单上。

承运人对于提单上列有货物的数量、质量、价值或特性并不负责，即使托运人在提单上声明了内容、价值、重量、尺寸、标记、质量、数量等，承运人也视作不详。这些声明并不构成提单的"不清洁"。

(5) 按提单签发时间划分。

预借提单：未办妥货物或未装船完毕时提前签发的已装船提单。

倒签提单：以早于货物实际装船完毕的日期作为签发日期而签发的提单。

顺签提单：签署提单的签发日期晚于实际装船日期的提单。

5. 海运提单的基本内容及填写要求

(1) 托运人，一般分为下列两种情况：

如信用证无特殊规定应以受益人为托运人，注明受益人的名称和地址，有的只记录受益人名称。

如果受益人是中间商，货物是从产地直接装运的，这时也可以实际卖方为发货人，因为按UCP500规定，如信用证无特殊规定，银行将接受以第三者为发货人的提单。不过，此时必须考虑各方面是否可行的问题。

(2) 收货人。

如要求记名提单，则可填上具体的收货公司或收货人名称；如属指示提单，则填为"指示"或"凭指示"；如需在提单上列明指示人，则可根据不同要求，做成"凭托运人指示""凭收货人指示"或"凭银行指示"。

(3)被通知人。

被通知人即买方的代理人,货到目的港时由承运人通知其办理报关、提货等手续。

如果信用证中有规定,应严格按信用证规定填写,如详细地址、电话、电传、传真号码等,以使通知顺利。

如果来证中没有具体说明被通知人,那么就应将开证申请人名称、地址填入提单副本的这一栏中,而正本的这一栏保持空白或填写买方亦可。副本提单必须填写被通知人,是为了方便目的港代理通知联系收货人提货。

(4)首程运输工具。

假如货物需转运,在这一栏目中填写第一程船的名称;假如货物不需要转运,此栏目则空白不填。

(5)收货地点。

只有在转船运输时填写。

(6)船名。

填实际载货船名。

(7)装运港。

装运港填写的是实际装运货物的港名。在信用证支付条件下要符合信用证的规定,如果信用证规定的是"中国港口"时,需要填写我国某一港口的实际名称。另外,如果信用证上的卸货港名后面有"In Transit to XX",那么就只能在提单上托运人声明栏或唛头下方空白处加列。

(8)卸货港。

填列货物实际卸下的港口名称。如属转船,第一程提单上的卸货港填转船港,收货人填二程船公司;第二程提单装货港填上述转船港,卸货港填最后目的港,如由第一程船公司出联运提单,则卸货港即可填最后目的港,提单上列明第一和第二程船名。如经某港转运,要显示"Via XX"字样。在运用集装箱运输方式时,使用联合运输提单,提单上除列明装货港、卸货港外,还要列明"收货地""交货地"以及"第一程运输工具""海运船名和航次"。填写卸货港,还要注意同名港口问题,如属选择港提单,就要在这一栏中注明。

(9)最后目的港。

填写最终目的港名称。

(10)转运港。

填写正确的装运港名称。

(11)运费缴付地点。

FOB 成交价格应填目的港名称,CFR 或 CIF 则填装运港名称。此栏也可留空。

(12)提单正本份数。

承运人一般签发提单正本三份。

（13）唛头。

按信用证或合同规定缮制，应与发票等单据的内容相同。

表 3-2 提供了海运提单样本。

表 3-2　海运提单样本

托运人（Shipper）				提单号（B/L No.）	
收货人（Consignee）				COSCO 中国远洋运输公司 Port to Port or Combined Transport Bill of lading ORIGINAL	
被通知人（Notify party）					
*前程运输（Pre-carriage by）		*收货地（Place of receipt）			
船次/航次（Ocean Vessel/Voyage No.）		装运港（Port of loading）			
卸货港（Port of discharge）		*交货地（Place of delivery）			
唛头/集装箱号（Marks & No. / Container No.）	箱数与件数（No. of Pkgs）	货物描述（Description of goods）	毛重（kg）（G. W.）	净重（kg）（N. W.）	体积（Meas.）
总箱数/货物总件数（Total No. of containers and/ or packages）					
运费（Freight & charges）	运费吨（Revenue tons）	运费率（Rates）	每（Per）	预付（Prepaid）	到付（Collect）
预付地（Prepaid at）	到付地（Payable at）		提单签发地点和日期（Place and date of issue）		
预付总额（Total prepaid）	正本提单份数（No. of original B/L）		承运人签字（Signed by the carrier）		
（Loading on board the vessel）日期（Date）　　　　By					

3.3　水路货物运输费用的计算

3.3.1　班轮运费的计算

1. 杂货班轮运费的计算

（1）杂货班轮运费的构成。班轮公司运输货物所收取的运输费用，按照班轮运价表的规定计收。班轮运价表一般包括说明及有关规定、货物分级表、航线费率表、附加费表、冷藏货及活牲畜费率表等。目前，我国海洋班轮运输公司使用的"等级运价表"，即将承运的货物分成若干等级，每个等级的货物有一个基本费率，形成"等级费率表"。

班轮运费包括基本运费和附加费两部分，前者是指货物从装运港到卸货港所应收取的基本运费，它是构成全程运费的主要部分；后者是指对一些需要特殊处理的货物，或者突然事件的发生或客观情况变化等原因而需另外加收的费用。

（2）基本港与非基本港运费的计收。基本港是指港口设备较好，货运量大，班轮公司按期挂靠的港口。运往基本港的货物，均按基本费率收取运费。非基本港是指班轮公司不常挂靠的港口，去该港货物要加收附加费。

（3）基本运费按班轮运价表规定的计收标准计收。在班轮运价表中，根据不同的商品，班轮运费的计算标准通常采用下列几种。

①按货物毛重（重量吨计收）运价表中用"W"表示。按此计算的基本运费等于计重货物的运费吨乘以运费率。

②按货物的体积（尺码吨计收）运价表中用"M"表示。按此法计算的基本运费等于容积货物的运费吨乘以运费率。

上述计费的重量吨和尺码吨统称为运费吨，又称计费吨。按照国际惯例，容积货物是指每吨的体积大于1.132 8立方米（40立方英尺[①]）的货物，而我国的远洋运输运价表中则将每吨的体积大于1立方米的货物定为容积货物。

③按毛重或体积计收，由船公司选择其中收费较高的作为计费吨，运价表中以"W/M"表示。

④按货物价格计收，又称为从价运费，运价费内用"A·V"表示。从价运费一般按货物的FOB价格的一定百分比收取。按此法计算的基本运费等于资物的离岸价格（FOB）乘以从价费率，一般为1%~5%。

⑤在货物重量、尺码或价值三者中选择最高的一种计收，运价表中用"W/M or ad val"表示。

⑥按货物重量或尺码最高者，再加上从价运费计收，运价表中以"W/M plus ad val"表示。

⑦按每件货物作为一个计费单位收费，如活牲畜按"每头"，车辆按"每辆"收费。

⑧临时议定价格，即由货主和船公司临时协商议定。此类货物通常是低价的货物或特大型的机器等。在运价表中此类货物以"Open"表示。

（4）附加费。在基本运费的基础上，加收一定百分比，或者是按每运费吨加收一个绝对值计算。

在班轮运输中，常见的附加费有下列几种：

①超重附加费。它是指货物单件重量超过一定限度而加收的费用。超重附加费的计费标准如表3-3所示。

[①] 1立方英尺=0.028 3立方米。

表 3-3　超重附加费计费标准表

货物重量(吨)	价格(美元/吨)	货物重量(吨)	价格(美元/吨)
5~6	9	12~14	23
6~8	12	14~15	26
8~10	16	16~18	28
10~12	20	18~20	31
20 吨以上另议			

②超长附加费。它是指单件货物长度超过规定长度而加收的费用。各班轮对超重或超长货物的规定不一。例如，我国中远公司规定每件货物达到 5 吨或 9 米以上时，加收超重或超长附加费。超重货一般以吨计收，超长货按运费吨计收。无论是超重、超长或超大件，托运时都须注明。若船舶需转船，每转船一次，加收一次附加费。超长附加费的计费标准如表 3-4 所示。

表 3-4　超长附加费计费标准表

货物长度(米)	价格(美元/运费吨)	货物长度(米)	价格(美元/运费吨)
9~12	4	15~18	8
12~15	6	18 米以上另议	

③选卸附加费。它是指装货时尚不能确定卸货港，要求在预先提出的两个或两个以上港口中选择一港卸货，船方因此而加收的附加费。所选港口限定为该航次规定的挂港，并按所选港中收费最高者计算各种附加费。货主必须在船舶抵达第一选卸港前（一般规定为 24 小时或 48 小时）向船方宣布最后确定的卸货港。

④转船附加费。它是指凡运往非基本港的货物，需转船运往目的港，船舶所收取的附加费，其中包括转船费（包括换装费、仓储费）和二程运费。但有的船公司不收此项附加费，而是分别另收转船费和二程运费，这样收取一、二程运费再加转船费，即通常所谓的"三道价"。

⑤直航附加费。它是指运往非基本港的货物达到一定的数量，船公司可安排直航该港而不转船时所加收的附加费。一般直航附加费比转船附加费要低。

⑥港口附加费。它是指船舶需要进入港口条件较差、装卸效率较低或港口船舶费用较高的港口及其他原因而向货方增收的附加费。

⑦港口拥挤附加费。有些港口由于拥挤，致使船舶停泊时间增加而加收的附加费。该项附加费随港口条件而变化。

⑧燃油附加费。它是指因燃油价格上涨而加收一绝对数或按基本运价的一定百分数加收的附加费。

⑨货币贬值附加费。在货币贬值时，船方为保持其实际收入不致减少，按基本运价的一定百分数加收的附加费。

⑩绕航附加费。它是指因战争、运河关闭、航道阻塞等原因造成正常航道受阻，必须

临时绕航才能将货物送达目的港而增加的附加费。

除以上各种附加费外，还有一些附加费需船、货双方议定，如洗舱费、熏舱费、破冰费、加温费等。各种附加费是对基本运价的调节和补充，可灵活地对各种外界不测因素的变化做出反应，是班轮运价的重要组成部分。

对于附加费的计算一般有两种规定：一是以基本运费率的百分比表示；二是用绝对数表示，取每运费吨增收若干元。

根据一般费率表规定：不同商品若混装在一个包装内（集装箱除外），则全部货物按其中收费高的商品计收运费；同一种货物因包装不同而计费标准不同，但托运时若未申明具体包装形式，全部货物均按运价高的包装计收运费；同一提单内有两种以上不同计价标准的货物，托运时若未分列货名和数量，计价标准和运价全部要按高者计算；对无商业价值的样品，凡体积不超过 0.2 立方米，重量不超过 50 千克时，可要求船方免费运送；班轮费率表中还有起码运费的规定：每张提单的最低运费，根据不同地区、是否转船等情况决定。以上是在包装和托运时应该注意的。

(5) 运费计算步骤。

①选择相关的运价本。

②根据货物名称，在货物分级表中查到运费计算标准和等级。

③在等级费率表的基本费率部分，找到相应的航线、启运港、目的港，按等级查到基本运价。

④基本运价乘以货物重量，求出基本运费。

⑤再从附加费部分查出所有应收（付）的附加费项目和数额（或百分比）及货币种类。

⑥根据基本运价和附加费算出实际运价：

$$运费 = 运价 \times 运费吨$$

(6) 班轮运费的计算公式。

①班轮运费的具体计算方法：先根据货物的英文名称，从货物分级表中，查出有关货物的计算等级及其计算标准；然后再从航线费率表中查出有关货物的基本费率；最后加上各项需支付的附加费率，所得的总和就是有关货物的单位运费（每重量吨或每尺码吨的运费），再乘以计费重量吨或尺码吨，即得该批货物的运费总额。如果是从价运费，则按规定的百分率乘以 FOB 货值即可。

②班轮运费的计算公式如下：

$$F = F_b + \Sigma S$$

式中，F 表示运费总额；F_b 表示基本运费；S 表示某一项附加费。

基本运费是所运货物的数量（重量或体积）与规定的基本费率的乘积，即

$$F_b = f \times Q$$

式中，f 表示基本费率；Q 表示货运量（运费吨）。

附加费是指各项附加费的总和。在多数情况下，附加费按基本运费的一定百分比计算，其公式为：

$$\Sigma S = (S_1 + S_2 + \cdots + S_n) \times F_b = (S_1 + S_2 + \cdots + S_n) \times f \times Q$$

式中，S_1、S_2、S_3、S_n 为各项附加费，用 F 的百分数表示。

运费总额：

$$F = F_b + \Sigma S = f \times Q + (S_1 + S_2 + \cdots + S_n) \times f \times Q = (1 + S_1 + S_2 + \cdots + S_n) \times f \times Q$$

【例3-1】从上海运往肯尼亚蒙巴萨港口一批衬衫（棉布及棉织品）计200箱，每箱体积为20厘米×30厘米×40厘米，每箱重量为50千克，当时燃油附加费为40%，蒙巴萨港口拥挤附加费为10%。中国－东非航线等级费率如表3-5所示。

表3-5 中国－东非航线等级费率

货名	计算标准	等级（Class）	费率（Rate，港元）
农业机械	W/M	9	404.00
棉布及棉织品	M	10	443.00
小五金及工具	W/M	10	443.00
玩具	M	20	1 120.00

基本港口：路易港（毛里求斯）、达累斯萨拉姆（坦桑尼亚）、蒙巴萨（肯尼亚）等

解：（1）查阅货物分级表。衬衫属于棉布及棉织品类，其计收标准为 M，等级为10级。

（2）计算货物的体积和重量。

200 箱的体积为：$(20 \times 30 \times 40) \div 10^6 \times 200 = 4.8$（立方米）。

200 箱的重量为：$50 \times 200 \div 1\,000 = 10$（吨）。

由于 4.8 立方米的计费吨小于 10 吨，因此计收标准为重量。

（3）查阅"中国－东非航线等级费率"，10 级费率为 443.00 港元，则基本运费为：$44\,300 \times 10 = 443\,000$（港元）。

（4）附加运费为：$443\,000 \times (40\% + 10\%) = 221\,500$（港元）。

（5）上海运往肯尼亚蒙巴萨港 200 箱衬衫，其应付运费为：$443\,000 + 221\,500 = 664\,500$（港元）。

【例3-2】某公司出口箱装货物100箱，报价为每箱4 000美元FOB上海，基本费率为每吨26美元，从价费率为1.5%，计价标准为"W/M or A.V."，每箱体积为1.4米×1.3米×1.1米，毛重为每箱2吨，并加收燃油附加费10%，货币贬值附加费20%，转船附加费40%，计算总运费。

解：（1）货物重量吨 W = $100 \times 2 = 200$（吨）

（2）货物的尺码吨 M = $(1.4 \times 1.3 \times 1.1) \times 100 = 200.2$（吨）

（3）由于货物的尺码吨 200.2 吨大于货物的重量吨 200 吨，所以计收标准为尺码吨 M：

$$基本运费 = 200.2 \times 26 = 5\,205.2（美元）$$

若以从价费 A.V. 计收，则基本运费 = $4\,000 \times 100 \times 1.5\% = 6\,000$（美元）

（4）由于 6 000 美元大于 5 205.2 美元，所以计收标准为从价费：

$$总运费 = (1 + 10\% + 20\% + 40\%) \times 6\,000 = 10\,200（美元）$$

【例 3-3】一批棉织品，毛重为 1.02 吨，尺码为 3.04 立方米，目的港为基本港，基本费率为 37 元，计费标准为 W/M，燃油附加费为每运费吨 8.5 元，港口附加费 10%，求运费总额。

解：（1）货物的基本费率为 37 元。

（2）货物的燃油附加费为 8.5 元，

港口附加费为 $37 \times 10\% = 3.7$（元），

因此基本运费为 49.2 元。

（3）货物的计费标准，即运费吨为 W/M，由于 1.02 吨小于 3.04 立方米，因此计费标准取 M。

（4）总运费 = $49.2 \times 3.04 = 149.57$（元）。

2. 集装箱班轮运费的计算

集装箱班轮运费的计算基本上分为两大类：一类是使用件杂货运费计算方法，即以每运费吨为单位（俗称散货价）；另一类是以每个集装箱为计费单位（俗称包箱价）。

（1）件杂货基本费率加附加费。

①基本费率，即参照传统件杂货运价，以运费吨为计算单位，多数航线采用等级费率。

②附加费，即除传统杂货所收的常规附加费外，还要加收一些与集装箱货物运输有关的附加费。

（2）包箱费率。包箱费率基本上分为两大类：一类是使用件杂货运费计算方法，即以每运费吨为单位（俗称散货价）；另一类是以每个集装箱为计费单位（俗称包箱价）。

3.3.2 不定期船运费或租金的计算方法

1. 不定期船运费计算方法

凡供需双方签订运输合同的不定期船，不论是包舱运输航次租船、整船运输的程租船或期租船，通常是按照船舶的全部或一部分舱位及运费率收取一笔包租运费，也称为整笔运费，即航次租船运费等于船舶（或某舱）的承载能力乘以合同所定的运费率。船舶承载能力是指航次最大载货量，应结合航次条件及所运货载确定。当货物的积载因数（每吨货物所占的体积）小于舱容系数（每一净载重吨所占的舱容）时，即货物属轻泡货，最大载重量等于货舱总容积除以货物平均积载因数（此时满舱不满载）。按船舶装载能力计算运费的方法，即使实际装船的数量少于承载能力，即所谓出现亏舱时，托运人仍须悉数支付全部运费，不会退还因短装所造成的"亏舱费"。但是，在有些情况下，"亏舱费"也可以按协商或规定由托运人负担其中的一部分。

另外，还有一种不指明特定船舶的不定期船运输，则按合同所定的货吨乘以合同所定的运费率计算运费。

2. 不定期船租金计算方法

凡供需双方签订租船合同的期租船，不论租船的长短，租金等于每载重吨每日租金率乘以船舶夏季总载重量再乘以合同租期。在不定期船运费构成中，除了上述基本运费或租金以外，在合同中还应明确写明有关费用（如装卸费）由谁承担的条款和有关佣金计算及支付办法的条款。

3. 程租船运输费用

程租船费用主要包括程租船运费和装卸费，另外还有滞期费和速遣费等。

（1）程租船运费。它是指货物从装运港至目的港的海上基本运费。其计算方法为按运费率和整船包价。

（2）装卸费。规定装卸费由租船人还是船东承担的方法有如下几种：

①船方负担装卸费用。

②船方管装不管卸。

③船方管卸不管装。

④船方不管装和卸。

⑤船方不管装、卸和平舱费。

（3）滞期费和速遣费。

①滞期费。它是指在规定的装卸期间内，如果租船人未能完成装卸作业，为了弥补船方的损失，对超过时间的租船人应向船方支付一定的罚款。

②速遣费。它是指如果租船人在规定的装卸期限内，提前完成装卸作业，则对于所节省的时间，船方要向租船人支付一定的奖金。在相同的时间下，速遣费一般为滞期费的一半。

3.4 海上国际集装箱运输

3.4.1 海上国际集装箱运输业务

1. 海上国际集装箱运输的概念

海上国际集装箱运输是指集装箱船经由海上从一个国家或地区运至另一个国家或地区的国际运输。

2. 船公司的业务

在集装箱运输中，目前船公司仍占主要地位，因此船公司作为国际集装箱运输的中枢，如何做好集装箱的配备，掌握货源情况，在各港口之间合理调配集装箱，接受订舱，并以集装箱码头堆场、货运站作为自己的代理人向发货人提供各种服务是极为重要的。从某种意义上说，集装箱运输能否顺利进行依赖于船公司的经营方式。

在集装箱出口货运业务中，船公司的主要业务有：

（1）掌握待运的货源。

船公司通常采用下面两种方法掌握待运的货源情况，并据以部署空集装箱的计划：

①暂定订舱：所谓暂定订舱是在船舶到港前30天左右提出，由于掌握货源的时间较早，所以对这些货物能否装载到预定的船上，以及这些货物最终托运的数量是否准确，都难以确定。

②确定订舱：所谓确定订舱通常在船舶到港前7~10天提出，一般都能确定具体的船名、装船的日期。

（2）配备集装箱。

集装箱运输无论使用哪一种运输方式，其采用集装箱装载货物这一点是不能改变的。因此，在进行集装箱运输之前，首先要配备集装箱，特别是在采用集装箱专用船运输时，由于这种船舶的特殊结构，只能装载集装箱运输，为此，经营集装箱专用船舶的船公司，需要配备适合专用船装载、运输的集装箱。

当然，在实际业务中并不是所有的集装箱都由船公司负责配备，有的货主自己也配有集装箱。此外，还有专门供出租使用的集装箱租赁公司。要有效地利用船舶的装箱能力，船公司应配备最少数量的集装箱；在进行特殊货物运输时，还应配备特殊的集装箱。

（3）接受托运。

发货人或货物托运人根据贸易合同、信用证等有关条款的规定，在货物装运期限前向船公司或其他代理人以口头或书面形式提出订舱。船公司根据所托运的运输要求和集装箱的情况，决定是否接受这些货物的托运申请。船公司或其代理在订舱单上签字，表示已同意接受该货物的运输。船公司接受托运时，一般应了解下述情况：

①订舱的货物详细情况。

②运输要求。

③装卸港、交接货地点。

④由谁负责安排内陆运输。

⑤有关集装箱的种类、规格等。

（4）接收货物。

在集装箱运输中，船公司接收货物的地点有：

①集装箱码头堆场。在集装箱码头堆场接收的货物一般都是由发货人或集装箱货运站负责装箱并运至码头堆场的整箱货。

②集装箱货运站。集装箱货运站接收非整箱货运输。

③发货人工厂或仓库。在由船公司负责安排内陆运输时，则在发货人工厂或仓库接收整箱货运输。

在上述三种接收方式中，船公司都要了解：是否需要借用空集装箱；所需集装箱的数量及种类；领取空箱的时间、地点；由谁负责安排内陆运输；货物具体的装箱地点；有关特殊事项。

（5）装船。

通过各种方式接收的货物，按堆场计划在场内堆存，待船舶靠泊后即可装船。装船的一切工作均由码头堆场负责进行。

（6）缮制和寄送主要的装船单证。

为了能及时向收货人发出装船通知，使目的港集装箱码头堆场编制卸船计划以及有关内陆运输等工作的需要，在集装箱货物装船离港后，船公司或其代理即行缮制有关装船单证，并速送至卸船港。通常，由装船港船公司代理缮制和寄送的单据有：提单副本或场站收据副本、集装箱号码单、货物舱单、集装箱装箱单、积载图、装船货物残损报告、特殊货物表等。

3. 集装箱码头堆场的业务

集装箱码头堆场的主要业务工作是办理集装箱的装卸、转运、装箱、拆箱、收发、交接保管、堆存、捆扎、搬运以及承揽货源等。此外，还办理集装箱的修理、冲洗、熏蒸等工作。

（1）集装箱的交接。

发货人和集装箱货运站将由其或其代理人负责装载的集装箱货物运至码头堆场时，设在码头堆场大门的门卫对进场的集装箱货物核对订舱单、码头收据、装箱单、出口许可证等单据。同时，还应检查集装箱的数量、号码、铅封号码是否与场站收据记载相一致。箱子的外表状况，以及铅封有无异常情况，如发现有异常情况，门卫应在码头收据栏内注明；如异常情况严重，会影响运输的安全，则应与有关方联系后，决定是否接收这部分货物。对进场的集装箱，堆场应向发货人、运箱人出具设备收据。

（2）制订堆场作业计划。

堆场作业计划是对集装箱在堆场内进行装卸、搬运、贮存、保管的安排，是为了经济、合理地使用码头堆场和有计划地进行集装箱装卸工作而制订的。堆场作业计划的主要内容包括：

①确定空箱、实箱的堆放位置和堆高层数。

②装船的集装箱应按先后到港顺序，集装箱的种类、规格，载重的轻重分别堆放。

③同一货主的集装箱应尽量堆放在一起。

（3）集装箱的装船。

为了能在最短时间内完成装船工作，码头堆场应在船舶到港受载前，根据订舱单、先后到港的卸箱顺序制订出船舶积载图和装船计划。等船靠泊后，码头堆场根据码头收据和装箱单按装船计划装船。装船完毕后由船方在装箱单、码头收据、积载图上签字作为确认货物装船的凭证。

（4）对特殊集装箱的处理。

对堆存在场内的冷藏集装箱应及时接通电源，每天还应定时检查冷藏集装箱和冷冻机的工作状况是否正常，箱内温度是否保持在货物所需要的限度内，在装卸和出入场内时，应及时解除电源。

对于危险品集装箱，应根据可暂时存放和不能存放两种情况分别处理。能暂时存放的货箱应堆存在有保护设施的场所，而且堆放的数量不能超出许可的限度；对于不能暂时存放的货箱应在装船预定时间内，进场后即装上船舶。

4. 集装箱货运站的业务

集装箱货运站是集装箱运输的产物。集装箱运输的主要特点之一就是船舶在港时间短，这就要求有足够的货源，一旦在卸船完毕后，即可装满船开航。集装箱货运站的主要业务就是集、散货物。

集装箱货运站有两种类型：一种叫内陆港口型；另一种叫货源集散型。集装箱货运站的主要业务包括：

（1）办理货物交接。

在货物不足一箱时，一般都运至集装箱货运站，由集装箱货运站根据所托运的货物种类、性质、目的港，将其与其他货物一起拼装在集装箱内，并负责将已装货的集装箱运至码头堆场。

（2）积载装箱。

集装箱货运站根据货物到站的情况，在达到一定数量后，即开始配箱、装箱。

（3）制作装箱单。

集装箱货运站在进行货物装箱时，应制作集装箱装箱单，制作时必须准确、清楚。

（4）将装载的货箱运至码头堆场。

货物装箱完毕后，集装箱货运站在海关监督之下加海关封志，并签发场站收据。同时，应尽快与码头堆场取得联系，将已装货的集装箱运至码头堆场。

5. 国际集装箱货物交接方式

如上所述，集装箱货运分为整箱和拼箱两种，因此在交接方式上也有所不同，纵观当前国际上的做法，大致有以下四类：

（1）整箱交，整箱接（FCL/FCL）。

货主在工厂或仓库把装满货后的整箱交给承运人，收货人在目的地同样以整箱接货，换言之，承运人以整箱为单位负责交接。货物的装箱和拆箱均由货方负责。

（2）拼箱交、拆箱接（LCL/LCL）。

货主将不足整箱的小票托运货物在集装箱货运站或内陆转运站交给承运人，由承运人负责拼箱和装箱，并运到目的地货站或内陆转运站，由承运人负责拆箱。拆箱后，收货人凭单接货。货物的装箱和拆箱均由承运人负责。

（3）整箱交，拆箱接（FCL/LCL）。

货主在工厂或仓库把装满货后的整箱交给承运人，在目的地的集装箱货运站或内陆转运站由承运人负责拆箱后，各收货人凭单接货。

（4）拼箱交，整箱接（LCL/FCL）。

货主将不足整箱的小票托运货物在集装箱货运站或内陆转运站交给承运人。由承运人分类调整，把同一收货人的货集中拼装成整箱，运到目的地后，承运人以整箱交，收货人以整箱接。

在上述各种交接方式中，以整箱交、整箱接效果最好，也最能发挥集装箱的优越性。

3.4.2 海上国际集装箱运输进出口程序

图 3-3 提供了简化的海运进出口流程图，具体包括接单、订舱、做箱、报关、付费等各个环节。

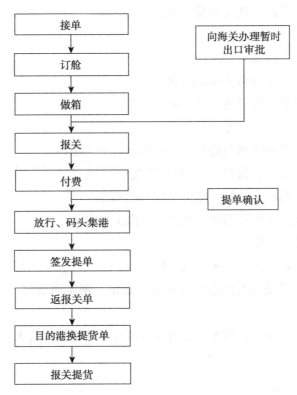

图 3-3 海运进出口流程图

1．出口程序

（1）整箱（FCL）运输。

①发货人签订贸易合同，选定贸易术语。

②发货人备货。

③发货人选定货运代理,并签订"代理委托书"。

④货代在规定时间向船公司发送"托运单"进行申请订舱。

⑤船公司进行订舱确认(发放提单号)。

⑥货代将下货纸传真至场站。

⑦货代派车至场站提取空箱,场站负责将空箱装车,发放铅封,同时发放进场的"设备交接单"一式三联,填写箱号、封号等。

⑧将货物装箱,由发货人负责装箱、记数、施封、填写"装箱单"等。

⑨将重箱送回场站,交回一联"设备交接单",场站发送"海关信息",换取"入港单"。

⑩货代报关、报检,发货人交纳货物运输保险。

⑪将重箱放入集装箱堆场,码头配载装船。

⑫船舶开航后,货代到船公司领取全套正、副本提单,转交发货人。

⑬发货人凭相关单证到银行议付,并通知收货人。

(2)拼箱(LCL)运输。

①发货人签订贸易合同,选定贸易术语。

②发货人备货。

③发货人与集拼经营人签订合同。

④发货人将货运至集拼经营人指定的仓库。

⑤集拼经营人向船公司发送托运单,申请订舱。

⑥船公司确认订舱(发放提单号)。

⑦集拼经营人将下货纸传真至场站,场站将信息录入微机。

⑧集拼经营人提取空箱,领铅封、"设备交接单"。

⑨集拼经营人负责装箱、记数、施封,填写装箱单。

⑩将重箱送回场站,交出装箱单,场站发送海关信息。

⑪集拼经营人报关、报检。

⑫将重箱放入集装箱堆场,码头配载装船。

⑬船舶开航后,集拼经营人到船公司领取全套正、副本海运提单,同时签发货代提单(House B/L)给各发货人。

⑭各发货人凭 House B/L 及相关单证到银行议付,并通知收货人。

2. 进口程序

(1)整箱(FCL)运输。

①船舶在到港前 72 小时向船公司(或其代理)、港方发出到港预报和进口舱单,到港前 24 小时发出到港确报。

②船公司(船代)向收货人发出"到货通知书"。

③收货人与货代签订"代理委托协议",递交相关资料,如提单(正本)、委托书、进口许可证、加工贸易手册等。

④货代凭一份正本提单到船公司或船代换取提货单、设备交接单、交货记录。
⑤货代进行报关、报检，海关放行，并在提货单上盖章。
⑥货代到码头办理提箱手续，办理交接。
⑦货箱运至收货人处，进行拆箱卸货作业。
⑧货代负责将空箱送至船公司指定场站。
⑨货代交接手续，到船公司或船代处取回提箱押金。

（2）拼箱（LCL）运输。

①船舶在到港前 72 小时向船公司（或其代理）、港方发出到港预报和舱单，到港前 24 小时发出到港确报。
②船公司向集拼经营人发出"到货通知书"。
③集拼经营人向各收货人发出"到货通知书"。
④集拼经营人凭一份正本提单到船公司处换取"提货单""设备交接单"。
⑤集拼经营人凭提货单将集装箱运至海关监管的集装箱货运站（CFS）。
⑥各收货人的代理凭一份正本 House B/L 提单到集拼经营人处换取提货单。
⑦箱内货物在 CFS 仓库拆箱，分票堆放。
⑧各收货人代理进行报关、报检。
⑨各收货人代理到 CFS 仓库提货。
⑩CFS 将空箱送回船公司指定场站。

3.4.3　海上国际集装箱运输的主要单证

对于集装箱货物运输单证，20 世纪 80 年代我国各口岸基本上采用的是传统的货运单证。随着集装箱运输的发展，交通部于 1989 年在上海口岸主持了"国际集装箱运输系统（多式联运）工业性试验"，于 1991 年完成并通过国家鉴定验收。1990 年 12 月 5 日，国务院第 68 号令发布了《中华人民共和国海上国际集装箱运输管理规定》，交通部又于 1992 年 6 月 9 日以第 35 号令发布了《中华人民共和国海上国际集装箱运输管理规定实施细则》，上述规定和实施细则自 1992 年 7 月 1 日起施行。从此以后，我国各口岸的集装箱货物运输主要单证基本上统一了。它们与传统的货运单证相比，既有相同之处，也有一定的差异。在集装箱货物进出口业务中，除采用了与传统的散杂货运输中相同的商务单证外，在船务单证中根据集装箱运输的特点，采用了空箱提交单、集装箱设备交接单、集装箱装箱单、场站收据、特殊货物清单、提货通知书、交货记录。现分别介绍如下。

1. 空箱提交单

空箱提交单又称集装箱发放通知单，俗称提箱单，是船公司或其代理人指示集装箱堆场将空集装箱及其他设备提交给本单持有人的书面凭证。

在集装箱运输中，发货人为了把预定的货物装在箱内，就要向集装箱堆场或空箱储存场租借空箱——通常是由船公司提供空集装箱，借给发货人或集装箱货运站。在这种情况下，船公司或其代理人要对集装箱堆场或空箱储存场发出交箱指示，但是由于空集装箱是一个售价较高的设备，因此不能只靠简单的口头指示，还要向发货人或其代理人提交空箱提交单，集装箱堆场或空箱储存场只对持有本单证的人提交空集装箱，以确保交接安全。

集装箱的空箱提交单一式三份，发货人或其代理人凭订舱委托书，接受订舱委托后，由船公司或其代理人签发，除自留一联备查外，发货人或其代理人和存箱的集装箱堆场或空箱储存场各执一联。

2. 集装箱设备交接单

集装箱设备交接单简称设备交接单，是进出港区、场站时，用箱人、运箱人与管箱人或其代理人之间交接集装箱和特殊集装箱及其设备的凭证；是拥有和管理集装箱的船公司或其代理人与利用集装箱运输的陆运人签订有关设备交接基本条件的协议。

设备交接单分出场（港）设备交接单和进场（港）设备交接单两种，各有三联，分别为管箱单位（船公司或其代理人）留底联、码头、堆场联、用箱人、运箱人联。

设备交接单的各栏分别由管箱单位的船公司或其代理人，用箱人或运箱人，码头、堆场的经办人填写。船公司或其代理人填写的栏目有：用箱人/运箱人、船名/航次、集装箱的类型及尺寸、集装箱状态（空、重箱）、免费使用期限和进（出）场目的等。由用箱人、运箱人填写的栏目有：运输工具的车号，如果是进场设备交接单，还必须填写来自地点、集装箱号、提单号、铅封号等栏目。由码头、堆场填写的栏目有：集装箱进出场日期、检查记录，如果是出场设备交接单，还必须填写所提集装箱号和提箱地点等栏目。

3. 集装箱装箱单

集装箱装箱单是详细记载每一个集装箱内所装货物名称、数量、尺码、重量、标志和箱内货物积载情况的单证，对于特殊货物还应加注特定要求，比如对冷藏货物要注明对箱内温度的要求等。它是集装箱运输的辅助货物舱单，其用途很广，主要用途有以下几个方面：

①是发货人向承运人提供集装箱内所装货物的明细清单。

②是装箱地向海关申报货物出口的单据，也是集装箱船舶进出口报关时向海关提交的载货清单的补充资料。

③作为发货人，是集装箱货运站与集装箱码头之间的货物交接单。

④是集装箱装、卸两港编制装、卸船计划的依据。

⑤是集装箱船舶计算船舶吃水和稳性的基本数据来源。

⑥是卸箱地作为办理集装箱保税运输手续和拆箱作业的重要单证。

⑦当发生货损时，是处理索赔事故的原始依据之一。

4. 场站收据

场站收据是由发货人或其代理人编制，由承运人签发，证明船公司已从发货人处接收了货物，并证明当时货物的状态，船公司对货物开始负有责任的凭证，托运人据此向承运人或其代理人换取待装提单或装船提单。它相当于传统的托运单、装货单、收货单等一整套单据。

5. 特殊货物清单

在集装箱内装运危险货物、动物货、植物货，以及冷冻货物等特殊货物时，托运人在进行托运时，必须根据有关规章事先向船公司或其代理人提交相应的危险货物清单、动物货清单、植物货清单和冷冻（藏）货集装箱清单，或称为装货一览表。

6. 提货通知书

提货通知书是船公司在卸货港的代理人向收货人或通知人（往往是收货人的货运代理人）发出的船舶预计到港时间的通知。它是船公司在卸货港的代理人根据掌握的船舶动态和装箱港的代理人寄来的提单副本或其他货运单证、资料编制的。

船公司在卸货港的代理人向收货人或通知人发出提货通知书的目的在于要求收货人事先做好提货准备，以便集装箱货物抵港后能尽快疏运出港，避免货物在港口、堆场积压，使集装箱堆场能更充分地发挥其中转、换装作用，使集装箱更快地周转，从而得到更充分的利用。

提货通知书只是船公司或其代理人为使货运程序顺利进行而发出的单证，对于这个通知发出得是否及时，以及收货人或其代理人是否能收到，作为承运人的船公司并不承担责任，也就是说，承运人并不对此通知承担责任风险。作为进口商的货运代理人，为了保证进口货物代理的服务质量，也应主动与船公司的代理人联系，及早获取进口货物提货通知书，便于提前做好接卸进口货物的准备。

7. 交货记录

交货记录共五联：到货通知书一联、提货单一联、费用账单两联、交货记录一联。

（1）交货记录的流转程序。

①在船舶抵港前，船舶代理根据装货港航寄或传真的舱单或提单副本，制作交货记录一式五联。

②在集装箱卸船并做好交货准备后，由船舶代理向收货人或其代理人发出到货通知书。

③收货人凭正本提单和到货通知书向船舶代理换取提货单、费用账单（两联）、交货记录共四联，对运费到付的进口货物结清费用，船舶代理核对正本提单后，在提货单上盖专用章。

④收货人持提货单、费用账单（两联）、交货记录共四联随同进口货物报关单一起送海关报关，海关核准后，在提货单上盖放行章，收货人持上述四联送至场站业务员。

⑤场站核单后，留下提货单联作为放货依据，费用账单由场站凭此结算费用，交货记录由场站盖章后退收货人。

⑥收货人凭交货记录提货，提货完毕时，交货记录由收货人签收后交场站留存。

（2）交货记录的填制要求。

交货记录在船舶抵港前由船舶代理依据舱单、提单副本等卸船资料预先制作。到货通知书除进库日期外，所有栏目由船舶代理填制，其余四联相对应的栏目同时填制完成。提货单盖章位置由责任单位负责盖章，费用账单剩余项目由场站、港区填制，交货记录出库情况由场站、港区的发货员填制,并由发货人、提货人签名。

3.5 水路货物运输实训项目

3.5.1 项目一:缮制提单

项目内容:学习提单的分类,研究提单的填写要求,缮制提单。
项目要求:掌握提单的分类,熟练掌握提单的填写要求,能正确缮制提单。
训练素材:提单的填写要求、案例、空白提单一份。
训练方法:根据案例提供资料缮制提单。
组织方式:个人完成,相互检查,指出填写错误。
实施步骤:学习提单的填写要求→阅读案例→缮制提单→听老师讲解→小组成员相互检查、评分→经验、教训总结。
考核评价:根据提单缮制质量评分。

任务 1:装运材料缮制提单(样板)

【项目资料】
货　　名:小型合金棒材热轧机马达,2 台(就近清关)
签 约 地:釜山,韩国
签约日期:2013-01-01
生产厂家:湖北冶金设备有限公司
法人代表:王理红
地　　址:湖北黄石市黄石大道 316 号
电　　话:87863541
E-mail:hbme@yahoo.com
邮　　编:435000
海关代码:4204558981
出关口岸:洋山港区
提 单 号:HSW098
签发承运人:沈力
船　　名:HAILONG V-06
海段运费:300 美元/20′
集装箱号:COSU790873
封 志 号:SH7586301
总 毛 重:19 000kg
总 体 积:20m^3
总 件 数:2 木箱
唛　　头:SHSC、BUSAN、GKR917、NO.1-UP.、COSU790873/SH7586301

Shipper	HUBEI METALLURGICAL EQUIPMENTS CO., LTD.		B/L No. HSW098
Consignee	TO THE ORDER OF KOOKMIN BANK (HEAD OFFICE), SEOUL		**COSCO** 中国远洋运输公司
Notify party	SINHAN STEEL CO., LTD. 511-14GAMJUN-DONG, SASANG-GU, BUSAN, KOREA		Port to Port or Combined Transport Bill of lading
Pre-carriage by HAILONG V-06	Place of receipt		ORIGINAL
Ocean vessel/voyage No.	Port of loading HUANGSHI		
Port of discharge BUSAN PORT, KOREA	Place of delivery		

Marks & No. Container No. SHSC BUSAN GKR917 NO. 1 – UP COSU790873/ SH7586301	No. of Pkgs 1×20′/ 2BOX	Description of goods MOTORS FOR THINNER ALLOY BAR HOT ROLLING MILL LADEN ON BOARD JUNE. 10, 2013. FREIGHT PREPAID	G. W. (KG) KG 19 000	N. W. (KG)	Meas. CUBIC METRE 20
Total No. of containers and/ or packages (in words)		SAY TOTALLY PACKED IN 2 WOODEN BOX ONLY.			
Freight & charges	Revenue tons	Rates	Per	Prepaid X	Collect
Prepaid at	Payable at		Place and date of issue HUANGHSI, JUNE10, 2013		
Total prepaid	No. of original B(S)/L 3		Signed by the carrier 沈力 中国远洋运输（集团）总公司 CHINA OCEAN SHIPPING (GROUP) CORP. HUANGSHI OFFICE JUNE 10, 2013		
Loading on board the vessel Date By					

任务2：装运材料缮制提单（实训）

【项目资料】

除合同外，所有单证的填制和签发日期均为信用证的最迟装运期"2012-05-01"，就近清关。

货　　名：液压剪切机

型　　号：HGN31/8，2台

签约地：美国

签约日期：2012-01-01

生产厂家：湖北锻压机床集团公司

地　　址：武汉市武昌区梨园大道98号大世界大厦9楼

邮　　　编：430077
电　　　话：87863541
海关代码：4201065611
出关口岸：外港海关
提　单　号：BANQ002562
签发承运人：王立
船　　　名：OOCL F. V-50
海段运费：USD3000.00/20′
集装箱号：APLU7896754
封　志　号：AHL1087793
总　毛　重：14 000kg
总　体　积：25m^3
总　件　数：2 木箱
唛　　　头：CALLAO、PERU.、725594、NO. 1-2

Shipper		B/L No.
Consignee		**COSCO** 中国远洋运输公司
Notify party		
Pre-carriage by	Place of receipt	**Port to Port or Combined Transport Bill of lading**
Ocean vessel/voyage No.	Port of loading	
Port of discharge	Place of delivery	**ORIGINAL**

Marks & No. Container No.	No. of Pkgs	Description of goods	G. W. （KG）	N. W. （KG）	Meas.
Total No. of Containers and/ or Packages (in Words)					

Freight & charges	Revenue tons	Rates	Per	Prepaid	Collect
Prepaid at	Payable at		Place and date of issue		
Total prepaid	No. of original B(S)/L		Signed by the carrier		
Loading on board the vessel Date　　　　By					

3.5.2 项目二：班轮运费计算

项目内容：学习班轮运费计算方法。
项目要求：熟练掌握班轮运费计算方法，能正确计算班轮运费。
训练素材：班轮运费计算例题、测试题。
训练方法：计算班轮运费。
组织方式：个人完成，相互检查。
实施步骤：学习班轮运费计算方法→完成测试题→老师公布结果、适当讲解→小组成员相互批阅、评分。
考核评价：根据测试题完成情况评分。

任务1：班轮运费计算（样板）

出口箱装货物共100箱，报价为每箱4 000美元FOB上海，基本费率为每运费吨26美元或从价费率1.5%，以"W/M or ad val"选择法计算，每箱体积为1.4米×1.3米×1.1米，毛重为每箱2吨，并加收燃油附加费10%，货币贬值附加费20%，转船附加费40%，求运输该批货物需要的总运费。

解：（1）按"W"计算为：$26 \times 2 \times 100 = 5\ 200$（美元）

（2）按"M"计算为：$26 \times (1.4 \times 1.3 \times 1.1) \times 100 = 5\ 205.2$（美元）

（3）按"ad val"计算为：$4\ 000 \times 1.5\% \times 100 = 6\ 000$（美元）

（4）算出以上三种基本运费，比较三者，按"A.D."计算的运费最高，故实收基本运费6 000美元

（5）因此，总运费 $= 6\ 000 + 6\ 000(10\% + 20\% + 40\%) = 10\ 200$（美元）

任务2：班轮运费计算（实训）

1. 从大连运往智利一批衬衫，计收标准为W/M，共300箱，每箱30千克，每箱体积为59厘米×34厘米×18厘米，基本运费为每吨40美元，特殊燃油附加费为5%，港口拥挤附加费为5%，计算这批货物的运费。

2. 从我国大连运往某港口一批货物，计收运费标准为W/M，共200箱，每箱毛重25千克，每箱体积为50厘米×30厘米×20厘米，基本运费率每运费吨60美元，特殊燃油附加费率为20%，港口拥挤费为10%，试计算这批货物的基本运费和总运费各是多少？

本章小结

本章介绍了水路货物运输的历史和概念、水路货运方式的特点与作用、水路货运业务的组织管理、水路货运业务所涉及的基本理论和实务操作程序、水路业务流程、水路运价与运费的计算以及水路货运单的缮制。

复习思考题

一、名词解释
1. 水路货物运输
2. 租船运输
3. 内河运输
4. 班轮运输

二、简述题
1. 国际集装箱货物交接方式有哪些？
2. 海运提单的性质是什么？
3. 简述内河运输的业务流程。
4. 班轮运输有哪些主要单证？
5. 什么是托运单？

三、计算题
1. 以 CFR 价格条件向加拿大温哥华出口罐头水果汁一批，重量为 7 吨，尺码为 9 立方米。求该批货物总运价。

2. 出口某商品 500 吨，已知该货为 5 级货，计费标准为 W，每吨运费 70 美元，需征收燃油附加费 10%、港口附加费 10%，其基本运费和总运费分别是多少？

3. 用集装箱运送一批货物，总箱数为 100，发到基价为 2 000 元，运行基价为 2 元/千米，运价里程为 1 500 千米，试求集装箱运费。

4. 从上海出口到日本鸡肉 23 吨，共需装箱 1 200 箱，每箱毛重 20 千克，每箱体积为 20 厘米×20 厘米×25 厘米，该货物对应的航线运价率为 100 美元/吨，计费标准为 W/M，另加收燃油附加费 10 美元/吨、港口附加费 12 美元/吨，计算这批货物的总运费。

案例分析

粤港澳大湾区共建世界级港口群，"三港"核心地位确定

粤港澳大湾区建设将翻开新的一页，在不远的将来，这一地区将形成以香港港、广州港、深圳港为核心的世界级港口群和空港群，以及现代化的高速公路、铁路、城市轨道交通网络。

7月1日，"携手共建粤港澳大湾区，合力打造世界级城市群"论坛在香港举办。国家发改委、广东省政府、香港特别行政区政府和澳门特别行政区政府联合签署了《深化粤港澳合作推进大湾区建设框架协议》。根据这份协议，将推进基础设施互联互通，进一步加快大湾区基础设施建设，推动内地与港澳交通设施有效衔接，构建高效、便捷的现代综合交通运输体系，共建世界级港口群和空港群，优化高速公路、铁路、城市轨道交通网络布局，完善现代货运物流体系，推动各种运输方式综合衔接、一体高效，提升客货运输服务水平。

"道路通，则百业兴"

粤港澳大湾区包括广东省珠三角九市和香港、澳门特别行政区，是中国开放程度最高、

经济活力最强的区域之一，具备建成国际一流湾区和世界级城市群的良好基础。

其中，珠三角九市包括深圳、广州、佛山、东莞、中山、珠海、惠州、江门及肇庆。整个粤港澳大湾区11个城市总人口超过6 600万。香港政府的资料显示，2015年大湾区GDP高达11.2万亿港元，超过美国旧金山湾区两倍。

广东省交通运输厅党组成员、总工程师黄成造日前对"21世纪海上丝绸之路"采访团表示："自'一带一路'倡议提出以来，广东以打造粤港澳大湾区世界级港口群为主要目标，提出了构建'21世纪海上丝绸之路'货运物流网络的构想，主动积极配合相关部门开展了多项工作。"

黄成造说，广东作为对外贸易大省和海运大省，进出口贸易总额占全国的29.4%，拥有五个亿吨大港，尤其是珠江口湾区，集结了广州、深圳、珠海、中山、东莞等众多大型和中小港口，年货物吞吐量超过10亿吨；连同香港在内，珠江口湾区的集装箱吞吐量超过7 000万标准箱，是全球港口最密集、航运最繁忙的区域。

统计数据显示，目前广东省沿海已基本形成以广州、深圳、珠海、湛江、汕头为主要港口，潮州、揭阳、汕尾、惠州、东莞、中山、江门、阳江、茂名九个地区性重要港口为补充的分层次发展格局，煤、油、矿、箱、粮食、滚装等专业化运输体系也基本形成并正在逐步完善。

2016年，广东省港口完成货物吞吐量17.99亿吨，居全国第二，集装箱吞吐量完成5 728.03万TEU（标箱），居全国第一。珠三角九市港口群完成集装箱吞吐量5 492万TEU。深圳港完成集装箱吞吐量2 398万TEU，稳居全球第三，仅次于上海3 713万TEU、新加坡3 090万TEU；广州港完成货物吞吐量5.44亿吨，居全国第五，完成集装箱吞吐量1 886万TEU，居全球第七。

粤东、粤西港口群以大宗散货、临港产业为主，货物吞吐量约占全省6%和14%，发展潜力巨大。广东省沿海港口开通国际集装班轮航线291条，通达全球100多个国家和地区的200多个港口。

"全省外贸进出口货物的90%通过港口运输，能源、原材料等大宗散货进口的95%通过港口完成。"黄成造介绍，截至2016年年底，广东省港口共有生产性泊位2 811个，其中万吨级以上泊位304个，约占全国1/8，居全国第二。

"道路通，则百业兴。"黄成造说，作为粤港澳大湾区腹地的广东，不断加快交通基础设施建设，使综合运输服务水平不断提升，粤港澳大湾区对外交通网络已基本形成。

黄成造介绍，在粤港澳大湾区建设方面，截至2016年年底，广东省共开通国际集装箱班轮航线291条，国际航线覆盖全球大部分国家；在陆运方面，已开通了深圳至河内的国际道路货运线路，经广西与东盟国家的陆路运输服务已经开通运营；在铁路运输方面，已建成黎湛、京广、京九、沿海、贵广、南广等横穿东西、纵贯南北的铁路大通道。

在航空运输方面，拥有全国三大枢纽机场之一的广州白云机场和大型骨干机场之一的深圳机场；包括香港、澳门在内，珠三角也已经拥有世界上客货吞吐能力最大的空港群。

在多式联运方面，随着广东到湛江、南宁的铁路修建，珠三角核心地区与东盟直接的铁路运输能力得到增强，并通过国家铁路网，经中部地区、西南地区与西北地区和欧亚大陆桥的铁路相连接。

"粤港澳大湾区综合交通基础设施正进一步完善。"黄成造介绍，在5条珠三角跨江公路通道中，虎门大桥已建成；港珠澳大桥、虎门二桥和深中通道已开工建设，其中港珠澳大桥将在2017年具备通车条件择机通车，虎门二桥计划于2019年完工；深茂公铁两用大桥已明确按铁路桥建设，正在加紧推进前期工作。

在港航方面，广东省正推进实施珠江门户战略，完善珠三角高等级航道网络。推进广州港、珠海港、深圳港深水码头和广州港出海航道拓宽工程等项目，以及西江、北江等13个航道扩能升级项目建设，南沙疏港铁路已开工建设。

广东在三个方面推进大湾区建设

黄成造在接受记者采访时表示，未来，广东省将从三个方面重点推进粤港澳大湾区的建设：一是打造粤港澳大湾区物流枢纽。整合优化粤港澳大湾区内公路、水路、民航、铁路等基础设施资源，打造重要枢纽港口与铁路连接的多式联运中心，以及向海上和陆上辐射的物流通道建设，将粤港澳大湾区打造成为港口与航运中心、机场与航空中心、铁路与多式联运中心、物流与供应链管理中心、要素交易与物流创新金融中心（"五中心"），连接"一带一路"的全球门户和全球枢纽。以广州南沙、深圳前海、珠海横琴为平台，推进大湾区航运服务集聚区建设。

二是打造粤港澳大湾区世界级港口群。以香港港、广州港、深圳港为核心，以珠海港、东莞港等周边港口为支撑，建设错位发展、合作共赢的粤港澳大湾区世界级港口群，进一步巩固香港港的国际航运中心地位，强化广州港、深圳港的国际门户枢纽港功能，优化珠江口港口功能布局，加强珠江口东西岸港口资源优化整合，提升港口综合运输服务能力，形成功能互补、集聚高效的港口、航运、物流设施和航运服务体系，提升港口群的国际竞争力。

依托中国（广东）自由贸易试验区，积极发展港航物流、信息、贸易、金融、咨询和跨境电子商务等现代航运服务业，推进航运服务集聚区建设，强化珠三角航运服务集聚区功能，提升国际化航运服务保障水平。

三是依托"一带一路"打造综合运输通道。推进粤港澳大湾区连接中亚、欧洲、东盟等"一带一路"物流通道的建设，打造互联互通、高效衔接的"一带一路"货运物流服务网络。依托"东盟-广东-欧洲"公铁海河多式联运示范工程，积极参与广东铁路国际物流基地（东莞石龙）和广州大田铁路一类口岸的建设，重构"粤新欧""粤满欧"双向国际物流大通道。

依托"粤港澳-东盟"甩挂运输主题性试点项目，加快构建立足粤港澳的跨区域、网络化甩挂运输服务网络，建立与东盟等国家在交通运输、口岸通关、金融保险、信息互通等方面的交流合作机制，打通粤港澳至东盟跨境物流大通道。依托广东自由贸易试验区建设，构建立足粤港澳、辐射亚太、面向全球的综合物流大通道。

"广东自贸区南沙片区正在全力打造区域综合交通枢纽，形成粤港澳大湾区协同发展的重要支撑。"广州港务局副局长袁越说。

广州港务局给记者提供的资料显示，广州正重点加快南沙港区四期、邮轮母港、南沙港铁路等重大港口基础设施建设，完善海港口岸功能。在轨道交通建设上，重点布局快速直达港澳及周边城市的轨道交通线路，加快深茂铁路（广州段）等国铁、肇顺南等城际轨道以及地铁18号线等城市轨道建设。在高快速路建设上，正推进"三高三快"高快速通道和广中江高速、虎门二桥等高快速路建设。强化区内市政道路桥梁建设，重点推进"双环+九射"主骨架道路系统建设。

"广州港集团围绕广州国际航运中心和国际航运枢纽建设，借助'一带一路'、粤港澳大湾区、广东南沙自贸区建设等契机，发挥了港口在经济全球化发展中的枢纽作用。"广州港集团股份公司总经理助理马金骑介绍，2016年南沙邮轮共开104艘次，完成旅客吞吐量32.6万人次，位居国内邮轮城市第三。2017年1~5月，南沙邮轮共完成63艘次，旅客吞吐量达17.7万人，同比增加34.9%。

马金骑介绍，广州港正与"兄弟城市合作建设南沙港区四期工程"，与佛山市公用事业控股有限公司、中山城市建设集团有限公司共同成立合资公司，投资、建设经营广州港南沙港区四期工程。充分发挥南沙港区作为集装箱枢纽港的区位优势，增强对珠江西岸佛山、中山、江门等区域产业的发展支撑，夯实建设国际航运中心的发展基础。

统计数据显示，2017年1~5月，广州港海铁联运箱量完成1.69万TEU，完成计划的34%，同比增长30.5%。新开辟"穿梭巴士"驳船支线2条（佛山九江和东莞虎门）；2017年1~5月，"穿梭巴士"运输量完成61.2万TEU，同比增长12.4%。目前集团共有"穿梭巴士"支线56条，实现了对珠三角区域中小码头业务全覆盖。现有内陆港或办事处25个，有效覆盖了内陆主要经济腹地。

目前，招商局港口是中国最大、世界领先的港口开发、投资和运营商，于中国沿海主要枢纽港建立了较为完善的港口网络群。招商局蛇口工业区控股股份有限公司副总经理张林告诉第一财经记者，招商局在1979年投资开发深圳蛇口，以港口为起点，区域综合开发模式，将一个不足1 000人的边陲小渔村发展成为人口约25万，年产值超过600亿元，年人均GDP逾20万元的国际化滨海城区。招商蛇口的主要收入来源也转型变成社区运营、园区运营和邮轮运营。

张林表示，在招商局保税物流有限公司（招商保税）成功运营基础上，招商局将依托前海深港现代服务业合作区的优势，在前海湾保税港区形成高端物流业的集聚区，打造亚太地区具有重要影响力的供应链管理及航运衍生服务中心。搭建国际采购、国际配送和全球集拼分拨管理平台，从而实现深港共建全球性物流中心的目标。

讨论题：

1. 粤港澳为什么要共建世界级港口群？
2. 发展海运需要哪些条件？

第4章 • Chapter4

铁路货物运输

 本章要点

- 铁路货物运输的业务流程
- 铁路货物运输单证
- 铁路货物运输费用的计算
- 国际铁路运输
- 铁路货物运输实训项目

 开篇案例

中铁总运输改革现状

2017年被视作混合所有制改革的"突破"年，掀起了国企大力推行混合所有制改革的浪潮。而中国铁路总公司（以下简称"中铁总"）正在按照运输企业、非运输企业、混合所有制企业三个类别，制定时间表，加速推进实施混合所有制改革。2017年年初，在"中国铁路总公司工作会议"上，中铁总表示今年将重点推进铁路资产资本化经营和混合所有制改革，率先打响今年国企改革的第一枪。

第一步：完成对17家中铁总非运输企业的公司制改革。

第二步：对中铁总所属18个铁路局（公司）和3家专业运输公司进行公司制改革。

第三步：对中铁总公司进行公司制改革。

具体来说，一方面，随着公司制改革深化，将有助于进一步强化中国铁路运输系统各单位的市场思维，增强铁路货运主体的市场意识和服务理念；另一方面，随着货运供给侧结构性改革的不断深化，将进一步激活中国铁路运输系统各单位的活力与创新能力。

中铁总表示，将深化铁路客货运输供给侧结构性改革，并指出，在货运方面，要优化大宗货物运输组织，与重点企业签订运输互保协议，推进产运需衔接；提倡推进综合交通运输体系融合发展的理念，与互联网企业、港口企业、社会物流企业等高层主管进行会谈，签署战略合作协议，积极推进"互联网＋铁路运输＋港口＋公路＋航空"等各种交通方式的多式联运。

中铁总已加强与阿里、腾讯、顺丰、一汽等企业的合作，在推动智慧铁路、铁水联运、铁路商品汽车国际运输等领域上初步显露雄心，未来可期。

综上，自2017年以来，铁路改革加速带来了良好的效应，铁路货运"逆袭"的成果也颇为亮眼。尽管未来铁路改革中还有许多阻力与问题需要一一化解，各界仍期盼随着铁路改革进一步深化，铁路货运在国际运输市场上的竞争力能得到突破性提升。

4.1 铁路货物运输的业务流程

铁路货物运输的基本作业包括发送作业、途中作业和到达作业。其中，发送作业主要包括托运与受理、进货和验收、制票和承运、保管、装车和送票环节；途中作业主要包括货物的交接、检查、换装整理、运输合同的变更和解除、整车分卸及运输障碍处理等；到达作业主要包括重车和货运票据的交接，货物的卸车、支付和搬出等。

4.1.1 货物的发送作业

1. 货物的发送作业程序

货物在发站所进行的各项货运环节，统称为货物的发送环节。从表4-1中可见整车货物发送作业流程；从表4-2中可见集装箱货物发送作业流程；从表4-3中可见零担货物发送作业流程。

表4-1 整车货物的发送作业程序和内容

作业步骤	作业内容
1. 托运	托运人向车站货运室提交货物运单
2. 签证受理	车站货运室根据批准的要车计划核对运单填写是否正确，若认为可以承运，即予以签证并指定货物搬入日期和地点
3. 进货和验收	托运人将货物搬入车站，货运员按照运单验收货物
4. 货物保管	货物在装车前的保管
5. 装车	货物的装车，对需要施封的货车予以施封
6. 制票和货运	核算制票货运员填制货运票据，核收运费费用，在运单上加盖站名日期戳以示承运
7. 送票	车站货运室整理货运票据，并送交车站运转室

表4-2 集装箱货物的发送作业程序和内容

作业步骤	作业内容
1. 托运	托运人向车站货运室提交货物运单
2. 受理	货运室核对运单填写是否正确，如认为可以承运，即予以签证并指定货物搬入日期和地点
3. 进货和验收	托运人将重集装箱搬入车站，货运员按照运单验收货物

(续)

作业步骤	作业内容
4. 制票和承运	核算制票货运员填制票据,核收运输费用,在运单上加盖站名日期戳以示承运
5. 送票	车站货运室整理货运票据,并将其送交车站运转室
6. 装车	集装箱的装车
7. 保管	集装箱在装车前的保管

表4-3 零担货物的发送作业程序和内容

作业步骤	作业内容
1. 托运	托运人向车站货运室提交货物运单
2. 受理	货运室核对运单填写是否正确,如认为可以,即予以签证并指定货物搬入日期和地点
3. 进货和验收	托运人将货物搬入车站,货运员按照运单验收货物,对于需要检斤的货物,货运员应予以检斤,并将货物重量填记在运单上
4. 制票和承运	核算制票货运员填制货运票据,核收运输费用,在运单上加盖站名日期戳以示承运
5. 保管	货物在装车前的保管
6. 装车	货物的装车,对需要施封的货车进行施封
7. 送票	车站货运室整理货运票据,并将其送交车站转运室

2. 货物的发送作业内容

(1) 托运与受理。

托运人托运,即托运人向承运人提出货物运单和运输要求。托运人在托运货物时,应做好以下几项工作:

①对货物进行复核运输需求的包装。

货物包装是指使用适当的材料或容器,并采用一定的技术,对在流通过程的货物容纳、盛装及加以保护的工具,包括销售包装和运输包装两种。其中运输包装是为了保护货物在流通过程中不受损失,便于搬运、装卸、储存和保管,以保证货物运输安全的包装。它是保证货物和车辆设备完好无损的重要条件。

为了保证货物的安全,充分利用货车的载重力和容积及便于货物的装卸作业,托运人托运货物时应根据货物的性质、重量、运输种类、运输距离、气候状况以及火车装载等条件,使用符合运输要求的包装。

②在货件上标明清晰、明显的标记。

货物标记是指托运人托运集装箱或零担货物时,为建立货物与其运输票据的联系而使用的一种标记,也称为货签。货物标记上应记载发站、到站、托运人、收货人、货物品名、件数和运输号码等内容。货物标记上记载的内容必须与货物运单记载的内容相符。

③备齐必要的证明文件。

托运人托运需凭证明文件运输的货物,必须在托运货物前准备齐相应的证明文件。根据中央、自治区法令,需凭证明文件运输的货物,托运人在托运货物的时候应将证明文件与货物运单同时备齐,并在货物运单托运人记载事项栏注明文件名称和号码。车站应在证明文件背面注明托运数量并加盖车站日期戳,然后退还托运人或按规定留发站存查。

④向车站提交货物运单。

货物运单是托运人和承运人签订的确认运输过程中各方的权利、义务和责任的运输合同。货物运单既是托运人向承运人提出货物托运的申请,又是承运人承运货物、核收运费、填制货票的依据,也是货运全过程的一种运送单证,还是编制记录、备查或处理事故赔偿的凭据。它既是收货人领货的凭证,也是托运人、承运人、收货人及铁路内部进行货物交接的凭证。

托运人对其在货物运单和物品清单内所填记事项的真实性应负完全责任,匿报、错报货物品名、重量时要按规定支付违约金;承运人应按运单填记的内容,将承运的货物在规定的运到期限内完整地运到站,交给收货人。

(2) 进货和验收。

对于在铁路货场内装车的货物,托运人按承运人受理时签证的货物搬入日期,将货物全部搬入车站,并整齐堆放在指定的货位,完好地交给承运人的作业,即进货。车站在指定进货货位时,要考虑便于车辆取送和货物装卸、搬运作业,并保证人身和货物安全。

车站在接收托运人搬入车站的货物时,按运单记载对货物品名、件数、运输包装、重量等进行检查,确认符合运输要求并同意货物进入场、库指定货位的作业,即验收。

在各项检查中,要特别注意货物件数和重量的检查。一般铁路运输货物按件数和重量承运。下列货物按整车运输时,只按重量承运,不计算件数:①散堆装货物;②成件货物规格相同(规格在3种以内的视为规格相同),一批数量超过2 000件;规格不同,一批数量超过1 600件。另外,托运人组织装车,到站由收货人组织卸车的货物按托运人在货物运单上填记的件数承运。

(3) 制票和承运。

整车货物在装车完毕后,零担和集装箱货物在验收完毕后,托运人应向车站货运室交付运输费用,并办理制票和承运工作。

制票是铁路清算运输费用、确定货物运到期限、统计铁路完成的工作量、确定货运进款和运送里程及计算有关货运工作指标的依据。货票一式四联:甲联留发站存查;乙联为报告联,由发站送交发局,是各项统计工作的依据;丙联为承运联,发站收清运输费用后交托运人报销用;丁联为运输凭证,随同运单和货物到站,由到站存查。

(4) 保管。

车站负责货物装车前的妥善保管,承担应尽的责任。

(5) 装车。

装车是货物发送作业中十分重要的一个环节,货物运输的质量在很大程度上,取决于装车作业组织的好坏。货物装载方法不当、使用的货车状态不良,往往是造成货运事故的直接原因。装车工作还直接影响装车载重量的利用效率。

（6）送票。

办理完货物发运手续后，车站货运室整理好货运票据，并将其送交车站转运室。

3. 货物的发送作业流程优化

铁路集中受理，优化装车改革，主要内容包括：

①网上受理、审批客户运输需求，实现对客户运输需求的便捷、开放式受理和动态、全面掌握。

②客户一次提报运输需求，实现受理、请车、装车的全程信息共享。

③整合货运资源，优化装车方案。这包括：请求车数、请求车去向与铁道部下达的轮廓计划的比较、各点卸车情况、历时停限情况。车流人员重点对分界口交接车、接重、接空、运输能力等情况进行分析。货运营销部门重点对方案货源落实、重点物资、市场需求、直达列车、同方向整列、成组等组织方式提出具体意见。

④加强对客户进行分类统计分析，对客户的货源进行结构和发展趋势分析，充分把握运输市场的现状和未来发展趋势。通过设立专项考核资金，对每日方案的兑现率、装车数、发送吨、应卸车、中停时等指标进行考核，保证装车方案的兑现。

4.1.2 货物的在途作业

货物在运输途中需要进行的各项货运作业，统称为货物的中途作业，主要包括途中货物的交接、检查，货物的换装整理，运输合同的变更和解决，整车分卸及运输障碍处理等。

1. 途中作业程序

（1）途中货物的交接、检查。

为了保证货物运输安全、分清运输责任，在运输过程中，车站人员与列车乘务员之间或列车乘务员相互之间，应在铁路局指定的地点和时间办理货物的交接、检查工作。

货物列车在编组站或区段站办理交接。中间站对本站作业的车辆和列车乘务员办理交接。在技术站，区段货物列车应由车站指定人员与列车乘务员交接；直通货物列车由列车乘务员之间办理交接。货车交接使用列车编组顺序表，货物交接使用乘务员手册或者货车装载清单。

（2）货物的换装整理。

当在运输途中发现货物超偏载或撒漏，因车辆技术不良不能继续运行，货车装载状态有异状，加固材料折断、损坏，货车篷布苫不严或捆绑不牢，以及火车违反乘务区同行限制等情况时，发现车站应及时确认，必要时进行换装整理，以避免货物损失的扩大和威胁行车安全。处理站作业完毕后，应在货票丁联背面记明有关事项。

进行换装时，车站必须根据货运票据检查货物的形状，如发现货物损坏或件数不足，应编制货运记录，并将货运记录随同货物和票据递至到站，对因换装整理而卸下的部分货物，处理站应编制货运记录并予以及时补送。

(3) 运输合同的变更和解除。

签订货物运输合同后，秤砣双方都应信守合同、严格履行。但托运人或收货人由于特殊原因，对承运后的货物，可按批向货物所在的中途站或到站提出变更到站、变更收货人；承运后发送前，托运人也可以向发站提出取消托运。

铁路不办理下列情况的货物运输变更：

①违反国家法律、行政法规、物流流向、运输限制的变更及密封的变更。

②变更后货物运到期限大于货物容许运输期限的变更。

③变更一批货物中的一部分。

④第二次变更到站。

(4) 整车分卸作业。

按整车分卸办理的货物，在途中分卸站要进行货物的分卸作业。分卸站在接收重车时，应认真检查火车状态；在核对货运票据时，要认真对票卸货，防止漏卸和误卸；卸车后，要整理车内货物，防止车内货物在继续运行过程中倒塌、坠落而导致货运事故，或者由于偏载、偏重而导致行车事故。因分卸货物性质货车需要洗刷或除垢时，分卸站应在整车分卸货票上注明原装货物名称及需要洗刷除垢的要求，以便最终到站进行处理。

(5) 运输障碍处理。

由于不可抗力致使行车中断、货物运输发生阻碍时，铁路局对已承运的货物，可指示绕路运输，或者在必要时先将货物卸下，妥为保管，待恢复运输时再行装车继续运输，这种情况所需的装卸费用，由承担装卸作业的铁路局承担。

因货物特殊，绕路运输或卸下再装可能导致货物损失时，处理站应联系托运人或收货人，请其在要求的时间内提出处理办法，如超过时间未接到答复或因等候答复将对货物造成损失时，可比照无法交付货物处理。

4.1.3 货物的到达作业

货物在到站时所进行的各项货运作业，统称为货物的到达作业。图4-1给出了简化的货物到达作业程序示意图。

1. 到达作业的程序

(1) 重车和货运票据的交接。

列车到站后，车站应及时核对现车，并进行货运检查，检查无误后，与车长或列车乘务员办理重车和货运票据的交接签证。车号室将到达本站卸车的重车票据登记后，移交货运室。

货运室接到货物到达票据后，即进行登记，并核算在途中和到站发生的各项费用，以便交付时向收货人结算。

(2) 货物的卸车。

卸车是排空车和装车的基础，是到站工作组织的关键。正确、迅速、及时地组织卸车作业，对于保证货物运输质量、确保装车车源、完成排空任务以及加速货车周转、提高货

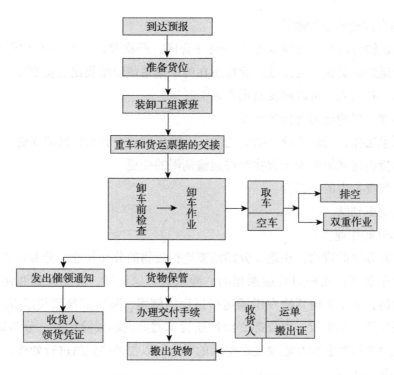

图 4-1 货物到达作业程序示意图

车使用效率都具有重要的意义。货物的卸车作业主要包括以下环节：

①卸车前检查。

为了保证卸车作业的顺利进行，防止误卸并确认货物在运输途中的状态，便于分清责任，必须进行卸车前检查，具体内容有：

- 货位检查。货运员接到货调下达的卸车计划后，应提前准备好空货位，确定卸车地点和送车顺序。
- 运送票据检查。检查票据记载内容与现车状况是否相符，与货调下达的卸车计划是否一致。
- 现车检查。认真检查车体或货物的装载状态，施封、篷布的状态。如发现货物有异状，应先行处理后再进行卸车，有关事项应予记录。

②卸车作业。

卸车作业开始前，货运员应向卸车工组传达卸车的要求和注意事项。在卸车过程中，货运员与卸车工组应当密切配合，要正确拆封、开启车门或取下苫盖篷布，要逐批核对货物、清点件数，应合理使用货位、按标准进行堆码，对于事故货物要编制记录。

③卸车后检查。

- 运输票据检查。检查货物实际堆放的货位与票据记载的卸车货位是否相符，货票是否已加盖了卸车日期戳记，随票据递交到站的垫款通知书等单据是否完整。
- 货物检查。检查货物的件数、堆码及防火、防湿措施是否正确，货车篷布是否被妥善折叠并送往固定地点，卸下的加固材料、加固装置是否整理好并与卸下的货物放于一处。
- 卸后车辆检查。检查车体是否被损坏，车内货物是否被卸净并清扫干净，车门、车窗及侧板是否已关严，罐车盖是否已盖好，失效的表示牌是否已全部撤除等。

（3）货物的交付和搬出。

货物交付是指承运人在规定的地点与收货人进行货物（车）交接后，并在货物运单上加盖货物交接日期戳记，即表示货物运输过程终止的作业程序。

货物的交付和搬出作业应注意以下几点：

①做好货物的催领通知工作。

为了加速货位周转，提高货场作业能力，内勤货运员接到到达货运票据并核对完毕后，在票据上加盖到达日期戳记，并登记到达登记簿，计算出交付货物时应收或应退的一切费用后，应及时发出催领通知，这是铁路履行运输合同的义务之一。

②做好货物的查询工作。

收货人向到站查询货物是否到达时，内勤货运员应以积极热情的态度给予解答。若货物未到，到站应在领货凭证背面注明货物未到并加盖车站日期戳记。

收货人在到站领取货物时，必须提出领货凭证，并在货票丁联上盖章或签字，以备存查。

③做好货物的交付工作。

收货人接到领取通知后，应及时领取。领取货物时，必须出示领货凭证，并在货票丁联上盖章或签字，以备存查。如领货凭证未到或丢失，机关、企业、团体应提出本单位的证明文件；个人应该提出本人居民身份证、工作证或户口簿或服务所在单位（或居住所在单位）出具的证明文件。用本人的居民身份证、工作证或户口簿作为证件时，车站应将姓名、工作单位名称、住址及证件号码详细记录在货票丁联上；用证明文件时，应将领取货物的证明文件粘贴在货票丁联上。

④妥善处理无法交付的货物。

收货人拒绝领取货物时，应出具书面证明。自收货人表示拒绝领取之日起，到站应在3天内及时通知托运人和发站，征求处理意见，托运自接到通知之日起，应在30天内提出处理意见答复到站，以便到站及时处理该批货物。

为了加速货位周转，保证货场的清洁、畅通，从到站发出催领通知的次日起（不能实行催领通知时，从卸车完后的次日起），经过查找，满30天（搬家货物满60天）仍无人领取或收货人拒领，托运人又未按规定期限提出处理意见的货物，到站可按无法交付货物处理。

4.2 铁路货物运输单证

中国铁路国内运输使用的货物运输票据主要是货物运单和货票。发货人托运货物，在一般情况下，每批应提出一份货物运单。此处主要讲解铁路货运货物运单以及货票的概念、类型以及单证的作用。

4.2.1 铁路货物运单

1. 铁路货物运单

铁路货物运单是承运人与托运人之间，为运输货物而签订的一种运输合同。

（1）运单的内容包括：

①托运人、收货人名称及其详细地址、邮政编码、电话号码。

②发站、到站及到站所属的铁路局。

③货物名称。

④货物包装、标志。

⑤件数与重量。

⑥承运日期。

⑦运到期限。

⑧运输费用。

⑨货车类型及车号。

⑩施封货车的施封号码。

（2）托运人、承运人与收货人需注意的事项如下：货物运单规定了在货物运输过程中托运人、承运人和收货人的权利、义务和责任，并对所填记的内容负责。货物运单既是办理铁路货物运输的最原始依据，也是划清承运人与托运人、收货人之间责任的重要依据，因此，货物在运输过程中，如果发生货运事故或运输费用计算错误，货物运单就是处理承运人与托运人、收货人之间责任的依据。

表 4-4、表 4-5 给出了铁路货物运单正、反面的内容。

表 4-4 铁路货物运单正面

货物指定于 月 日被搬入 XX 铁路局

| 承运人/托运人装车 |
| 承运人/托运人施封 |

货位 货物运单 车种及车号
计划号码或运输号码 货票第 号 货票第 号
运到期限 日 托运人 发站 到站 收货人 运到期限 日

托运人填写				承运人填写		
发站		到站		车种车号		货车标重
到站所属省（市）自治区			施封号码			
托运人	名称			经由		
	住址		电话	集装箱号码	铁路货车篷布号码	
收货人	名称			运价里程		
	住址		电话			

(续)

货物名称	件数	包装	货物价格	托运人确定重量（千克）	承运人确定重量（千克）	计费重量	运价号	运价率	运费
合计									
托运人记载事项			保险		承运人记载事项				
注：本单不作为收款凭证，托运人签约须知见背面。规格为350mm×185mm			托运人盖章或签字 到日 站期 年 月 日 交付戳		发日 站期 承戳 运				

表 4-5　铁路货物运单背面

收货人领货须知	托运人须知
1. 收货人接到托运人寄交的**领货凭证**后，应及时到站领取货物 2. 收货人领取货物超过免费暂存期限时，应按规定支付暂存费用 3. 收货人到站领取货物，如遇货物未到时，应要求到站在本证前面加盖车站日期戳	1. 托运人持本货物运单向铁路托运货物，证明并确定和愿意遵守货物运输的有关规定 2. 货物运单所记载的货物名称、重量与货物的实际完全相符，托运人对其真实性负责 3. 货物的内容、品质和价值是托运人提供的，承运人在接收与承运货物时并未全部核对 4. 托运人应及时将领货凭证寄交收货人，凭以联系到站领取货物

表 4-6 给出了领货凭证示例。

表 4-6　领货凭证

发站		
到站		
托运人		
收货人		
货物名称	件数	重量
托运人盖章或签字		
发站承运日期戳		

2. 铁路货物运单的类型

铁路货物运单可分为国际铁路联运和国内铁路运输两种方式，前者使用国际铁路货物联运运单，后者使用国内铁路运单——承运货物收据。

(1) 国际铁路货物联运运单。

国际铁路货物联运所使用的运单是铁路与货主间缔结的运输契约的证明。此运单正本从始发站随同货物附送至终点站并交给收货人是铁路同货主之间交接货物、核收运杂费用和处理索赔与理赔的依据。运单副本是卖方凭以向银行结算货款的主要证件。

国际铁路货物联运单据是指参加《国际铁路货物联运协定》各国之间办理铁路联运时使用的运单，也是参加联运的发送国铁路与发货人之间的运输契约。国际铁路货物联运单据与海运提单的主要区别在于：它不是物权凭证，不能通过背书转让。

铁路联运单据由五联组成：第一联是运单正本。第二联是运行报单。第三联是运单副本，在运送契约缔结后交给发货人，证明货物已由铁路承运，但不具有运单的效力。第四联是货物交付单作为货物已交付收货人的凭证，随同货物至终到站，并留存终到站。第五联是货物到达通知单。除了铁路货物运输单据外，另有一种补充运行报单。

(2) 承运货物收据。

承运货物收据既是承运人出具的货物收据，也是承运人与托运人签订的运输契约的证明。中国内地通过铁路运往港、澳地区的出口货物，一般委托中国对外贸易运输公司承办。当出口货物装车发运后，对外贸易运输公司即签发承运货物收据交给托运人，作为对外办理结汇的凭证。承运货物收据只有第一联为正本，反面印有"承运简章"，载明承运人的责任范围。

3. 铁路货物运单的作用

(1) 铁路货物运单一律以目的地收货人作记名抬头，一式两份。正本随货物同行，到目的地交收货人作为提货通知；副本交托运人作为收到托运货物的收据。在货物尚未到达目的地之前，托运人可凭运单副本指示承运人停运，或将货物运给另一个收货人。

(2) 铁路货物运单只是运输合约和货物收据，不是物权凭证，但在托收或信用证支付方式下，托运人可凭运单副本办理托收或议付。

4.2.2 货票

1. 货票概述

货票是一种财务性质的票据。对外，在发站，它是向托运人核收运输费用的收款收据；在到站，它是与收货人办理交付手续的一种凭证。对内，它则是清算运输费用，统计铁路所完成的工作量、运输收入以及有关货运工作指标的根据。

铁路货票票面上所记载的内容基本上包括关于货物的运输、流向、货物名称、数量、包装、重量、计费等信息。根据运单填制的货票，印有固定号码，为四联复写式票据。

2. 货票类型

(1) 铁路货票从运输业务上分为普通、联运、军运等不同形式。

(2) 铁路货票从货物运载形式上分为整体、零担、集装箱三种。

3. 货票作用

铁路货票是铁路运营的主要票据之一，是铁路部门运输统计、财务管理、货流货物分析的原始信息，也是运输高度指挥作业不可缺少的基础依据。在车站，货票具有货物运输合同运单副本的性质，是处理货运事故、向收货人支付运到逾期违约金和补退运杂费的依据；在运输过程中，货票又是货物运输凭证，跟随货物一直到达目的站。

4.3 铁路货物运输费用的计算

运输费用的计算与核收工作是铁路货物运输工作的一项重要内容，本节将说明铁路运价的种类、铁路货物运输费用的构成和具体计算方法，以及整车货物运输、零担货物运输和集装箱货物运输的计算方法。

4.3.1 铁路运输成本概述

运价的形式

铁路运价的形式主要有以下几种：

(1) 统一运价。

这是铁路运价的主要形式适用于全国各个地区，实行按距离别、货种别的差别运价。

(2) 特定运价。

除上述统一运价外，根据运价政策，对按特定运输条件办理，或在特定的地区、线路运输的货物，规定特定运价；对于需要提高服务水平和改善服务质量的列车，如客运空调列车、快运货物列车等实行优质优价。特定运价一般按普通运价减成或加成计算，也可另定，它是统一运价的补充，可以因时因地因货制定。

(3) 浮动运价。

对于在不同季节忙闲不均的线路，在不同的季节可实行不同的运价。

(4) 地方铁路运价。

为了提高地方修建铁路的积极性，允许地方铁路采用单独的运价。

(5) 新路新价。

对于新建的铁路、进行复线或电气化改造的铁路，可实行新路新价，其运价水平一般高于统一运价。

4.3.2 铁路货物运价分类及运费的构成

1. 铁路货物运价的分类

铁路货物运价可分别按适用范围和货物运输种类进行分类。

(1) 按适用范围分类。

铁路货物运价按其适用范围可以分为普通运价、特殊运价、军运运价。

①普通运价。普通运价是货物运价的基本形式，是全国正式营业铁路适用的统一运价，也是各种货物计算运费的基本依据。以特殊条件运送的货物，在某些情况下，其运价在普通运价基础上有一些特殊规定。我国现行的整车、零担、集装箱运价都属于普通运价。

②特殊运价。特殊运价是指地方铁路、临时营业线和特殊线路的运价，如集通线（地方铁路）、宣杭线（临时营业线）、广九线（特殊线路）的运价等。

③军运运价。军运运价是对军用物资运输所规定的运价。

（2）按货物运输种类分类。

①整车货物运价。整车货物运价是按整车运送的货物的运价。冷藏车货物运价，是整车货物运价的组成部分。

②零担货物运价。零担货物运价是铁路对按零担运送的货物所规定的运价。

③集装箱运价。集装箱运价是铁路对按集装箱运送的货物所规定的运价。

2. 运输费用的构成

铁路货物运输费用是对铁路运输企业所提供的各项生产服务消耗的补偿，包括运行费用、车站费用、服务费用和额外占用铁路设备的费用等。

铁路货物运输费用具体由货物运输、杂费以及一些专项和代收费用构成。其中，货物运费由发到运费和运行运费构成；杂费又包括货运营杂费，延期使用运输设备，违约、委托服务费用以及租、占用运输设备费用。专项和代收费用包括铁路建设基金、新路新价均摊运费、电气化附加费、印花税等。

4.3.3 铁路货物运费的计算程序及公式

1. 铁路货物运输费用的计算程序

（1）根据货物运单上填写的发、到站，按"货物运价里程表"计算出发站至到站的运价里程。

（2）根据货物运单上填写的货物名称，查"铁路货物运输品名分类与代码表""铁路货物运输品名检查表"，确定适用的运价号。

（3）整车、零担货物按货物适用的运价号，集装箱货物根据车种分别在"铁路货物运价率表"（见表4-7）中查出适用的运价率（即基价1和基价2）。

（4）根据《铁路货物运价规则》确定货物的计费重量（自轮运转货物为轴数，集装箱为箱数）。

（5）货物使用的基价1加上基价2与货物运价里程相乘后，再与货物的计费重量（自轮运转货物为轴数，集装箱为箱数）相乘，计算出运费。

（6）根据《铁路货物运价规则》及有关规定计算货物的杂费以及专项和代收费用等。

表 4-7 铁路货物运价率表

办理类别	运价号	基价1		基价2	
		单位	标准	单位	标准
整车	1	元/t	5.60	元/(t·km)	0.028 8
	2	元/t	6.30	元/(t·km)	0.032 9
	3	元/t	7.40	元/(t·km)	0.038 5
	4	元/t	9.30	元/(t·km)	0.043 4
	5	元/t	10.20	元/(t·km)	0.049 1
	6	元/t	14.60	元/(t·km)	0.070 4
	7	—	—	元/(轴·km)	0.216 5
	机械冷藏车	元/t	11.20	元/(t·km)	0.073 0
零担	21	元/10kg	0.115	元/(10kg·km)	0.000 5
	22	元/10kg	0.165	元/(10kg·km)	0.000 7
集装箱	1t	元/箱	10.00	元/(箱·km)	0.033 6
	10t	元/箱	118.50	元/(箱·km)	0.423 4
	20ft	元/箱	215.00	元/(箱·km)	0.927 4
	40ft	元/箱	423.00	元/(箱·km)	1.450 4

2. 铁路货物运费的计算公式

根据现行《铁路货物运价规则》，不同运输种类的货物运费的计算公式如下。

（1）整车货物。

一般整车货物按重量计费时，运费计算公式为：

$$运费 = [基价1(元/t) + 基价2(元/(t·km)) \times 运价里程(km)] \times 计费重量(t)$$

自轮运转货物按轴数计费时，运费计算公式为：

$$运费 = [基价2(元/(轴/km)) \times 运价里程(km)] \times 轴数$$

（2）零担货物。

零担货物的运费计算公式为：

$$运费 = [基价1(元/10kg) + 基价2(元/(kg·km)) \times 运价里程(km)] \times 计费重量(kg)$$

（3）集装箱。

集装箱的运费计算公式为：

$$运费 = [基价1(元/箱) + 基价2(元/(箱·km)) \times 运价里程(km)] \times 箱数$$

3. 整车货物运费

一般整车货物运费的计算需要注意以下几个事项：

（1）计费重量。

①一般情况下，整车货物按货车标记载重量计算运费。货物重量超过货车标重时，按货物重量计费。计费重量以 t 为单位，吨以下四舍五入。

②车辆换长超过 1.5m 的货车（D 型长大货车除外），未明定计费重量的，按其超过部分的每米（不足 1m 的部分不计）折合 5t 与 60t 相加之和计费。

③承运人提供的 D 型长大货车的车辆标重大于托运人要求的货车吨位时，经铁路局批准可根据实际使用车辆的标重减少计费重量，但减吨量最多不得超过 60t。

（2）运价率。

根据托运人在货物运单上所填写的货物名称，按照"铁路货物运输品名分类与代码表"查出该批（项）货物所适用的运价号，按承运当日实行的运价率，查出该批货物适用的运价率。

①按一批办理的整车货物，运价率不同时，按其中较高的运价率计费。

②运价率加（减）成的确定。"铁路货物运输品名分类与代码表"中规定的加（减）成应先计算出其适用的运价率后按下述规定进行加（减）成计算。

a. 一批或一项货物，运价率适用两种以上减成率计算运费时，只适用其中较大的一种减成率。

例如，托运人用自备机车牵引途中不需制冷的冷藏车运送货物时，其运价率适用两种减成率，即自备机车牵引铁路货车时，按所装货物的运价率减 20% 计费；途中不需要制冷的冷藏车运送货物时，按所装货物的运价率减 20% 计费。由于这批货物同时适用两种减成运价率，因此只按减成 20% 计算运费。若减成率不同，只按较大的减成率减成。

b. 一批或一项货物，运价率适用两种以上加成率时，应将不同的运价率相加之和作为适用的加成率。

例如，托运人运送一件经过广九线的一级超限货物，由于一级超限货物运送时运价率加成 50%，另经广九线运送的货物，其运价率按统一运价率加成 50% 计算，因此，其运价率的加成率应为 50% + 50% = 100%。

c. 一批或一项货物，运价率同时适用加成率和减成率时，应以加成率和减成率相抵后的差额作为使用的加（减）成率。

4. 零担货物运费

（1）计费重量。

零担货物的计费重量以 10kg 为单位，不足 10kg 进为 10kg，具体确定时分为以下三种情况：

①有规定计费重量的货物，按规定计费重量计费。

②按货物重量计费，如"铁路货物运输品名分类与代码表"中"童车""室内健身车""209 其他鲜活货物""9914 搬家货物、行李""9960 特定集装化运输用具"等裸装运输时按货物的重量计费。

③按货物重量和体积折合重量择大计费。除上述两种特殊情况外，零担货物的计费重量均为按货物重量和体积折合重量择大计费。折合重量根据托运人在货物运单"托运人记载事项"栏内填记的货物长×宽×高的尺寸，按下式计算：

$$折合重量（kg）= 500 \times 体积（m）$$

（2）运费计算。

零担货物的起码运费为每批 2.00 元。零担货物运价率按承运当日的"零担货物运价率"确定。

①运价率不同的零担货物在一个包装内或按总重量托运时，按该批或该项货物中运价率高的计费。

②在货物运单内分项填记重量的零担货物，应分项计费，但运价率相同时，重量应合并计算。

③托运人自备的可折叠（拆解）的专用集装箱、集装笼、托盘、网络、货车篷布、装运卷钢、带钢、钢丝绳的座架、玻璃集装架和爆炸品保险箱及货车围挡用具，凭收货人提出的特价运输证明书回送时，零担货物按 22 号运价率计费。

5. 集装箱货物运费

集装箱运费按箱计费，不再考虑箱内所装货物重量，但所装货物重量与自重之和不得超过集装箱总重。集装箱内单件货物重量超过 100kg 时，必须在货物运单"托运人记载事项"栏内注明。

集装箱货物的运费按使用的箱数和"铁路货物运价率表"中规定的不同箱型的运价率计费，但下述情况除外：

（1）标记总重量为 30.480t 的通用 20ft 集装箱，按"铁路货物运价率表"中规定的运价率加 20% 计算，按规定对集装箱总重限制在 24t 以下的除外。

（2）罐式集装箱的运价率，按"铁路货物运价率表"的规定加成 30% 计算。其他铁路专用集装箱的运价率，按"铁路货物运价率表"的规定加成 20% 计算。

（3）装运一级毒性物质（剧毒品）的集装箱按"铁路货物运价率表"中规定的运价率加 100% 计算；装运爆炸品、易燃气体、非易燃无毒气体、毒性气体、一级易燃液体（"铁路货物运输品名分类与代码表" 02 石油类除外）、一级易燃固体、一级自燃物品、一级遇水易燃物品、一级氧化性物质、有机过氧化物、二级毒性物质（有毒品）、感染性物质、放射性物质的集装箱按"铁路货物运价率表"中规定的运价率加 50% 计算。

（4）自备集装箱空箱运价率按其适用重箱运价率的 40% 计算。

（5）承运人利用自备集装箱回空捎运货物，按集装箱重箱适用的运价率计费，在货物运单"承运人记载事项"栏内注明，免收自备集装箱箱主的回空运费。

4.4 国际铁路运输

目前，随着国家"一带一路"倡议的不断推进和深入，作为连接"路上丝绸之路"的国际铁路服务正面临着井喷式的发展，开通中欧班列对我们的运输方式和经济发展会带来什么样的变化？主要的班列服务有渝新欧班列、郑新欧班列、苏满欧班列、义新欧班列、兰新欧班列等。这里主要介绍的是中欧班列给我们的运输带来的影响，以及渝新欧班列与义新欧班列的发展。

4.4.1 中欧班列

1. 中欧班列简介

定义：中欧班列是指中国开往欧洲的快速货物班列，适合装运集装箱的货运编组列车。

2. 优势与困境

（1）中欧班列所具有的优势。

①中欧班列具有安全快捷、绿色环保、受自然环境影响小等综合优势，已成为国际物流中陆路运输的骨干方式，为实现中欧间的道路联通、物流畅通，推进国家"一带一路"建设提供了运力保障。

②对各个城市而言，开行中欧班列，不但有利于加强与国际市场的联系，化解部分产业产能过剩的矛盾，而且可以带动当地经济发展，促进当地产业升级。

（2）中欧班列当前面临的困境。

①在回程货源少、成本高的窘境下，各路中欧班列纷纷将补贴策略作为争夺市场的利器，大打价格战。

②从资源配置的视角来看，由于内陆多个城市都相继开行"X新欧"班列，直接导致争抢货源，进而造成运力的浪费。

③一些内陆城市为了争夺中欧铁路通道的起点，对内不计成本，借助政府给予的大量补贴运费来争抢货源；对外概不议价，任由班列沿线的国家抬高运价，这个价差又由当地政府下属的企业补贴消化。这造成了铁路资源的极大浪费，同时造成了多口对外的无序竞争。

④目前，中欧班列运费高，有的班列为争抢货源只收取一半成本的运费。运价竞争使大部分班列处于亏损运营状态，只靠当地的补贴策略才能维持。这种过度补贴策略，已成为阻碍中欧班列健康发展的一大乱象，既扰乱了市场的自我调节能力，也对少数始终采取纯市场化运作的中欧班列造成很多不利影响。

⑤以中部省份为例，大部分货源地几乎一致，而且这些城市距离太近，揽货时争夺客户在所难免，因此竞争十分激烈。与此同时，货主也在比价，哪里补贴策略的力度大就在哪里发货，有些货物甚至因价格原因舍近求远，绕了一大圈才到达班列始发地，浪费了大量物流资源。

⑥显然，非理智的价格战只会导致竞争加剧、市场环境恶化、政府负担加重等恶果。同时，各个城市盲目开行中欧班列，不但会导致运输线路和设施的重复建设，而且这种各自为战的局面，不利于对外谈判。

3. 推进中欧班列建设

（1）多管齐下，逐步向市场化目标迈进。鉴于铁路运输成本高于海运、高附加值货源不多的现实存在，现阶段要完全实现市场化对于大多数班列公司而言是困难的。这就需要企业分步走，并以降低运营成本为重要手段，同时加强市场培育，让更多高附加值产品选择中欧班列作为运输载体。此外，班列发展还迫切需要制定一个具有指导性的财政政策，为国内段运价制定公平、透明且不含附加条件的标准，避免因各地政策差异而出现各自为政、恶性竞争等现象，以形成良好、规范的市场环境。

（2）各方要讲大局，齐心协力，既有所作为，又不越俎代庖。作为运营主体，各班列公司对客户承担全部运输的所有责任，所以天然具有且必须拥有独立自主选择铁路运输各段承运方的权利和义务。就中铁总公司而言，做好国内段铁路运输组织是其主要职责，其下一步可在国外场站购买、铁路基础设施建设等方面做出探索。此外，地方政府也应严格按国家政策执行并给予行业指导。如此一来，合力便形成了。

（3）班列要得到良好的发展，就需大力反对垄断。因为一旦形成垄断，市场生机便随之殆尽，成本也难以降低，服务更是难以得到保障。目前，欧洲铁路段市场化已相对成熟，垄断行为已不存在。因此，在独联体段寻找各国代理商时，班列公司应谨慎，使其最大限度地保持良性的竞争之势。

（4）坚持以绿色、环保、高效为中欧班列健康发展的方向。各方在班列运营中应有正确的导向，应提高班列开行的质量与装载率，做到东西向匹配，制定合理的市场价格、科学的市场销售方案，不简单以班列数量作为衡量其发展状态的指标。

（5）科学的布局规划对于班列的良好发展至关重要。因此，在全国几大区域内应培育有核心竞争力的班列公司，以促进中欧班列做大做强。各地也应根据自身发展情况，理性对待，切勿盲目开行。

（6）班列发展还需秉持"共商、共建、共享"的原则，以达到合作共赢的目的。各班列公司要协同发展，共同开展项目合作，建立联动机制，实现资源整合，共同应对市场变化，沟通和分享国内外铁路供应商的信息；针对国外不同的铁路运营商，共同探讨各班列公司包括联动在内的各种有效的议价机制，且不局限于固守一种议价方式，以达到降低国外运输成本的目的。中欧班列的发展高度契合国家"一带一路"倡议，并走在了"一带一路"建设的前沿。未来，还需各方携手同行，确保中欧班列行稳致远。

4.4.2 渝新欧铁路运输线

1. 渝新欧铁路运输线简介

渝新欧铁路运输线是指利用南线欧亚大陆桥这条国际铁路通道。

（1）运输线路：从重庆出发，经西安、兰州、乌鲁木齐，向西过北疆铁路，到达边境口岸阿拉山口，进入哈萨克斯坦，再经俄罗斯、白俄罗斯、波兰，至德国的杜伊斯堡，全长 11 179 千米，由沿途 6 个国家铁路、海关部门共同协调建立的铁路运输通道，占据中欧班列主导地位。2016 年上半年，新增满洲里和霍尔果斯口岸。

（2）名称来源：它的名称由沿线中国、俄罗斯、哈萨克斯坦、白俄罗斯、波兰、德国 6 个国家铁路、海关部门共同商定。"渝"指重庆，"新"指新疆阿拉山口，"欧"指欧洲，合称"渝新欧"。从重庆发出的货物，通过渝新欧铁路线运输，沿途通关监管互认，信息共享，运输全程只需一次申报、一次查验、一次放行。

（3）渝新欧运输数据：截至2016年6月，据国家海关统计，重庆市开出的渝新欧班列班次数量占全国中欧班列数量的45%左右，其货值占所有从新疆阿拉山口出境的中欧班列货值总量的85%。2017年3月23日，中欧（重庆）班列开行6年后突破1 000列，成为中国首个突破千列的中欧班列。

2. 渝新欧铁路运输线的优势

（1）拥有稳定并持续扩大的货源。

2016年，重庆市与华为公司正式签订协议，规定华为产品将通过渝新欧铁路运输线出口到欧洲。目前华为已成为渝新欧铁路运输线的第二大客户。同年，重庆咖啡交易中心正式成立，来自各地的咖啡在此中转，成为全国最大的咖啡交易中心。据统计，2016年，渝新欧铁路运输线进口整车超过2 000辆，位居西部内陆地区首位。

多措并举下，渝新欧铁路运输线2016年实现天天有班列，超额完成全年目标；开行频率去程为6~8班/周，回程达3~4班/周。自开通以来，渝新欧铁路运输线已累计开行约900班。

（2）多领域运输。

2015年10月，由渝新欧铁路运输线搭载的26袋邮包共计139件邮件顺利抵达德国法兰克福邮件处理中心，这也标志着渝新欧铁路运输线全程运邮测试成功，开创了中欧国际铁路货运班列全程运输国际邮包的先河。

渝新欧还试运行了铁空联运。通过铁空联运，欧洲货物可以从渝新欧运到重庆，再通过空运中转到曼谷、吉隆坡、香港、大阪等距离重庆4小时航空半径的亚洲城市，形成以重庆为核心的4小时航空经济圈，大幅度降低运输成本，加强中国中西部地区与"一带一路"沿线国家的互联互通。

2015年11月，渝新欧成功将欧洲的进口药品运至重庆，大幅度降低了进口药的运输成本、时间成本。

（3）辐射影响力日益增强。

目前，渝新欧已经形成"1+N"的运行分拨模式。"1"即重庆到德国杜伊斯堡为主线，"N"指可根据客户需要选择沿线国家作为集结点和分拨点，现已在沿线12个国家实现了集结和分拨，可辐射40多个城市。

3. 推进渝新欧的建设

第一，从海关角度讲，渝新欧沿线各个国家的海关按照自由贸易方式，实行执法互助、信息共享、关检互认，进一步简化关检程序，实现"一关通"，这是海关自由贸易一体化的表现。

第二，渝新欧沿线国家的铁路部门建立起跨国、跨洲的班列铁路运行时刻表。渝新欧也被称为国际"五定"班列，即"定起点"为重庆；"定终点"为德国杜伊斯堡；"定路径"沿线1 100多千米路程中，只停靠沿途国家最主要的12个车站；"定运行时间"，渝新欧为欧亚各国中铁路运输最高等级班列，以保障货物能在最短时间内到达；"定运费价格"指沿线各国统一运费价格。

第三，在安全性方面，因在渝新欧班列途径的国家及地区中，包含极度恶劣气候条件地区，有的地方气温低至 $-30℃$，为保障商品在运输过程中不受损害，渝新欧列车专门配备了一批造价成本适宜，并能在极端天气下使用的集装箱，以实现渝新欧班列全年候运行。此外，在防盗措施上，渝新欧班列运用了现代化物联网定位，工作人员能 24 小时监控任何一节车厢的实时运行情况。

第四，为简化物流运输程序，中国国家口岸办批准连接渝新欧的重庆铁路口岸为一类口岸，并配备保税物流园区。保税区的货物经分拨后，就可被空运至亚洲其他国家和地区，实现快捷的"铁空联运"。

第五，渝新欧运输费用需要进一步下调。这个"费用下调"指的是从效益上提升性价比。现在的铁路货物运输，从每节集装箱的规模来看，亚欧国家并不统一，渝新欧沿线各国正积极协商统一集装箱规模，为渝新欧班列集装箱提升装卸量。

4.4.3 义新欧铁路运输线

1. 义新欧班列简介

义新欧中欧班列指的是从中国义乌出发，经新疆阿拉山口口岸出境，途经哈萨克斯坦、俄罗斯、白俄罗斯、波兰、德国、法国，历时 21 天，最终抵达西班牙马德里。这条铁路线全长 13 000 多千米，是目前所有中欧班列中最长的一条。

2. 义新欧的发展

（1）第一，运输线路最长。它比原来最长的线路"苏满欧"班列（全程 11 200 千米）长 1 850 千米，是所有中欧班列中最长的一条。

（2）第二，途经国家最多。除了中国、哈萨克斯坦、俄罗斯、白俄罗斯、波兰、德国外，还增加了法国、西班牙，共计 8 个国家，几乎横贯整个欧亚大陆。

（3）第三，国内穿过省份最多。从浙江出发横贯东西，经过安徽、河南、陕西、甘肃，在新疆阿拉山口口岸出境，共计 6 个省（自治区）。

（4）第四，境外铁路换轨次数最多。其他中欧班列在哈萨克斯坦、波兰两次换轨，义新欧中欧班列（义乌－马德里）还需在法国与西班牙交界的伊伦进行第三次换轨。

（5）第五，与第一批列入中欧班列序列的重庆、成都、郑州、武汉、苏州城市相比，义乌是唯一一个开通中欧班列的县级城市。

3. 义新欧的发展带来的影响

第一，义乌目前申请了国际邮政互换局，之后让跨境产品可在义乌清关，让通关速度更快、所用时间更少、成本更低。

第二，地方政府的行业扶持，包括建立相对集中的场地，提供相应的配套电商服务以及金融业或其他方面的措施,让电商行业可以更好地发展。

第三,义新欧中欧班列成功发出和返程,让中国与西班牙商品首次通过铁路抵达两地。

第四,义乌进口商品种类增加2.2万种,随着国际班列越来越多,义乌和"一带一路"沿线国家的经贸往来更加紧密,在大量"中国制造"产品输出的同时,进口商品也被源源不断地带回。

4. 积极推进义新欧的建设

(1) 加大政策支持。争取将义新欧班列列入国家"一带一路"发展规划。

(2) 完善通关机制。加强与班列沿线国家的协调,使各国认同"市场采购"贸易方式,对义乌小商品提供高效、方便、安全的转关清关服务,提高通行效率,帮助指导与阿拉山等口岸的合作。

(3) 降低运营成本。国家铁路总公司需要加强与境外铁路公司的沟通,健全跨国铁路国际协调机制,提升境外班列运价的谈判话语权。

(4) 加快口岸开放。国家机关以及有关质检部门允许义乌铁路口岸临时开放,待条件成熟后,支持义乌设立汽车整车、肉类、食品、水果进口指定口岸。

4.5 铁路货物运输实训项目

4.5.1 项目一: 铁路货物运单填制和运费计算 (样板)

项目内容:学习铁路货物运输单证,学习货物运到期限内容。
项目要求:了解运输业务,填制托运单方法。
训练素材:填制运单步骤。
训练方法:运用所学知识填制运单。
组织方式:个人完成,相互检查。
实施步骤:学习填制运单→运用所学知识去解决实际问题→老师公布结果并且适当讲解→小组成员之间相互检查并且评分。
考核评价:任务考核。

【项目资料】

(1) 业务受理:托运人提出货物运单后,经承运人审查,若符合运输条件,则在货物运单上签明货物搬入日期或装车日期的作业。

(2) 填制托运单证(具体制作见第4.2节)。

第一,托运单托运人填写部分:①发站栏和到站(局)栏;②托运人、收货人名称、地址及电话;③货物名称栏;④包装栏;⑤件数栏;⑥货物价格栏;⑦托运人确定重量栏;⑧托运人记载事项栏;⑨托运人盖章或签字栏;⑩领货凭证各栏。

第二,托运单承运人填写部分:①办理托运手续;②经由栏;③运价里程栏;

④计费重量栏；⑤运价号栏；⑥运价号栏；⑦运价率栏；⑧承运人记载事项栏；⑨货票各联。

第三，托运单填写的要求：①正确，就是填记的内容和方法符合规定，正确无误；②完备，就是对应填记的项目必须填写完毕，不漏项目；③真实，要求实事求是地填写，内容真实，不得虚假隐瞒；④清洗，字迹清晰，文字规范，不任意简化或代用。

4.5.2 项目二：货物运到期限的计算

项目内容：学习货物运到期限内容。
项目要求：了解货物运到期限方法，计算运输费用。
训练素材：业务受理运输逾期案例。
训练方法：运用所学知识计算货物运到期限费用。
组织方式：个人完成，相互检查。
实施步骤：学习填制运单→运用所学知识去解决实际问题→老师公布结果并且适当讲解→小组成员之间相互检查并且评分。
考核评价：任务考核。

【项目资料】

根据货物超限时间计算超限费用如下。

货物运到期限由三部分组成：①货物发送期间为1天；②货物运输期间，每250运价千米或其未满为1天，按快运办理的整车货物每500运价千米或其未满为1天；③特殊作业时间，即运价里程超过250千米的零担货物和1吨集装箱货物，另加2天，超过1000千米加3天。整车分卸，每增加一个分卸站，另加1天；准、米轨间直通运输的整车货物，另加1天货物实际运到日数，起算时间从承运人承运货物的次日（指定装车日期，为指定装车日的次日）起算。终止时间，到站由承运人组织卸车的货物，到卸车完了时止；由收货人组织卸车的货物，到货车调到卸车地点或货车交接地点时止。

货物运到期限的起码天数为3天，"五定"班列货物的运到期限按运行天数（始发日和终发日不足24小时的均按1天）计算。运到期限自该班列的始发日计算。

货物运到日数超过规定的运到期限时，承运人应按所收运费的百分比，向收货人支付一定数额的违约金。

《中华人民共和国铁路法》（以下简称"《铁路法》"）规定，铁路货物运输企业应按照合同约定的期限或者国务院铁路主管部门规定的期限，将货物运到目的站；逾期未到的，运输企业应当支付违约金。铁路承运的货物，实际运到天数超过规定的运到期限时，承运人应按所收运费的百分比，根据货物运输性质和逾期天数向收货人支付一定数额的违约金（见表4-8、表4-9）。

表 4-8 铁路货物运到期限 10 天以内违约金计算表

逾期日数/违约金/运到期限	1 天	2 天	3 天	4 天	5 天	≥6 天
3 天	15%	20%				
4 天	10%	15%	20%			
5 天	10%	15%	20%			
6 天	10%	15%	10%	20%		
7 天	10%	10%	10%	20%		
8 天	10%	10%	10%	15%	20%	
9 天	10%	10%	10%	15%	20%	
10 天	5%	10%	10%	15%	15%	20%

表 4-9 铁路货物运到逾期 11 天以上违约金计算表

逾期总日数占运到期限天数	违 约 金
不超过 1/10 时	为运费的 5%
超过 1/10，但不超过 3/10 时	为运费的 10%
超过 3/10，但不超过 5/10 时	为运费的 15%
超过 5/10 时	为运费的 20%

【例 4-1】 铁路承运一批运价里程为 1 056 千米的零担货物，计算该批货物的运到期限。

解： 货物发送期间：1 天

货物运输期间：1 056/250 = 4.2（天），取 5 天

特殊作业时间：运价里程超过 1 000 千米的零担货物加 3 天

运到期限：1 + 5 + 3 = 9（天）

4.5.3 项目三：铁路货物运单填制和运费计算（实训）

项目内容： 学习运输货物超限内容以及货物运输单证内容。

项目要求： 填制运单报告；计算货物逾期费用。

训练素材： 第 4.2 节。

训练方法： 运用所学知识计算费用，填制运单。

组织方式： 填制运单按个人完成，每人一份。注意运到期限的计算为三人一组，计算时间为 40 分钟。

实施步骤： 学习运输逾期费用内容、填制单证内容→运用知识解决实际问题→老师评分完毕之后讲解答案及过程→小组成员之间相互学习、查看。

考核评价： 任务考核。

【项目资料】

A 车站于 4 月 15 日收取到达 E 车站的两个 20ft 集装箱的运费，车站使用载重 61ft 的

NX（17BH）装运，并于 4 月 17 日 18：00 前装车完毕，已知 A～E 间的运价里程为 987km。

问题：这两个集装箱应在几月几日之前卸车完毕才没有违约？

本章小结

本章重点介绍了铁路货物运输。铁路货物运输业务是指铁路货物运输从受理到交付全过程中的经营活动和业务管理工作。铁路货物运输种类按我国铁路技术条件，分为整车、零担、集装箱三种。整车货物运输的基本条件是，一批货物的重量、体积、状态需要以一辆以上货车运送的，应整车办理；零担货物运输的基本条件是，按货物的重量、体积、状态不需要以一辆单独的货车运送，而且允许和其他货物配装的，可以按零担办理；集装箱货物运输的基本条件是，凡能装入集装箱，并且不对集装箱造成损坏和污染的以及可通过集装箱运输的危险货物均可按集装箱处理。

铁路货物运价由交通运输部拟定、报国务院批准。计算铁路运费的程序是：①算出发站至到站的运输里程；②正确查出所运输货物的运价号；③货物适用的发到基价，加上运行基价与货物的运输里程之积，再与货物的计费重量相乘，得出的就是铁路货物运费。

复习思考题

一、名词解释

1. 铁路货物发送作业
2. 铁路货物运单
3. 铁路货物运到期限

二、选择题

1. 铁路货物运输的发送作业不包括（　　）。
   A. 发送作业　　B. 途中作业　　C. 到达交付作业　　D. 信息反馈作业
2. 铁路运单可分为国际铁路联运和（　　）两种方式。
   A. 国内铁路货物运输　　　　B. 国际铁路货物运输单证
   C. 境内铁路货物运输单证　　D. 境外铁路货物运输单证
3. 铁路货物运价按其适用范围不包括（　　）。
   A. 普通运价　　B. 特殊运价　　C. 军运运价　　D. 正常运价

三、简答题

1. 简述铁路货物运价的分类。
2. 简述整车货物运输的发送作业的程序。
3. 简述货物到达作业中货物的卸车步骤。

四、计算题

南昌站承运到郑州站零担货物一件，重 3 000 千克，计算运到期限，已知运价里程为 1 300 千米。

案例分析

CBN 铁路运输公司的总裁约翰·斯佩哈尔斯基（John Spychalski）一直关心着公司中一个存在了约 20 年的问题，即公司使用的机车不十分可靠的问题。使用以前的方法处理这个问题，效果不好。1995~1997 年，公司购买了 155 辆新的机车，并修复了一个 CBN 修理车间，但这个车间一直没有效率。斯佩哈尔斯基估计该车间每年应该完成 300 次大修，但实际上平均每年只完成了 160 次大修。

公司在提供设备等顾客服务方面也一直做得很糟糕。CBN 公司的设备利用率平均只有 87%~88%，而其他公司的设备利用率达到 90% 以上。铁路行业业务的增加，使其尽可能减少机车的维修。CBN 公司的平均故障时间很短，只有 45 天，而其他公司达到了 75 天。这些因素使得 CBN 公司的服务质量不高。

对于设备问题，CBN 公司考虑了一个新的方法：斯佩哈尔斯基仔细考虑了从外边租借 135 辆机车的可能性，租期长短不一——从 90 天到 5 年，另外还包括 CBN 公司现有的 496 辆机车的维修，但是，CBN 公司只负责提供劳动力。租约要求生产者按每列车实际运营的英里数收取维修费用。公司希望这个协议的期限平均是 15 年。

根据公司副总裁吉姆·托姆西克（Jim Thomchick）估计，由于公司不必支付一些零件和材料的费用，每年大约可以节约 500 万美元。机车问题存在于整个 CBN 公司中，对顾客的服务延迟时间已经增加到了 5 天。斯佩哈尔斯基和托姆西克认为，这种租借安排可以解决公司的问题。

讨论题：

（1）这种按照实际运营的英里数收取维修费用的租约有什么潜在的好处和缺陷？

（2）在租期内，机车的问题仍然存在，该怎么处理？

（3）你认为租借机车是 CBN 公司最好的解决方法吗？请解释原因。

Chapter5 · 第5章

航空货物运输

本章要点

- 航空货物运输的业务流程
- 航空货物运输单证的缮制
- 航空货物运输费用的计算
- 国内、国际航空运输
- 航空货物运输实训项目

开篇案例

航空物流货运市场现状分析

航空货运中国市场的业务量不断增长，未来几年将占到全球业务量增长的1/3。但就中国航空公司货运经营模式而言，与前几年相比变化并不明显。各个航空公司在经营模式、竞争手段和盈利模式等方面创新点不足。航空公司服务产品单一，服务范围有一定的局限性，使得其在竞争中未能突显出特色和优势，从而导致航空货运市场承运的普通货物多，收入水平普遍较低。研究航空货运渠道对提升航空货运业的整体竞争力，促进航空物流的发展有着重要的指导意义。航空货运渠道的开发前提和依据是对航空公司、货代企业、物流企业等渠道各主体及环节进行现状分析。

由于航空货运渠道不够完善，网络搭建不系统，造成航空货运呈现"单程运输"现象，使航空资源被浪费，没有达到最大化的利用。航空货运市场有淡旺季之分。上半年，市场比较惨淡，即使有小高峰，持续时间也比较短。下半年，航空货运市场的货运量会急剧增加，尤其因为受到西方圣诞节的影响，旺季就开始了。在淡季，航空公司应该更加重视渠道维护工作，使货代能够多支持航空公司，而在旺季，应该合理减少投放市场和渠道维护，致力于货运业务。目前，有的航空公司在航空货代评价指标上采取淡旺季区分的方法，制定业绩舱；航空公司可增大奖励权重、鼓励货物淡线中转等，从而提高航空公司的销售收入。

我国目前航空货运市场运输价格高，运力有限，难以实现大规模运输。而机场离市区、工业区较远，增加了运输时间和运输成本，加之交通局限性、物流基础设施设备的局限性，导致无法单独提供完整的门到门服务，从而导致在国际航空物流市场上的竞争劣势。相对于西方发达国家而言，我国航空物流发展起步较晚，缺少现代专业货运机场；在货运市场的管理方面，与世界发达国家相比，存在着很大的差距。

目前，近2/3的货运量被国外的航空公司占有，这对国内新兴航空物流企业冲击很大。航空物流货运市场渠道主体——航空货运代理、快递、第三方物流企业是大型航空货运代理发展的必然趋势。航空快递是发展航空物流的准备力量，发展良好的航空快递企业，较易实现向航空物流企业的转型。航空物流企业是货运市场的主体。航空货运与快递业务是供需关系：快递业务是航空货运的业务结构之一，航空货运是快递运输方式的选择之一。航空货运与快递业网络可以优势互补：快递业务的优势在于城市内完善的网络，航空货运可以连接快递业的城市群网络。航空物流货运市场渠道拓展对航空物流意义深远，货运市场渠道首先应保证货代公司与航空公司渠道畅通，同时应开拓多渠道，如直销渠道、与快递业合作渠道等。

竞争激烈的航空货运行业进入"渠道为王"的时代。当前，货运市场的价格已经相当透明，要想获得更大、更稳定的市场，必须提高服务水平，加强航空货运市场上各环节和主要渠道的管理；与合作伙伴建立稳固、良好的关系，提高货运代理人的忠诚度，并且逐渐形成一定的渠道排他性，建立渠道的稳定性和排他性。在航空货运市场上，市场淡旺季走势会引起价格变化和波动。而价格的制定，由各方面的因素而定，要注重研究航空货运的渠道管理策略。如果价格可能高于竞争对手，则需要向关系稳固的代理公司寻求支持，稳定价格系统，维持当前价格，把握市场风向标。航空公司需要通过航空货运代理人收集市场信息，进行深入分析，开发新产品，制定新销售策略，吸引客户，从而获得竞争优势。同时，航空公司需要注重客户服务质量，积极处理客户反馈问题，以便及时改进，提升服务能力和水平。

5.1 航空货物运输的业务流程

航空货物运输的主要业务流程包括：航空货物运输的出口业务流程和进口业务流程。

5.1.1 航空货物运输的出口业务流程结构

航空货运出口业务从经过的流程环节来说主要包含两大部分：航空货物出口运输代理业务流程和航空公司出港货物操作流程。前者的主体是航空货运代理人，后者的主体是航空公司。

5.1.1.1 航空货物出口运输代理业务流程

图5-1给出了航空货物出口运输代理业务流程。

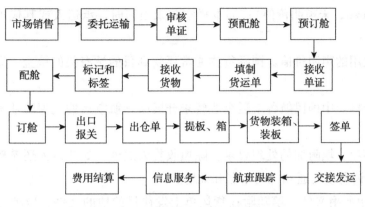

图 5-1 航空货物出口运输代理业务流程

1. 市场销售

作为航空货物运输销售代理人，其销售的产品是航空公司的舱位，只有飞机舱位配载了货物，航空货运才真正具有实质性的内容，因此承揽货物处于航空货物出口运输代理业务流程的核心地位。

2. 委托运输

航空公司代理公司与出口单位（发货人）就出口货物运输事宜达成意向后，可以向发货人提供所代理的有关航空公司的"国际货物托运书"。对于长期出口或出口货量大的单位，航空货运代理公司一般都与之签订长期的代理协议。发货人发货时，首先需填写委托书，并加盖公章，作为货主委托代理承办航空货物出口货运的依据。航空货运代理公司根据委托书要求办理出口手续，并据以结算费用。

（1）托运人。填托运人的全称、街名、城市名称、国名，以及便于联系的电话号码、电传号码或传真号码。

（2）收货人。填收货人的全称、街名、城市名称、国名（特别是在不同国家内有相同城市名称时，必须要填上国名）以及电话号码、电传号码或传真号码，本栏内不得填写"to order"或"to order of the shipper"（按托运人的指示）等字样，因为航空货运单不能转让。

（3）始发站机场。填始发站机场的全称，若机场名称不明确，可填城市名称。

（4）目的地机场。填目的地机场（不知道机场名称时，可填城市名称），如果某一城市名称用于一个以上的国家时，应加上国名。例如，LONDON UK——伦敦，英国；LONDON KY US——伦敦，肯塔基州，美国；LONDON TO CA——伦敦，加拿大。

（5）要求的路线/申请订舱。本栏用于航空公司安排运输路线时使用，但如果托运人有特别要求时，也可填入本栏。

（6）供运输用的声明价值。填供运输用的声明价值金额，该价值即为承运人负赔偿责任的限额。承运人按有关规定向托运人收取声明价值费，但如果所交运的货物毛重每千克不超过 20 美元（或其等值货币），则无须填写声明价值金额，可在本栏内填入"NVD"

（NO Value Declared，未声明价值）；如本栏空着未填写时，承运人或其代理人可视为货物未声明价值。

（7）供海关用的声明价值。国际货物通常要受到目的站海关的检查，海关根据此栏所填数额征税。

（8）保险金额。中国民航各空运企业暂未开展国际航空运输代保险业务，本栏可空着不填。

（9）处理事项。填附加的处理要求，除填收货人之外，如托运人还希望在货物到达的同时通知他人，请另填写通知人的全名和地址。

（10）货运单所附文件。填随附在货运单上发往目的地的文件，应填上所附文件的名称，例如托运人的动物证明。

（11）件数和包装方式。填该批货物的总件数，并注明其包装方法，例如包裹、纸板盒、板条箱、袋、卷等，如货物没有包装时，就注明为散装。

（12）实际毛重。本栏内的重量应由承运人或其代理人在称重后填入。如托运人已经填上重量，承运人或其代理人必须进行复核。

（13）运价类别。本栏可空着不填，由承运人或其代理人填写。

（14）计费重量（千克）。本栏内的计费重量应由承运人或其代理人在量过货物的尺寸（以厘米为单位）、算出计费重量后填入，或其代理人必须进行复核。

（15）费率。本栏可空着不填。

（16）货物的品名及数量（包括体积及尺寸）。要填入货物的品名和数量（包括尺寸和体积）。

若一票货物包括多种物品时，托运人应分别申报货物的品名，需要注意的是，填写品名不能使用"样品""部件"等这类比较笼统的名称。货物中的每一项均需分开填写，并尽量填写详细，如"9筒35毫米的曝光动画胶片""新闻短片"（美国制）等。本栏所需填写的内容应与出口报关发票和进口许可证上所列明的相符，所填写的货物尺寸应注明计量单位；对于危险物品，则应注明其专用名称和包装级别。

（17）托运人签字。托运人必须在本栏内签字。

（18）日期。填托运人或其代理人交货的日期。在接受托运人委托后，单证操作前，货运代理公司的指定人员对托运书进行审核或称之为合同评审。审核的主要内容为：价格、航班日期。目前，审核起降航班的航空公司大部分采取自由销售方式。每家航空公司、每条航线、每个航班甚至每个目的港均有优惠运价，这种运价会因货源、淡旺季经常调整，而且各航空公司之间的优惠价也不尽相同。所以，有时候更换航班，运价也随之更换。需要指出的是货运单上显示的运价虽然与托运书上的运价有联系，但互相之间有很大的区别。货运单上显示的是TACT上公布的适用运价和费率，托运书上显示的是航空公司优惠价加上杂费和服务费或使用协议价格。托运书的价格审核就是判断其价格是否被接受，预订航班是否可行。审核人员必须在托运书上签名和写上日期以示确认。

3. 审核单证

（1）发票、装箱单：发票上一定要加盖公司公章（业务科室、部门章无效），上面要有标明价格的术语和货价（包括样品的发票）。

（2）托运书：一定要注明目的港名称和目的港所在城市名称，明确运费预付或运费到付、货物毛重、收发货人、电话号码、电传号码、传真号码。在托运人签字处，一定要有托运人签名。

（3）报关单：注明经营单位注册号、贸易性质、收汇方式，并要求在申报单位处加盖公章。

（4）外汇核销单：在"出口单位备注"栏内，一定要加盖公司章。

（5）许可证：合同号、出口口岸、贸易国别、有效期，一定要符合要求并与其他单据相符。

（6）商检证：商检证、商检放行单、盖有商检放行章的报关单均可。商检证上应有海关放行联字样。

（7）进料/来料加工核销本：要注意本上的合同号应与发票相符。

（8）索赔/返修协议：要求提供正本，要求合同双方盖章，外方没章时，可以签字。

（9）到付保函：凡到付运费的货物，发货人都应提供保函。

（10）关封。

4. 预配舱

代理人汇总所接受的委托和客户的预报，并输入电脑，计算出各航线的件数、重量、体积，按照客户的要求和货物重、泡情况，根据各航空公司不同机型对不同板箱的重量和高度的要求，制订预配舱方案，并对每票货配上运单号。

5. 预订舱

代理人根据所制订的预配舱方案，按航班、日期打印出总运单号、件数、重量、体积，向航空公司预订舱。

6. 接收单证

接收单证，即接收托运人或其代理人送交的已经审核确认的托运书及报送单证和收货凭证。将收货记录与收货凭证进行核对，制作操作交接单，填上所收到的各种报关单证份数，给每份交接单配一份总运单或分运单；将制作好的交接单、配好的总运单或分运单、报关单证移交制单。

7. 填制货运单

航空货运单包括总运单和分运单。填制航空货运单的主要依据是发货人提供的国际货运委托书，委托书上的各项内容都应体现在货运单项式上，一般用英文填写。

8. 接收货物

接收货物，是指航空货运代理公司把即将发运的货物从发货人手中接过来并运送到自己的仓库。

接收货物一般与接单同时进行。对于通过空运或铁路从内地运往出境地的出口货物，货运代理人按照发货人提供的运单号、航班号及接货地点、日期，代其提取货物。如货物已在始发地办理了出口海关手续，发货人应同时提供始发地海关的关封。

接货时，应对货物进行过磅和丈量，并根据发票、装箱单或送货单清点货物，核对货物的数量、品名、合同号或唛头等是否与货运单上所列一致。

9. 标记和标签

标记包括：托运人、收货人的姓名、地址、联系电话、传真、合同号等；操作（运输）注意事项；单件超过150千克的货物。航空公司标签上三位阿拉伯数字代表所承运航空公司的代号，后八位数字是总运单号码。分标签是代理公司对出具分运单的标识，它上面应有分运单号码和货物到达城市或机场的三字代码。一件货物贴一张航空公司标签，有分运单的货物，再贴一张分标签。

10. 配舱

核对货物的实际件数、重量、体积与托运书上预报数量的差别，对预订舱位、板箱有效利用、合理搭配，按照各航班机型、板箱型号、高度、数量进行配载。

11. 订舱

接到发货人的发货预报后，向航空公司吨控部门领取并填写订舱单，同时提供相应的信息：货物的名称、体积、重量、件数、目的地以及要求出运的时间等。航空公司根据实际情况安排舱位和航班。货运代理订舱时，可依照发货人的要求选择最佳的航线和承运人，同时为发货人争取最低、最合理的运价。

订舱后，航空公司签发舱位确认书（舱单），同时给予装货集装器，领取凭证，以表示舱位订妥。

12. 出口报关

首先将发货人提供的出口货物报关单的各项内容输入电脑，即进行电脑预录入。在通过电脑填制的报关单上加盖报关单位的报关专用章；然后将报关单与有关的发票、装箱单和货运单综合在一起，并根据需要随附有关的证明文件；以上报关单证齐全后，由持有报关证的报关员正式向海关申报；海关审核无误后，海关官员即在用于发运的运单正本上加盖放行章，同时在出口收汇核销单和出口报关单上加盖放行章，在发货人用于产品退税的单证上加盖验讫章，黏上防伪标志；完成出口报关手续。

13. 出仓单

配舱方案制订后就可着手编制出仓单，内容包括出仓单的日期、承运航班的日期、装载板箱形式及数量、货物进仓顺序编号、总运单号、件数、重量、体积、目的地三字代码和备注。

14. 提板、箱

向航空公司申领板、箱并办理相应的手续。提板、箱时，应领取相应的塑料薄膜和网。

此外，对所使用的板、箱要登记、销号。

15. 货物装箱、装板

注意事项为：不要用错集装箱、集装板，不要用错板型、箱型；不要超过装箱、装板尺寸；要垫衬，封盖好塑料纸，防潮、防雨淋；集装箱、板内货物尽可能配装整齐，结构稳定，并接紧网索，防止运输途中倒塌；对于大宗货物、集中托运货物，尽可能将整票货物装进一个或几个板、箱内运输。

16. 签单

货运单在盖好海关放行章后还需要到航空公司签单，只有签单确认后才允许将单、货交给航空公司。

17. 交接发运

交接是向航空公司交单交货，由航空公司安排航空运输。交单就是将随机单据和应有承运人留存的单据交给航空公司。随机单据包括第二联航空运单正本、发票、装箱单、产地证明、品质鉴定证书。交货即把与单据相符的货物交给航空公司。交货前必须粘贴或拴挂货物标签，清点和核对货物，填制货物交接清单。大宗货、集中托运货，以整板、整箱称重交接。零散小货按票称重，计件交接。

18. 航班跟踪

需要联程中转的货物，在货物运出后，要求航空公司提供二程、三程航班中转信息，确认中转情况。航空公司需要及时将上述信息反馈给客户，以便遇到不正常情况时能够及时处理。

19. 信息服务

从多个方面做好如下信息服务：订舱信息、审单及报关信息、仓库收货信息、交运称重信息、一二程航班信息、集中托运信息、单证信息。

20. 费用结算

费用结算主要涉及同发货人、承运人和国外代理人三个方面的结算。

（1）与发货人结算费用。在运费预付的情况下，收取航空运费、地面运输费、各种服务费和手续费。

（2）与承运人结算费用。向承运人支付航空运费及代理费，同时收取代理佣金。

（3）与国外代理人结算。这主要涉及付运费和利润分成等。

到付运费实际上是发货方的航空货运代理人为收货人垫付的，因此收货方的航空货运代理公司在将货物移交收货人时，应收回到付运费并将有关款项退还发货方的货运代理人，同时发货方的货运代理人应将代理佣金的一部分分给其收货地的货运代理人。

由于航空货运代理公司之间存在长期的互为代理协议，因此与国外代理人结算时一般不采取一票一结的办法，而采取应收应付互相抵消、在一定期限内以清单冲账的办法。

5.1.1.2 航空公司出港货物操作流程

航空公司出港货物的操作程序是指代理人将货物交给航空公司，直到货物装上飞机的整个业务操作流程（见图5-2）。

图 5-2 航空公司出港货物的操作流程

1. 预审 CBA

CBA（cargo booking advance）即国际货物订舱单，此单由国际吨控室开具，为配载人员进行配载工作的依据，配载人员一般应严格按照 CBA 要求配货。

（1）根据 CBA，了解旅客人数、货邮订舱情况、有无特殊货物。对经停的国际航班，需了解前后站的旅客人数、舱位利用情况。

（2）估算本航班最大可利用货邮业载和舱位。

货邮业载 = 商务业载 - 行李重量 货邮舱位 = 总货舱位 - 行李舱位

（3）预划平衡。根据订舱情况，配载人员确定旅客人数及前、后舱分布，对飞机舱位做到心中有数，如有问题，可在预配货物时及时调整。

（4）了解有关航线上待运货物情况。结合 CBA，及时发现有无超订情况，如有疑问，及时向吨控部门了解。

2. 整理单据

整理的单据主要包括三个方面：已入库大货的单据、现场收运的货物的单据、中转的散货的单据。

（1）已入库大货的单据。

①检查入库通知单、交接清单（板箱号、高低板标识、重量及组装情况）是否清楚、完整，运单是否和交接单一致。

②核对 CBA，做好货物实际到达情况记录，如果出现未订舱货物，应将运单放回原处。

（2）现场收运的货物的单据。

根据代理人提供的报关单、货物清单对运单进行审核，主要查看货物品名、件数、重量、运价及海关放行章，对化工产品要求提供化工部门非危险品证明。

（3）中转的散货的单据。

①整理运单，询问货物到达情况及所在仓库区位。

②寻找并清点货物，决定组装方式。

3. 过磅和入库

（1）检查货物板、箱组装情况、高度、收口等是否符合规定。

（2）将货物送至电子磅处，记录重量，并悬挂吊牌。

(3) 对装有轻泡货物的板箱，查看运单，做好体积记录。
(4) 在电脑中输入板箱号码、航班日期等，将货物码放在货架上。

4. 出港

(1) 配载工作全部完成后，制作平衡交接单。
①注明航班、日期、机型、起飞时间、板箱号、重量、总板箱号、总重量。
②对鲜活、快件、邮件及特殊物品做出标识。
③标明高、中、低板。
④交接单一式四份：一份交平衡室，一份交外场，一份交内场出仓，一份交接后留底。
(2) 制作舱单。
①对航班所配货物的运单整理核对。
②将运单和货物组装情况输入电脑。
③制作舱单。
④每一架飞机所装载货物、邮件的清单。
⑤每一航班总申报单的附件。
⑥向出境国、入境国海关申报飞机所载货、邮情况的文件。
⑦承运人之间结算运费的依据之一。
⑧由交运承运人填写。
⑨承运人之间交接货物、文件的凭证。
⑩承运人之间结算运费的依据之一。

5.1.2 航空货物运输的进口业务流程

航空货物运输的进口业务流程主要包含两大部分：航空公司进港货物的操作程序和航空货物进口运输代理业务程序。

5.1.2.1 航空公司进港货物的操作程序

航空公司进港货物的操作程序是指从飞机到达目的地机场，承运人把货物卸下飞机直到交给代理人的整个操作流程（见图 5-3）。

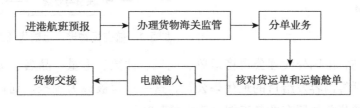

图 5-3 航空公司进港货物的操作程序

1. 进港航班预报

填写航班预报记录本，以当日航班进港预报为依据，在航班预报册中逐项填写航班号、机号、预计到达时间。预先了解货物情况，在每个航班到达之前，从查询部门拿取航班FFM、CPM、LDM、SPC等电报，了解到达航班的货物装机情况及特殊货物的处理情况。

2. 办理货物海关监管

收到业务袋后，首先检查业务袋的文件是否完备。业务袋中通常包括货运单、货邮舱单、邮件路单等运输文件。检查完后，将货运单送到海关办公室，由海关人员在货运单上加盖海关监管章。

3. 分单业务

在每份货运单的正本上加盖或书写到达航班的航班号和日期，认真审核货运单，注意运单上所列目的港、代理公司、品名和运输保管注意事项，同时将联程货运单交中转部门。

4. 核对货运单和运输舱单

若舱单上有分批货，则应把分批货的总件数标在运单号之后，并注明分批标志；把舱单上列出的特种货物、联程货物圈出。根据运单份数与舱单份数是否一致，做好多单、少单记录，将多单运单号码加在舱单上、多单运单交查询部门。

5. 电脑输入

根据标号的一套舱单，将航班号、日期、运单号、数量、重量、特种货物、代理商、分批货、不正常现象等信息输入电脑，打印出国际进口货物航班交接单。

6. 货物交接

将中转货物和中转运单、舱单交出港操作部门，邮件和邮件路单交邮局。

5.1.2.2 航空货物进口运输代理业务程序

航空货物进口运输代理业务流程是指代理公司对于货物从入境到提取或转运整个流程的各个环节所需办理的手续及准备相关单证的全过程。航空货物进口运输代理业务流程包括代理预报、交接单货、理货与仓储、理单与到货通知、正本运单处理、制单与报关、发货与收费、送货与转运（见图5-4）。

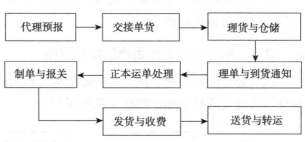

图5-4 航空货物进口运输代理业务程序

1. 代理预报

在国外发货前，由国外代理公司将运单、航班、件数、重量、品名、实际收货人及其他地址、联系电话等内容发给目的地代理公司，这一过程被称为预报。到货预报的目的是使代理公司做好接货前的所有准备工作。其注意事项有：

（1）注意中转航班。中转航班的延误会使实际到达时间和预报时间出现差异。

（2）注意分批货物。从国外一次性运来的货物在国内中转时，由于国内载量的限制，往往采用分批的方式运输。

2. 交接单货

航空货物入境时，与货物相关的单据也会随机到达，运输工具及货物处于海关监管之下。卸下货物后，将货物存入航空公司或机场的监管仓库，进行进口货物舱单录入，将舱单上总运单号、收货人、始发地、目的站、件数、重量、货物品名、航班号等信息通过电脑传输给海关留存，供报关用，同时根据运单上的收货人及地址寄发取单、提货通知。若运单上收货人或通知人为某航空货运代理公司，则把运输单据及与之相关的货物交给该航空货运代理公司。

航空公司的地面代理人向货运代理公司交接的有：国际货物交接清单、总运单、随机文件、货物。交接时，要做到单、单核对，即将交接清单与总运单进行核对；单、货核对，即将交接清单与货物进行核对。

核对后，对于出现的问题的处理方式如表 5-1 所示：

表 5-1

总运单	清单	货物	处理方式
有	无	有	清单上加总运单号
有	无	无	总运单退回
无	有	有	总运单后补
无	有	无	将清单上的划去
有	有	无	总运单退回
无	无	有	货物退回

另外，还必须注意分批货物，注意空运进口分批货物登记表。

航空货运代理公司在与航班公司办理交接手续时，应根据运单及交接清单核对实际货物，若存在有单无货或有货无单的情况，应在交接清单上注明，以便航空公司组织查询并通知入境地海关。

航空货运代理公司若发现货物短缺、破损或其他异常情况，则应向民航索要商务事故记录，作为实际收货人交涉索赔事宜的依据。部分货损不属于运输责任，因为在实际操作中，部分货损是指整批货物或整件货物中极少或极小一部分受损，是航空运输较易发生的损失，故航空公司不一定愿意开具证明，即使开具了"有条件、有理由"证明，货主也难以向航空公司索赔，但可据以向保险公司提出索赔。对货损责任难以确定的货物，可暂将货物留在机场，商请货主单位一并到场处理。

3. 理货与仓储

代理公司自航空公司接货后，即短途驳运进自己的监管仓库，组织理货及仓储。代理公司理货时应注意：

（1）逐一核对每票件数，再次检查货物破损情况，若的确有接货时未发现的问题，可按如下条约规定向民航提出交涉：《华沙公约》第 26 条 "除非有相反的证据，如果收货人在收受货物时没有异议，就被认为货物已经完好地交付，并和运输凭证相符"；《华沙公约》修正本——《海牙议定书》第 15 条 "关于损坏事件，收货人应于发现损坏后立即向承运人提出异议……最迟应在收到货物 14 天内提出"。

（2）按大货、小货、重货、轻货、单票货、混载货、危险品、贵重品、冷冻品、冷藏品分别堆存、进仓。堆存时，要注意货物箭头朝向，总运单、分运单标志朝向，注意重不压轻，大不压小。

（3）登记每票货储存区号，并输入电脑。

4. 理单与到货通知

（1）理单。

集中托运，在总运单项下进行如下拆单：

①将集中托运进口的每票总运单项下的分运单分理出来，审核与到货情况是否一致，并制成清单输入电脑。

②将集中托运进口总运单项下的分运单输入海关电脑，以便实施按分运单分别报关、报检、提货。

（2）分类理单、编号。

对于运单，一般有以下分类法：

①分航班号理单，便于区分进口方向。

②分进口代理理单，便于掌握、反馈信息，做好对代理的对口服务。

③分货主理单，指对重要的经常有大批货物的货主，将其运单分类出来，便于联系客户，制单报关和送货、转运。

④分口岸、内地或区域理单，便于联系内地货运代理，便于集中转运。

⑤分运费到付、预付理单，便于安全收费。

⑥分寄发运单、客户自取运单理单。分类理单的同时，须将各票总运单、分运单编上航空货运代理公司自己设定的编号，以便内部操作及客户查询。

⑦编配各类单证。货运代理人将总运单、分运单与随机单证、国外代理人先期寄达的单证（发票、装箱单、合同副本、装卸、运送指示等）、国内货主或经营到货单位预先交达的各类单证等进行编配。

⑧代理公司理单人员须将其逐单审核、编配。其后，凡单证齐全，符合报关条件的即转入制单、报关程序，否则，要与货主联系，催齐单证，使之符合报关条件。

货物到目的港后，货运代理人应从航空运输的时效出发，为减少货主仓储费，避免海关滞报金，尽早、尽快、尽妥地通知货主到货情况，提请货主配齐有关单证，尽快报关。

5. 正本运单处理

电脑打制海关监管进口货物入仓清单一式五份，分别提交检验检疫和海关。在提交给海关的两份货物入仓清单中，一份由海关留存，另一份经海关签字后收回存档。运单上一般需盖多个章：监管章（总运单）、代理公司分运单确认章（分运单）、检验检疫章、海关放行章等。

6. 制单与报关

（1）制单、报关、运输形式。

除部分进口货存放民航监管仓库外，大部分进口货物被存放于各货代公司自由的监管仓库内。由于货主的需求不一，货物进口后的制单、报关、运输一般有以下几种形式：

①货代公司代办制单、报关、运输。

②货主自行办理制单、报关、运输。

③货代公司代办制单、报关，货主自办运输。

④货主自行办理制单、报关后，委托货代公司运输。

⑤货主自办制单，委托货代公司报关和办理运输。

（2）进口制单。

按海关要求，依据运单、发票、装箱单及证明货物合法进口的有关批准条件，制作"进口货物报关单"。部分货主要求异地清关时，在符合海关规定的情况下，制作"转关运输申报单"，办理转关手续。

（3）进口报关。

报关大致分为初审、审单、征税、验放四个主要环节。

①初审。

a. 初审是海关在总体上对报关单证做形式上的审查。

b. 审核报关单所填报的内容与原始单证是否相符，商品的归类编号是否正确，报关单的预录是否有误等。

②审单。

a. 审单是报关的中心环节，从形式上和内容上对报关单证进行全面的详细审核。

b. 审核内容包括：报关单证是否齐全、准确；所报内容是否属实；有关的进口批文和证明是否有效；报关单所填报的货物名称、规格、型号、用途及金额与批准文件所批的是否一致；确定关税的征收与减免等。

c. 允许通关时，留存一套报关单据（报关单、运单、发票）作为海关备案。

③征税。

a. 根据报关单证所填报的货物名称、用途、规格、型号及构成材料等确定商品的归类编号及相应的税号和税率。

b. 若对商品的归类或税率难以确定，海关可先查看实物或实物图片及有关资料后再行确定征税。

c. 若申报的价格过低或未注明价格，海关可以估价征税。

④验放。

a. 货物放行的前提是：单证提供齐全，税款和有关费用已经全部结清，报关未超过规定期限，实际货物与报关单证所列一致。

b. 放行的标志：正本运单上或货运代理经海关认可的分运单上加盖放行章。

c. 放行货物的同时，将报关单据（报关单、运单、发票各份）及核销完的批文和证明全部留存海关。如果报关时已超过海关法规定的报关期限，必须向海关缴纳滞报金。

d. 验放关员可要求货主开箱，查验货物。此时查货与征税时查货，其目的有所不同，征税关员查看实物主要是为了确定税率，验放关员查验实物是为了确定货物的物理性质、化学性质以及货物的数量、规格、内容是否与报关单证所列完全一致，有无伪报、瞒报、走私等问题。

e. 除海关总署特准免验的货物外，所有货物都在海关查验范围之内。

（4）报关期限与滞报金。

①按海关法规定，进口货物报关期限为：自运输工具进境之日起的 14 日内，超过这一期限报关的，由海关征收滞报金。

②滞报金每天的征收标准为货物到岸价格的万分之五。

（5）货代公司对开验工作的实施。

①对于客户自行报关的货物，一般由货主到货代监管仓库借出货物，由代理公司派人陪同货主一并协助海关开验。客户委托代理公司报关的，代理公司通知货主，由其派人前来或书面委托代办开验。开验后，代理公司须将已开验的货物封存，运回监管仓库储存。

②海关对大件货物、开箱后影响运输的货物实施开验时，货运代理公司及货主应如实将情况向海关说明，可申请海关派员到监管仓库开验，或直接到货主单位实施开验。

7. 发货与收费

（1）发货。

办完报关、报检等手续后，货主须凭盖有海关放行章、检验检疫章的进口提货单到所属监管仓库付费提货。仓库发货时，货主须检验提货单据上各类报关、报验章是否齐全，并登记提货人的单位、姓名、身份证号以确保发货安全。保管员发货时，须再次检查货物外包装情况，遇有破损、短缺，应向货主做出交代。

（2）收费。

货代公司仓库在发放货物前，一般先将费用收妥。收费内容有：到付运费及垫付佣金；单证、报关费；仓储费；装卸、铲车费；航空公司到港仓储费；海关预录入、动植检、卫检报验等代收代付费；关税及垫付佣金。

除了每次结清提货的货主外，经常性的货主可与货运代理公司签订财务付费协议，实施先提货、后付款、按月结账的付费方法。

8. 送货与转运

出于多种因素（或考虑便利，或考虑节省费用，或考虑运力所限），许多货主或国外发货人要求将进口到达货由货运代理人报关、垫税，提货后运输到直接收货人手中。货运代理公司在代理客户制单、报关、垫税、提货、运输的一揽子服务中，由于工作熟练，衔接紧密，服务到位，因而受到货主的欢迎。

（1）送货上门业务。

此业务主要指将进口清关后的货物直接运送至货主单位,运输工具一般为汽车。

(2) 转运业务。

此业务主要指将进口清关后的货物转运至内地的货运代理公司,运输方式为飞机、汽车、火车、水运、邮政等。

(3) 进口货物转关及监管运输。

进口货物转关是指货物入境后不在进境地海关办理进口报关手续,而被运往另一设关地点办理进口海关手续;在办理进口报关手续前,货物一直处于海关监管之下。转关运输也称监管运输,意谓此运输过程置于海关监管之中。

5.2 航空货物运输单证的缮制

5.2.1 国内航空货物运输业务主要单证

1. 国际空运货物托运书(见表5-2)

表5-2 国际空运货物托运书

国际空运货物托运书 (Shipper's Letter of Instruction)			
到达:		进仓编号:	
托运人			
发货人 (Shipper)			
收货人 (Consignee)			
通知人 (Notify party)			
始发站	目的站		运费
标记唛头 (Marks)	件数 (Number)	中英文品名 (Description of goods) / 毛重(kg)(G. W (kg))	尺码(cm³)(Size (cm³))
其他	不投保,不声明价值 (One commercial invoice attached. notify on arrival)		
货单到达时间:	航班:		运价:
电 话: 传 真: 联系人: 地 址: 托运人签字:	制单日期: 年 月 日		

国际空运货物托运书是发货人在委托航空公司或空运货物运输代理公司办理货物托运时填写的必备单据,并由发货人签字、盖章。国内空运货物托运书主要包括以下内容:

(1) 始发站、到达站全称。

(2) 收货人、托运人的姓名、单位、地址、邮政编码和电话。

(3) 托运人选择货物运费的支付方式，如预付或到付。
(4) 货物的实际件数。
(5) 货物的具体品名及包装种类。
(6) 运输声明价值和运输保险价值。
(7) 货物特性和储运注意事项，如"易碎"。

2. 航空货运单（见表5-3）

表5-3 航空货运单

Shipper's name and address						Not negotiable Air waybill Issued by		
Consignee's name and address						It is agreed that the goods described herein are accepted in apparent good order and condition (except as noted) for carriage subject to the conditions of contract on the reverse hereof, all goods may be carried by any other means. Including road or any other carrier unless specific contrary instructions are given hereon by the shipper. The shipper's attention is drawn to the notice concerning carrier's limitation of liability. Shipper may increase such limitation of liability by declaring a higher value of carriage and paying a supplemental charge if required.		
Issuing carrier's agent name and city								
Agents IATA Code			Account No.					
Airport of departure (add. of first carrier) and requested routing						Accounting information		
to	By first carrier	to	by	to	by	Currency	Declared value for carriage	Declared value for customs
Airport of destination		Flight/ date		Amount of insurance		Insurance-if carrier offers insurance and such insurance is requested in accordance with the conditions thereof indicate amount to be insured in figures in box marked "Amount of insurance"		
Handling information								
No. of pieces (RCP)	Gross weight	Rate class		Chargeable weight		Rate/Charge	Total	Nature and quantity of goods
Prepaid weight charge collect						Other charges		
Valuation charge								
Tax								

(续)

Total other charges due agent	Shipper certifies that the particulars on the face hereof are correct and that insofar as any part of the consignment contains dangerous goods, such part is properly described by name and is in proper condition for carriage by air according to the applicable Dangerous Goods Regulations. _____ Signature of shipper or his agent	
Total other charges due carrier		
Total prepaid	Total collect	
Currency conversion rates	CC charges in des. currency	Executed on _____ at _____ Signature of issuing carrier or as agent
For carrier's use only at destination	Charges at destination	Total collect charges / Air waybill number

航空货运单是国内航空货物运输中最重要的单据，是承运人或其代理人出具的一种运输合同。它不能作为物权凭证，是不可议付的单据。其作用和用途如下：

(1) 是一种承运合同。
(2) 是接收货物的证明。
(3) 是相关责任人费用结算的凭证。
(4) 是保险的依据。
(5) 是业务交接的依据。

航空货运单一式八联，正本三联，副本五联，主要内容包括以下几项：

(1) 始发站、目的地所在城市名称。
(2) 托运人及收货人的姓名、地址、邮编、电话号码。
(3) 货物实际的各航线航班号码及日期。
(4) 托运人要求声明的货物运输价值。
(5) 货物的件数、实际重量、计费重量、适用的运价以及由相关数据得到的航空运费。
(6) 货物品名、包装以及货物体积。
(7) 地面运费、其他费用以及由相关数据得到的航空运费总额。
(8) 货物运费的支付方式，如现金、支票以及信用卡等。

5.2.2 出口业务主要单证

1. 出口货物报关单

出口货物报关单一般由托运人自己填写。一般出口货物填写报关单一式两份，转口输出货物需要一式三份，需要由海关核销的货物增加一份，并使用专用报关单。出口货物报关单一般应注明出口收汇核销单的编号。

2. 国际货物托运书

国际货物托运书由托运人填写并由其签字盖章，该托运书需要用英文缮制出两份交给航空货运公司。

3. 装箱单及发票

装箱单上应注明货物的唛头、体积、质量、数量及品名等。

发票上应注明收货人和托运人的名称、地址、货物的品名、单价、总价、原产国家等。装箱单和发票都必须由托运人签字盖章。

4. 航空运单

航空运单分为航空总运单和分运单两种，是航空运输中最重要的单据。它是承运人或代理人出具的一种运输合同，但不能作为物权凭证，是一种不可议付的单据。

5. 商检证明

出口货物的商检分为法定商检和合同商检。法定商检是由国家为维护出口商品质量，而规定某些商品必须经过商检机构检验并出具检验证书；合同商检是指进口商为保证商品质量而要求出口方出具商检证书。

商检证书是出口业务中十分重要的单证，适用范围广泛，几乎每票出口货物都需要。常见的商检证书有：质量检验证书、数量检验证书、卫生检验证书、兽医检验证书、防毒检验证书、产地检验证书。

6. 出口许可证

凡出口国家限制出口的商品均应向出境地海关交验出口许可证。我国实行出口许可证管理的商品主要有：珍贵稀有野生动植物及其制品、文物、金银制品、精神药物、音像制品等。

7. 出口收汇核销单

我国出口收汇管理办法于1991年1月1日起实施。出口收汇核销单由出口单位向当地外汇管理部门申领，出口报关时交出境地海关审核。核销单上需要加盖外汇管理部门的监督收汇章和出境单位的公章。

8. 配额许可证

我国自1979年以来，先后与美国、加拿大、挪威、瑞典、芬兰、奥地利及欧盟签订了双边纺织品贸易协定，这些国家和地区对我国进出的纺织品的数量和品种进行限制。因此，凡向上述国家和地区出口纺织品必须向有关部门申领纺织品配额许可证。

9. 登记手册

凡以来料加工、进料加工和补偿贸易等方式出口的货物均需向海关交验登记手册。

5.2.3 进口业务主要单证

1. 进口货物报关单
进口货物报关单与出口货物报关单的格式大体相同。

2. 装箱单、发票
进口货物装箱单、发票与出口业务的装箱单、发票相同。

3. 航空运单
航空运单的正本一式三份,每份都印有背面条款,第一份交发货人,是承运人或代理人接收货物的依据;第二份由承运人留存,作为记账凭证;第三份随货同行,在货物到达目的地,交付给收货人时作为核收货物的依据。

4. 进口许可证
通过对进口商品实行许可证管理,可以调节国家进口商品结构。

5. 商检证明
凡进口属于法定商检的商品,均需向海关交验国家商检机构及有关检验部门出具的检验证书。

6. 其他单证
对于其他特殊货物或特殊情况,应依海关规定提交不同的文件、证明、单证,如无线电管委会证明、登记手册、减免税证明、保证函、赠送函、接收函等。

5.3 航空货物运输费用的计算

航空货物运费是指将一票货物自始发地机场运输到目的地机场所应收取的航空运输费用。一般来说,货物的航空运费主要由两个因素组成,即货物适用的运价与货物的计费重量。由于航空运输货物的种类繁多,货物运输的起讫地点所在航空区域不同,每种货物所适用的运价也不同。换言之,运输的货物种类和运输起讫地点的 IATA 区域使航空货物运价乃至运费计算分门别类。同时,飞机业务载运能力受飞机最大起飞全重和货舱本身体积的限制,因此,货物的计费重量需要同时考虑其体积重量和实际重量两个因素。另外,航空货物运价的"递远递减"原则,产生了一系列重量等级运价,而重量等级运价的起码重量也影响着货物运费的计算。

5.3.1 航空货物运输费用基本知识

1. 基本概念
(1) 航空货物运价所使用的货币为运输始发地货币。

货物的航空运价一般以运输始发地的本国货币公布,即运输始发地货币。有的国家以美元代替其本国货币公布运价，此时，美元即为运输始发地货币。

（2）货物运价的有效期。

销售航空货运单所使用的运价应为填制货运单之日的有效运价，即在航空货物运价有效期内适用的运价。

（3）航空运费。

航空运费是指承运人将一票货物自始发地机场运至目的地机场所收取的航空运输费用。该费用根据每票货物所适用的运价和货物的计费重量计算而得。每票货物是指使用同一份航空货运单的货物。由于货物的运价是指货物运输起讫地点间的航空运价，航空运费就是指运输始发地机场至目的地机场间的运输货物的航空费用，不包括其他费用。

（4）其他运费。

其他费用是指由承运人、代理人或其他部门收取的与航空货物运输有关的费用。在组织一票货物自始发地至目的地运输的全过程中，除了航空运输外，还包括地面运输、仓储、制单、国际货物的清关等环节，提供这些服务的部门所收取的费用即为其他费用。

2. 计费重量

计费重量是指用以计算货物航空运费的重量。货物的计费重量，或者是货物的实际毛重，或者是货物的体积重量，或者是较高重量分界点的重量。

（1）实际毛重。

包括货物包装在内的货物重量，称为货物的实际毛重。

（2）体积重量。

按照国际航协规则，将货物的体积按一定的比例折合成的重量，称为体积重量。换算标准为每 $6\,000\text{cm}^3$ 折合 1kg。

（3）较高重量分界点的重量。

一般地，采用货物的实际毛重与货物的体积重量两者较高者，但当货物按较高重量分界点的较低运价计算的航空运费较低时，则比较高重量分界点的货物起始重量作为货物的计费重量。IATA 规定，国际货物的计费重量以 0.5 千克为最小单位，重量尾数不足 0.5 千克的，按 0.5 千克计算；0.5 千克以上不足 1 千克的，按 1 千克计算。

当使用同一份运单收运两件或两件以上可以采用同样种类运价计算运费的货物时，计费重量规定为：计费重量为货物总的实际毛重与总的体积重量两者较高者。当然，较高重量分界点重量也可能成为货物的计费重量。

3. 最低运费

最低运费是指一票货物自始发地机场至目的地机场航空运费的最低限额。货物按其适用的航空运价与计费重量计算所得的航空运费，应与货物最低运费相比，取高者。

4. 货物航空运价、运费的货币进整

货物航空运价及运费的货币进整，因货币的币种不同而不同。运费进整时，需将航空

运价或运费计算到进整单位的下一位，然后按半数进位法进位，计算所得的航空运价或运费，达到进位单位一半则入，否则舍去。

采用进整单位的规定，主要用于填制航空货运单。销售航空货运单时，所使用的运输始发地货币，按照进整单位的规定计算航空运价及运费。

5. 国际货物运价使用一般规定

（1）使用顺序。

优先使用协议运价；如果没有协议运价，使用公布直达运价；如果没有协议运价和公布直达运价，使用比例运价；以上都没有的话，最后采用分段相加运价（最低组合）。

（2）货物运价应为填开货运单当日承运人公布的有效货物运价。

（3）货物运价的使用必须严格遵守货运运输路线的方向性，不可反方向使用运价。

（4）使用货物运价时，必须符合货物运价注释中要求和规定的条件。

5.3.2 公布直达运价的使用

公布直达运价是指承运人直接在运价资料中公布的从运输始发地至运输目的地的航空运价。运价的公布形式有 N、Q45 等运价结构，也有 B、K 运价结构（欧洲特有的运价结构）。N 运价，即 Normal General Cargo Rate，指的是标准的普通货物运价；Q 运价则为 Quantity Rate，指的是重量等级运价。

指定商品运价与普通货物运价同时公布在 TACT Rates Books 中。等级货物运价计算规则在 TACT Rules 中公布，需结合 TACT Rates Books 一起使用。公布直达运价的运价结构如表 5-4 所示。

表 5-4　公布直达运价的运价结构

Date/Type		Note		Item		Min. Weight	Local Curr.
BeiJing		CN		BJS			
Y. Renminbi		CNY		KGS			
Tokyo		JP		M		230.0	
N	37.5						
45	28.13						
0008	300	18.80					
0300	500	20.61					
1093	100	18.43					
2195	500	18.80					

注：第一栏，Date/Type——公布运价的生效或失效日期及集装器运价代号；本栏中若无特殊标记，说明所公布的运价适用于在本手册有效期内销售的航空货运单。

第二栏，Note——相对应运价的注释，填制货运单时，应严格按照注释所限定的内容执行。

第三栏，Item——指定商品运价的品名编号。

第四栏，Min. Wight——使用相对应运价的最低重量限额。

第五栏，Local Curr.——用运输始发地货币表示的运价或最低运费。

5.3.3 普通货物运价

1. 定义、代号及一般规则

普通货物运价是指除了等级货物运价和指定商品运价以外的适合普通货物运输的运价。该运价公布在 TACT Rates Books 第四节中。

一般来说，普通货物运价根据货物重量不同，分为若干个重量等级分界点运价。例如，N 表示标准普通货物运价，指的是 45 千克以下的普通货物运价（若无 45 千克以下运价时，N 表示 100 千克以下普通货物运价）。同时，普通货物运价还公布有 Q45、Q100、Q300 等不同重量等级分界点的运价。这里 Q45 表示 45 千克以上（包括 45 千克）普通货物的运价。依此类推，对于 45 千克以上的不同重量分界点的普通货物运价均用 Q 表示。

用货物的计算重量和其适用的普通货物运价计算而得的航空运费不得低于运价资料上公布的航空运费的最低收费标准（M）。

这里的代号 N、Q、M 在航空货运单的销售工作中，主要用于填制货运单运费计算栏中"Rate class"一栏。

2. 运费计算

【例 5-1】由北京运往东京一箱服装，毛重 31.4 千克，体积尺寸为 80 厘米×70 厘米×60 厘米，计算该票货物的航空运费。

北京 – 东京的公布运价如表 5-5 所示。

表 5-5　北京 – 东京的公布运价

BeiJing	CN		BJS	
Y. Renminbi	CNY		KGS	
Tokyo	JP	M	230.00	
N	37.51			
45	28.13			

解：体积：$80 \times 70 \times 60 = 336\,000$（立方厘米）

体积重量：$336\,000 \div 6\,000 = 56.00$（千克）

毛重：31.40 千克

计费重量：56.00 千克

适用运价：GCR Q28.13 CNY/KG

航空运费：$56.00 \times 28.13 = CNY\ 1\,575.28$

5.3.4 指定商品运价

1. 定义及代号

指定商品运价是指适用于自规定的始发地至规定的目的地运输特定品名货物的运价。

在通常情况下，指定商品运价低于相应的普通货物运价。就其性质而言，该运价是一种优惠性质的运价。鉴于此，指定商品运价在使用时，对于货物的起讫地点、运价使用期限、货物运价的最低重量起点等均有特定条件。

使用指定商品运价计算航空运费的货物，其航空货运单的"Rate class"一栏，用 C 表示。

2. 指定商品运价传统的分组和编号

在 TACT Rates Books 中，根据货物的性质、属性及特点等对货物进行分类，共分为 10 组，每一组又分为 10 个小组。同时，对其分组形式用 4 位阿拉伯数字进行编号。该编号即为指定商品货物的品名编号。

3. 指定商品运价的使用规则

对于指定商品，只要所运输的货物满足下述三个条件，则运输始发地和运输目的地就可以直接使用指定商品运价：

（1）运输始发地至目的地之间有公布的指定商品运价。
（2）托运人所交运的货物品名与有关指定商品运价的货物品名相吻合。
（3）货物的计费重量满足指定商品运价使用时的最低重量要求。

4. 运费计算

（1）先查询运价表，若有指定商品代号，则考虑使用指定商品运价。
（2）查找 TACT Rates Books 的品名表，找出与运输货物品名相对应的指定商品代号。
（3）如果货物的计费重量超过指定商品运价的最低重量，则优先使用指定商品运价。
（4）如果货物的计费重量没有达到指定商品运价的最低重量，则需要比较计算。

【例 5-2】 北京运往大阪 20 箱鲜蘑菇共 360.00 千克，每箱的体积分别为 60 厘米 × 45 厘米 × 25 厘米，计算航空运费。北京－大阪的公布运价如表 5-6 所示：

表 5-6 北京－大阪的公布运价

BeiJing		CN		BJS
Y. Renminbi		CNY		KGS
Osaka		JP	M	230.00
N	37.51			
45	28.13			
0008	300	18.80		
0300	500	20.61		
1093	100	18.43		
2195	500	18.80		

解： 查找 TACT Rates Books 的品名表，蘑菇可以使用 0008（新鲜蔬菜和水果）的指定商品运价。由于货主交运的货物重量符合 0850 指定商品运价使用时的最低重量要求，运费计算如下。

体积：60×45×25×20 = 1 350 000 立方厘米

体积重量：1 350 000÷6 000 = 225（千克）

计费重量：360.0 千克

适用运价：SCR 0008/Q300 18.80 CNY/千克

航空运费：360.00×18.80 = CNY 6 768.00

注意：在使用指定商品运价计算运费时，如果其指定商品运价直接使用的条件不能完全满足，即货物的计费重量没有达到指定商品运价使用的最低重量要求，使得按指定商品运价计得的运费高于按普通货物运价计得的运费时，则按低者收取航空运费。

【例5-3】在上例中，如果货主交运10箱蘑菇，毛重为180千克，计算其航空运费。

解：（1）按指定商品运价使用规则计算如下。

实际毛重：180.00 千克

计费重量：300.00 千克

适用运价：SCR0008/Q300，18.80 CNG/千克

航空运费：300.00×18.80 = CNY 6 768.00

（2）按普通运价使用规则计算如下。

实际毛重：180.00 千克

计费重量：180.00 千克

适用运价：GCR/045 28.13CNY/千克

航空运费：180.00×28.13 = CNY 5 063.40

对比（1）和（2），取运费较低者，即航空运费为 CNY 5 063.40。

5.3.5 等级货物运价

1. 定义与货物种类

等级货物运价是指在规定的业务区内或业务区之间运输特别指定的等级货物的运价。

ITAT Rules 规定，等级货物包括以下各种货物：活动物、贵重货物、书报杂志类货物、作为货物运输的行李、灵柩、骨灰、汽车等。

2. 运价代号及使用规则

等级货物运价是在普通货物运价基础上附加或附减一定的百分比。附加或附减规则公布在 TACT Rules 中，运价的使用须结合 TACT Rates Books 一同使用。

通常附加或不附加也不附减的等级货物用代号 S 表示（surcharged class rate）；附减的等级货物用代号 R 表示（reduced class rate）。

国际航空运输协会规定，对于等级货物运输，如果属于国际联运，并且参加联运的某一承运人对其承运的航段有特殊的等级货物百分比，即使运输起讫地点间有公布的直达运

价，也不可以直接使用。此时，应采用分段相加的办法计算运输始发地至运输目的地的航空运费。对于此项规则，在此将不详细说明。

以下所述的各种等级货物运价均为运输始发地至运输目的地之间有公布的直达运价，并且可以直接使用情况下的运价计算。

3. 活动物运价

（1）名称解释。

baby poultry：幼禽类，指出生不足 72 小时的幼禽。

monkeys and primates：猴类和灵长类。

cold blooded animals：冷血动物类。

all live animal：指除上述 3 类以外的所有活动物。

except：一些区域的运价规则与表中规则有例外的情况，使用时应严格按照 TACT Rules 的要求，计算正确的航空运费。

（2）运价规则的运用说明。

Normal GCR：使用 45 千克以下的普通货物运价，若无 45 千克以下普通货物运价，可使用 100 千克以下普通货物运价，不考虑较高重量点较低运价。

Normal GCR or Over 45 千克：使用 45 千克以下普通货物运价，或者 45 千克以上普通货物运价，即使有较高重量分界点的较低运价，也不可以使用。

Appl. GCR：使用相适应的普通货物运价。

as a percentage of Appl. GCR：按相应的普通货物运价附加某个百分比使用。运输动物所用的笼子等容器、饲料、饮用水等重量包括在货物的计费重量内。

（3）活动物运输的最低收费标准。

ITAT 三区内：相应 M 的 200%。

IATA 二区与三区之间：相应 M 的 200%。

IATA 一区与三区之间（除到/从美国、加拿大以外）：相应 M 的 200%。

从 IATA 三区到美国：相应 M 的 110%。

从美国到 IATA 三区：相应 M 的 150%。

IATA 三区与加拿大之间：相应 M 的 150%。

对于冷血动物，有些区域间有特殊规定，应按规定严格执行。

5.3.6 贵重货物运价

1. 运价要求

所有 IATA 区域货物的运费：按普通货物 45 千克以下运价 200% 收取（All IATA area：200% of the Normal GCR）。

例如，IATA 一区与三区之间且经北或中太平洋（除朝鲜半岛至美国本土各点外），1 000 千克或 1 000 千克以上贵重货物的运费，按普通货物 45 千克以下运价的 150% 收取

（150% of the Normal GCR）。

2. 最低运费

贵重货物的最低运费按公布最低运费的200%收取，同时不低于50美元或其等值货币。

5.3.7 混运货物运价

1. 定义

混运货物也称混载货物或集合货物，是指使用同一份货运单运输的货物中，包含不同运价、不同运输条件的货物。

2. 申报方式与计算规则

（1）申报整批货物的总重量（或体积）。

其计算规则为：混运的货物被视为一种货物，将其总重量确定为一个计费重量。运价采用适用的普通货物运价计算运费。

（2）分别申报每一种类货物的件数、重量、体积及货物品名。

其计算规则为：按不同种类货物适用的运价与其相对应的计费重量分别计算运费。

（3）如果混运货物使用一个外包装将所有货物合并运输，则该包装物的运费按混运货物中运价最高的货物的运价计收。

（4）声明价值。

混运货物只能按整票（整批）货物办理声明价值，不得办理部分货物的声明价值，或者办理两种以上的声明价值。因此，混运货物声明价值费的计算应按整票货物总的毛重进行。

（5）最低运费。

混运货物的最低消费，按整票货物计收，即无论是分别申报或不分别申报的混运货物，按其运费计算方法计得的运费与货物运输起讫地点间的最低收费标准比较，取高者。

5.3.8 其他运费

1. 货运单费

货运单费又称为航空货运单工本费，此项费用为填制航空货运单的费用。航空公司或其代理人销售或填制货运单时，该费用包括逐项逐笔填制货运单的成本。对于航空货运单工本费，各国的收费水平不尽相同，依TACT Rules及各航空公司的具体规定来操作。货运单费应填制在货运单的"其他费用"一栏中，用两字代码"AW"（Air Waybill）表示。按《华沙公约》等有关公约，国际上多数IATA航空公司会做如下规定：

（1）由航空公司来销售或填制航空货运单，此项费用归出票航空公司所有，表示为AWC。

（2）由航空公司的代理人销售或填制货运单，此项费用归销售代理人所有，表示为 AWA。

中国民航各航空公司规定：无论货运单是由航空公司销售还是由代理人销售，填制航空货运单时，货运单中"其他费用"栏中均用 AWC 表示，意为此项费用归出票航空公司所有。

2. 垫付款和垫付费

（1）垫付款。

它是指在始发地机场收运一票货物所发生的其他费用到付。这部分费用仅限于货物地面运输费、清关处理费和货运单工本费。

此项费用需按不同其他费用的种类代号、费用归属代号（A 或 C）及费用金额一并填入货运单的"其他费用"一栏。例如，AWA 表示代理人填制的货运单；CHA 表示代理人代替办理始发地清关业务；SUA 表示代理人将货物运输到始发地机场的场面运输费。

（2）垫付费。

它是根据垫付款的数额而确定的费用。垫付费的费用代码为 DB，按 TACT Rules 规定，该费用归出票航空公司所有。在货运单的"其他费用"栏中，此项费用应表示为 DBC。垫付费的计算公式：

$$垫付费 = 垫付款 \times 10\%$$

但每一票货物的垫付费不得低于 20 美元或等值货币。

3. 危险品处理费

在国际航空货物运输中，对于收运的危险品货物，除按危险品规则收运并收取航空运费外，还应收取危险货物收运手续费，该费用必须填制在货运单"其他费用"栏内，用 RA 表示费用种类。TACT Rules 规定，危险品处理费归出票航空公司所有。在货运单中，危险品处理费表示为 RAC。

自中国至 IATA 业务一区、二区、三区，每票货物的最低收费标准均为 CNY 400。

4. 付货物手续费

在国际货物运输中，当货物的航空运费及其他费用到付时，在目的地的收货人，除支付货物的航空运费和其他费用外，还应支付到付货物手续费。

此项费用由最后一家承运航空公司收取，并归其所有。一般到付货物手续费的收取，采用目的站开具的专门发票，但也可以使用货运单（此种情况在交付航空公司无专门发票，并将 AWB 作为发票使用时使用）。

对于运至中国的运费到付货物，到付运费手续费的计算公式及标准为：

$$到付运费手续费 = （货物的航空运费 + 声明价值附加费） \times 2\%$$

各个国家到付货物手续费的收费标准不同。在中国，到付货物手续费最低收费标准为 CNY 100。

5. 声明价值附加费

当托运人托运货物，毛重每千克价值超过 20 美元或其等值货币时，可以办理货物声明价值。托运人办理声明价值必须是一票货运单上的全部货物，不得分批或部分办理。托运人办理货物声明价值时，应按照规定向承运人支付声明价值附加费。

声明价值附加费的计算公式为：

$$声明价值附加费 = [货物声明价值 - (货物毛重 \times 20 美元)]$$

注意：20 美元应折算为当地货币。

5.4 国际航空运输

5.4.1 国际航空线路网络

1. 世界主要航线

（1）西欧—北美间的北大西洋航空线。

该航线主要连接巴黎、伦敦、法兰克福（德国）、纽约、芝加哥、蒙特利尔（加拿大）等航空枢纽。

（2）西欧—中东—远东航空线。

该航线连接西欧各主要机场至远东香港、北京、东京等机场，并途经雅典（希腊）、开罗（埃及）、德黑兰（伊朗）、卡拉奇（巴基斯坦）、新德里（印度）、曼谷（泰国）、新加坡等重要航空站。

（3）远东—北美间的北太平洋航线。

这是北京、香港、东京等机场经北太平洋上空至北美西海岸的温哥华、西雅图（美国）、旧金山、洛杉矶等机场的航空线，并可延伸至北美东海岸的机场。北太平洋中部的火努鲁鲁（檀香山）是该航线的主要中继加油站。

此外，还有北美—南美、西欧—南美、西欧—非洲、西欧—东南亚—澳新、远东—澳新、北美—澳新等重要国际航空线。

2. 世界重要航空站

（1）北美：华盛顿、纽约、芝加哥、蒙特利尔（加拿大）、亚特兰大（美国东南）、洛杉矶、旧金山、西雅图。

（2）欧洲：伦敦、巴黎、法兰克福、苏黎世、罗马、维也纳、柏林、哥本哈根、华沙、莫斯科、布加勒斯特（罗马尼亚首都）、雅典（希腊首都）。

（3）非洲：开罗、喀土穆（苏丹首都）、内罗毕（肯尼亚首都）、约翰内斯堡（南非）、布拉柴维尔（东刚果）、拉各斯（尼日利亚）、达喀尔（塞内加尔首都）、阿尔及尔（阿尔及利亚首都）。

（4）亚洲：北京、上海、东京、香港、马尼拉（菲律宾首都）、曼谷（泰国首都）、新加坡、仰光（缅甸首都）、加尔各答（印度）、孟买（印度）、卡拉奇（巴基斯坦）、贝鲁特（黎巴嫩首都）。

（5）拉美：墨西哥城、加拉加斯（委内瑞拉首都）、里约热内卢（巴西）、布宜诺斯艾利斯（阿根廷首都）、圣地亚哥（智利首都）、利马（秘鲁首都）。

（6）大洋洲及太平洋岛屿：悉尼、奥克兰（新西兰）、楠迪（斐济）、火努鲁鲁。

5.4.2 跨境电商为航空货运带来新机遇

一年一度的"双十一"现已落幕，各路物流高手投入众多的物力、财力，分食这场饕餮盛宴。是昔日的航空货运抢占先机，还是传统豪强——公路运输蓄势待发，抑或是老牌劲旅——铁路借助高铁之利再下江湖？似乎已经有了结果。

航空货运之于快递的概念已经成为过去式，高高在上的锐气已经渐渐失去光芒，唯快不破的撒手锏也荡然无存。在今天这场各路物流高手比拼的竞争中，航空货运还能否重振雄风？

1. 明日黄花，落寞贵族

航空货运已成为明日黄花；航空货运的撒手锏唯快不破，已荡然无存。

当时航空货运一亮相，立刻成为物流同行中的翘楚，快速、安全、价高基本奠定了航空货运的高冷形象。尽管受限于航运运力的制约，但是无论国际还是国内的航空货运都经历了一段甜蜜的卖方岁月。当年的外资也好，国内的航空货运也罢，尚没有做好迎接物流大爆发的心理准备，由于全货机的滞后，曾经导致客人行李的多少都一度成为影响航空货运配载仓位的重要因素。

但是时势造英雄，鉴于其他运输类的草根顽疾，如公路货运的不规范、铁路的拖沓等，致使航空货运一骑突出，笑傲江湖，以快制天下，以准傲天下。航空货运就是物流界的宠儿，众多货运客户对其又敬又怕——敬之精准，畏之价高。

尽管在物流运输市场的份额上，航空货运的比例位居水运、公路、铁路之后，但是奇货可居，一位难求，航空货运迎来了数十年的江湖贵族地位。截至2014年，中国航空货运周转总量已稳居世界前三位，同比2005年增长93%。

野蛮生长的奔放遮住了航空货运的眼睛，孤独求败的江湖地位懈怠了航空货运求变、创新的步伐。以2007年起的国际金融危机为导火索，受国际经济低迷的影响，国际大鳄的困顿传导到强烈依靠国际航线的中国航空货运，同时国内市场本来井喷式的电商发展曾经召唤过航空货运，奈何航空货运的滞后服务模式，例如一站式服务的匮乏、网络支点的割裂，使得落寞的航空货运只有目送电商飞去的身影……

以2012年为例，中国航空货运总量下降2%，其中国内航空货运仅增长2.6%，而同期中国快递市场年均增长40%。徒叹奈何？以快制胜的法宝，早就被德邦、华宇等的迅捷（当日达、次日达）卡车航班化解于无形，以准傲骄的利器无奈受挫于重振霸气的精准高铁，500千米内的运输几乎毫无还手之力。贵之缺点偏偏保留，故当下的航空货运是满目瑟瑟秋风起，感慨昔日少年郎。

2. 唯快不破，以柔克刚

放低自尊，混战江湖抑或依旧高冷屹立一隅？跨境电商的快捷、一站式服务、柔性化定制是不是东山再起的资本……

英雄迟暮，抑或日薄西山？航空货运经历了2010～2014年近五年的彷徨，是放下身段，赤膊大战于电商，还是独守自身那份落寞和孤独，退缩于一隅？在迷离、困惑中，航空货运面临着抉择。当今物流竞争日趋白热化，航空货运欲突围而出，必须重塑自我，破中求立。

天下武功，唯快不破。此中之快不再是简单的运输之快，而是反应之快，航空货运须重拾自身的利器定位于超远距离的快速反应。跨境电商浩浩荡荡，必然搅动各色物流的胃口，航空货运需借势而为，突出自身的快捷运输，灵敏反应，必能分得此饕餮盛宴的一杯羹。鲜活、高端之需乘以中华之消费基数蔚然可观，奢侈品的安全、快捷、体验式服务更是催醒了航空货运的天然性。

品性如水，以柔克刚。柔性定制是航空货运再生的另一个利器。脱身于几大家族的国内航空货运（国货航、南航货运等）尚需放低腰身，向UPS、顺丰借鉴，充分发挥航空货运柔性定制和精准服务的优势。快递巨头UPS的红领之例闪烁着智慧。凭借快捷、精准的航空货运，UPS成功把日产1 200套西服的山东红领培养成为山东的最大客户。这说明航空货运可以拥有柔性化定制这一利器。

合纵连横，共生共长，携手配送公司，多式联运，网仓运营，航空货运需打造一站式服务。物流天下是大家的天下，也是航空货运的天下。航空货运应建立高端的配送公司，运用资本布局海外的网络，携手民营等一干快递抢占高端市场，特别是海外市场的布局，结合跨境电商和互联网＋等大势，无缝连接以航空货运嵌入式为主的柔性供应链体系，顺势而为，共赢大物流之发展。

5.5 航空货物运输实训项目

5.5.1 项目一：航空货物托运单填制和运费计算（样板）

【项目资料】

广州农业贸易公司（GUANGZHOU AGRICULTURAL TRADE CO., LTD.）与渥太华BOOMING L.公司签订了一份新鲜水果（橘子）的出口合同，约定：由中方出口10箱新鲜的橘子，总价为USD 50 000.00，L/C支付。包装使用的纸箱规格为：128cm×42cm×60cm，共10大件货物。

其毛净重分别为N.W.：50.50kgs/carton，G.W.：55.50kgs/carton。

广州农业贸易公司于2017年9月29日收到买方银行开来的信用证后，随即委托建哲货代公司办理订舱、托运、保险与报关结汇等事项。

广州农业贸易公司相关资料如下：

地址：广州市学苑路2号

联系电话：83803000

传真：83803000

联系人：李毅

托运人：广州农业贸易公司

航班选择：CA965/10.5

运价本如下：

GUANGZHOU	CN		CAN
Y. RENMINBI	CNY		kgs
	US	M	630.00
		N	79.97
		45	60.16
		100	52.77
	0008	400	41.33
	0300	500	45.45
	1093	200	40.76
	2195	800	35.76

任务1：缮制货物托运单

	广州农业贸易有限公司			
	国际货物托运书			
TO：			进仓编号：	
托运人	广州农业贸易有限公司			
发货人 (Shipper)	GUANGZHOUO YUXIN TRADE CO., LTD. GUANGZHOU COLLEGE ROAD No. 2 GUANGZHOU 322000, CHINA			
收货人 (Consignee)	BOOMING L. LCO., LTD. P. O. BOX 8935 NEW TERMINAL, ALTA, VISTA OTTAWA, CANADA TEL：00966-1-4659220　FAX：00966-1-4659213			
通知人 (Notify party)	BOOMING L. LCO., LTD. P. O. BOX 8935 NEW TERMINAL, ALTA, VISTA OTTAWA, CANADA TEL：00966-1-4659220　FAX：00966-1-4659213			

(续)

始发站	HONGKONG	目的站	MONTREAL	运费	PREPAID
标记唛头 （Marks）	件数 （Number）	中英文品名 （Description of goods）		毛重（kg） （G. W（KGS））	尺码（cm³） SIZE（cm³）
	10 CARTONS	橘子 （ORANGE）		555	3225600
其他		不投保，不声明价值 (One commercial invoice attached. notify on arrival)			
货单到达时间：10.4 报关			航班：CA965/10.5		运价：CNY41.33/KG
电　话：83803000 传　真：83803000 联系人：李毅 地　址：广州市学院路 2 号 托运人签字：广州农业贸易公司		★如改配航空公司请提前通知我司 公章 制单日期：2017 年 9 月 29 日			

任务 2：计算运费

（1）基本运费计算。

查表可知，新鲜橘子符合指定商品的品名 0008

体积重量：128×42×60×10/6 000 = 537.6（kgs）

毛重：55.5×10 = 555（kg）

计费重量：555kg

计费重量达到了 400 千克的标准，因此按照指定商品运价计算：

适用费率：SCR0008/400　CNY 41.33

计费重量运费：555×41.33 = CNY 22 938.15

（2）其他运费计算：

货运单费（AW）50 元；

代办清关业务费（A/C）200 元，始发地机场地面运输费 100 元；

共计：　　　　　　　　50 + 200 + 100 = 350（元）

5.5.2　项目二：货物托运单填制和运费计算（实训）

项目内容：学习货物托运书的作用、航空货物运输运费计算，研究货物托运书的格式，根据材料填制货物托运单并计算货物运费。

项目要求：填制货物托运书，计算运费。

【项目资料】

刘磊是必达物流有限公司（BIDA LOGISTICS CO., LTD.）运输部门的调度员，2017 年 10 月接到公司商务部门的运输计划，现有 50 箱洗浴香氛（5.3kg/箱，60cm×30cm×30cm），要从上海运往日本大阪山本贸易公司（SHANBEN TRADE CO., LTD.），刘磊因为毕业没多久，所以工作经验不是很丰富，请帮他完成此次运输调度吧。燃油附加费为 4.0 CNY/kg；

战争险费为1.2 CNY/kg。其毛重、净重分别为：N.W.：5.2kgs/箱，G.W.：5.3kgs/箱。

必达物流有限公司相关资料如下：

地址：上海市同德路382号

联系电话：87807000

传真：87807000

联系人：刘磊

托运人：必达物流有限公司

航班选择：CA975/10.7

SHANGHAI	CN	SHA
Y. RENMINBI	CNY	KGS
OSAKA	JP	M 230.00
		N 30.22
		45 22.71

任务1：缮制航空货物托运书

	必达物流有限公司 国际货物托运书			
TO：		进仓编号：		
托运人				
发货人（Shipper）				
收货人（Consignee）				
通知人（Notify party）				
始发站		目的站	运费	
标记唛头（Marks）	件数（Number）	中英文品名（Description of goods）	毛重（kg）（G.W（KGS））	尺码（cm³）（Size（cm³））
其他		不投保，不声明价值（One commercial invoice attached notify on arrival）		
货单到达时间：		航班：	运价：	
电　话： 传　真： 联系人： 地　址： 托运人签字：		★如改配航空公司请提前通知我司 公章 制单日期： 年 月 日		

任务2：计算运费

（1）基本运费计算。

（2）其他运费。

本章小结

本章阐述了航空货物运输的业务流程，包括航空货物运输的出口、进口业务流程，航空货物运输相关单证的制作和费用的计算，国际航空货物运输。本章的重点在于航空货物运输费用的计算方法和单证的填写。

复习思考题

一、名词解释

1. 航空货运单
2. 货运单费
3. 计费重量
4. 等级货物运价

二、简述题

1. 航空货物进口运输代理业务流程
2. 航空货运单的作用
3. 出口业务主要单证

三、计算题

1. 从上海运往巴黎一件玩具样品，毛重5.7千克，体积尺寸为41厘米×33厘米×20厘米，公布运价（CNY）如下：M 320.00；N 52.81；Q 44.46；100 40.93。计算其航空运费。

2. 现有一批货物毛重280千克，从我国北京空运至英国伦敦。根据"航空货物公布直达运价"可知45千克以上300千克以下的运价为40元/千克，300千克以上500千克以下的运价为35元/千克。请计算应收运费。

3. 航线：BEIJING, CHINA (BJS) to AMSTERDAM, HOLLAND (AMS)；商品：零部件；毛重：38.6千克；体积：101厘米×58厘米×32厘米。计算其航空运费。公布运价（CNY）如下：M 320.00；N 50.22；45 41.53；300 37.52。

案例分析

从北京运往东京的一只宠物狗，计费重量15千克，由于飞机发生故障，推迟起飞时间。但是，当天上午已经将所有要装机的货物拖到客机坪，中午时分才将货物拉回仓库，由于当天气温高达36℃，宠物狗日晒太久，被拉回仓库后不久就死去了。托运人要求赔偿损失，但承运人认为宠物狗还未发生运输，不属于承运人的责任。

讨论题：

承运人的说法是否正确？为什么？

Chapter6 第 6 章

国际多式联运

本章要点

- 国际多式联运的业务流程
- 主要国际多式联运单证
- 国际多式联运费用的计算
- 国际多式联运合同的订立、履行、解除、变更及违约责任
- 国际多式联运实训项目

开篇案例

大连港开启冷藏集装箱"海铁联运"新模式

2016年3月17日,装载着进口菲律宾香蕉及澳大利亚牛肉的8个冷藏集装箱从大连港铁路线驶往沈阳。集装箱专用平车的动力制冷设备,为香蕉和牛肉全程"护航"。这是全国第一组冷藏海铁联运车体。此前,冷藏集装箱到港后,只能通过公路汽运中转;此次升级到成本更低的海铁联运,为国内冷链运输开启了一个新模式。

为积极推广"一带一路"倡议,大连港集团近几年开辟了辽满欧、连哈欧、中韩俄等多条国际物流通道,海铁联运量已经位于全国沿海港口的首位。目前大连港集团已形成"4大中心、12个场站、31个站点"的内陆网络布局,覆盖东北地区50余个站点及俄罗斯、蒙古、中亚五国和欧洲国家。

在大窑湾保税区,大连港集团建设了国内规模最大、功能最全的13.5万吨保税冷库群,冷链国际中转量正以每年60%的速度增长。如何利用发达的海铁联运网和冷链物流中心的"双优势",使得进口香蕉等产品顺利中转分拨,成为大连港集团2016年物流模式创新的一个方向。

2015年年底,中铁特货公司研制出BX1K型集装箱专用平车,该车组配备了动力制冷

设备，可为随车冷藏集装箱提供全程最低达 -25℃ 的制冷支持，为远距离冷藏货物的运输提供便捷、低价、环保的运输方式。大连港抓住合作契机，与铁路方面积极接洽，成功将目前全国唯一的一组车体争揽到港，为客户提供个性化的、全程的冷链物流方案。

新的运输模式上线后，大连港集团将把大连至沈阳节点的操作模式，向长春、哈尔滨、珲春、通辽等大型肉类、水产加工产业基地延伸，实现"冷藏班列"进出口双向对开以及东北全域化覆盖和常态运营。冷链物流实现"多式联运"，不仅能够推进大连港冷链产业的升级，也将为大连港建设东北亚冷链交易、中转、分拨中心打下基础。

资料来源：http://news.xinhuanet.com/local/2016-03/25/c_128834385.htm。

6.1 国际多式联运业务流程

6.1.1 国际多式联运概述

国际多式联运是一种区段运输高级的组织形式。20 世纪 60 年代末，美国首先试办国际多式联运业务，受到货主的欢迎。随后，国际多式联运在北美、欧洲和远东地区开始被采用；20 世纪 80 年代，国际多式联运逐步在发展中国家流行起来。目前，国际多式联运已成为一种新型的、重要的国际集装箱运输方式，是今后国际运输发展的方向，受到国际航运界的普遍重视。

国际多式联运是一种以实现货物整体运输效益最大化为目标的联运组织形式。它通常是以集装箱为运输单元，将不同的运输方式有机地结合在一起，构成连续的、综合性的一体化货物运输。它通过一次托运、一次计费、一份单证、一次保险，由多个运输区段的承运人共同完成货物的全程运输，即将货物的全程运输作为一个完整的单一运输过程安排。

根据 1980 年《联合国国际货物多式联运公约》（以下简称"《多式联运公约》"）以及 1977 年我国交通部和铁道部共同颁布的《国际集装箱多式联运管理规则》的定义，国际多式联运是指"按照多式联运合同，以至少两种不同的运输方式，由多式联运经营人将货物从一国境内接管货物的地点运至另一国境内指定地点交付的货物运输"。根据该定义，结合国际上的实际做法，可以得出，构成国际多式联运必须具备以下基本条件：

（1）必须具有一份多式联运合同。该运输合同规定了多式联运经营人与托运人之间的权利、义务、责任与豁免的合同关系和运输性质，也是区别多式联运与一般货物运输方式的主要依据。

（2）必须使用一份全程多式联运单证。该单证应满足不同运输方式的需要，并按单一运费率计收全程运费。

（3）必须是至少两种不同运输方式的连续运输。

（4）必须是国际间的货物运输。这不仅区别于国内货物运输，而且主要涉及国际运输法规的适用问题。

（5）必须有一个多式联运经营人对货物运输的全程负责。该多式联运经营人不仅是订立多式联运合同的当事人，也是多式联运单证的签发人。当然在多式联运经营人履行多式联运合同所规定的运输责任的同时，可将全部或部分运输委托他人（分承运人）完成，并订立分运合同，但分运合同的承运人与托运人之间不存在任何合同关系。

国际多式联运有多种收交货的经营方式，主要包括以下几种：

①门到门方式，由联运经营人在发货单位"门口"开始起运，到收货人"门口"交货。门口可以是仓库，也可以是收发货人装箱、出箱站，甚至是车间。

②门到站方式，即由发货人门口接运，至集装箱办理站交货的方式。

③门到场方式，即由发货人门口接运，至集装箱堆场交货的方式。

④场到站方式，即由联运承运人在集装箱港区堆场接运，至集装箱办理处交货。

⑤站到场方式，即由联运承运人在集装箱办理站接运，至港口堆场交货。

⑥场到门方式，即从港口堆场接运至接运人"门口"交货的方式。

⑦站到站方式，即在两个办理站之间的多式联运方式。

6.1.2 国际多式联运的业务流程

图 6-1 给出了国际多式联运的业务流程图。

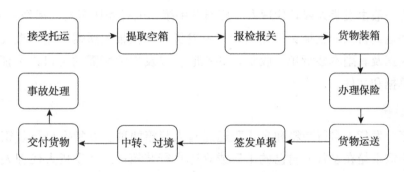

图 6-1 国际多式联运的业务流程图

1. 接受托运

多式联运经营人或其代理人根据发货人提交的托运单或一式多联的场站收据及其副本（一般为 10 联单，有的口岸为 7 联单，有的口岸为 12 联单）和自己的运输路线，决定是否接受委托。若其不能接受或者无法满足某些要求，应及时做出反应，以免承担不必要的法律责任。根据货物多式联运协议和分合同的情况，如果多式联运经营人或其代理人能够接受，则在审核托运单、经双方议定有关事项后，在发货人或其代理人提交的托运单或场站收据副本装货单上签章，以表明承运货物的"承诺"，并填写运输工具的名称、联运单号、船舶航次或其他运输工具的车次、航班等，证明运输合同成立，留下承运人或其代理人的留底联和运费通知联，将其余各联退回，交发货人或其代理人。

2. 提取空箱

国际货物多式联运中使用的集装箱一般由多式联运经营人提供。这些集装箱的来源，一是多式联运经营人购置的；二是从租箱公司租用的；三是由全程运输的分运人提供，在多数情况下是由海上运输区段的分承运人根据海上运输合同而使多式联运经营人获得使用权。

多式联运经营人或其代理人在与托运人签订多式联运合同并接受托运后，即签发集装箱空箱提交单，连同集装箱设备交接单一并交给托运人或其代理人，据此到指定的集装箱堆场或集装箱站提取空箱，由发货人或其代理组织装箱。如果是由多式联运经营人或其代理人或分区段承运人负责装箱，则由装箱的货运站提取空箱。无论由哪一方提取空箱，都必须先缮制集装箱出厂设备交接单。在提箱时，提箱者必须向箱站提交空箱提交单，并且箱站的检查桥或门卫双方应在集装箱设备交接单上签字，办理交接手续，并各执一份。

3. 报检报关

在我国凡列入商品检验机构规定的进出口商品种类表和合同规定须由商品检验检疫机构出证的商品，必须在规定的期限内填好申报单向出入境检验检疫机构申报检验。经监督检验部门审核或查验，视不同情况分别予以免检放行或经查验后出具有关证书放行。可由发货人或其代理人办理出口商品的检验检疫，也可委托多式联运经营人办理。

出口货物的报关，若联运从港口开始，则在港口报关；若联运从内陆地区开始，则在内陆地区货物装运地附近的海关办理报关，然后转关到出口口岸海关查验放行。出口报关在检验检疫后一般由发货人或其代理人办理通关手续，也可委托多式联运经营人代为办理，但此时多式联运经营人加收报关手续费，并由发货人承担报关所需费用。报关时，报关者应提报场站收据及其副本装货单、收货单共三联，以及报关所需的出口许可证、发票、装箱单等有关单据和文件。

4. 货物装箱

货物装箱分发货人自行装箱和多式联运经营人装箱两种。发货人自行装箱包括发货人或其代理人提取空箱在发货人自己的工厂或仓库自行装箱；或在发货人代理人的集装箱货运站装箱，由发货人或其代理人请海关人员监装施封，所以，在发货人的代理人货运站装箱即拼箱，由多式联运经营人按整箱货物接收和交付。

多式联运经营人装箱可以在多式联运经营人货运站，也可以在其代理人货运站进行；在区段承运人货运站装箱，视为在多式联运经营人代理人的货运站装箱。如果在多式联运经营人代理人的货运站装箱，不论是拼箱货还是整箱货，均应由发货人或其代理人负责将货物送至指定的货运站。由货运站代表多式联运经营人接收货物，按多式联运经营人的指示装箱。

无论由谁负责货物装箱，均需由装箱人制作集装箱装箱单，并负责请海关监装和施封。

对于由货主自行装箱的货物，发货人应负责将货物运至双方议定的交箱地点办理交接，多式联运经营人或其代理人在指定地点验收并接收货物后，应在场站收据正本上签章，留下其副本装货单和收货单联后，将正本退还发货人或其代理人。

5. 办理保险

在国际货物多式联运业务中，由发货人投保货物运输险，多式联运经营人投保货物责任险，集装箱所有人投保装箱险。若集装箱是多式联运经营人的租箱，集装箱险的投保人视租箱合同而定。货物运输险分全程投保和分段投保，一般由发货人自行投保，或由其代理人作为保险经纪人代其投保，也可由发货人委托多式联运经营人代为办理。

多式联运经营人代为投保货物运输险时，应注意货物买卖合同和信用证规定的险别、保险金额和保险期间。保险单是保险人与被保险人之间订立保险合同的证明文件，当发生保险责任范围内的损失时，是保险索赔和理赔的主要依据。

6. 货物运送

多式联运经营人签收货物后，应根据多式联运路线及其与区段承运人签订的分区段运输合同交第一程运输的承运人，此实际承运人接收集装箱货物后，向多式联运经营人签发本区段运输单据（提单或运单），并安排装到运输工具上进行第一程运输。此项业务可由多式联运经营人或其代理人以托运人的身份进行，所以，此运输合同或单据的当事人是多式联运经营人和这一区段的承运人，而与发货人或其代理人无关。货物转运后，多式联运经营人应及时通知中转和过境站的分支机构或其代理人；若多式联运经营人在分区段运输合同中约定由第一项承运人代为中转时，多式联运经营人应及时通知第二程区段承运人，准备接运货物。

7. 签发单据

多式联运经营人或其代理人接收货物后，在场站收据上签章，发货人或其代理人持由多式联运经营人签章的场站收据到多式联运经营人或其分支机构或代理人处换取多式联运全程运输单据。在换取单据时，发货人应按多式联运合同的约定，交付运费和其他各项应交费用。

多式联运经营人根据多式联运合同的约定负有组织、完成全程运输的义务和责任，所以，在接收货物后，按运输线路和分合同的约定通知全程各区段运输实际承运人和各中转、过境环节的分支机构或其代理人，共同协作，做好全程各个环节的衔接、协调，处理好运输过程中所涉及的各种服务和运输单据交接以及信息传递。

发货人凭多式联运单据、保险单和发票等信用证要求的有关单据到银行结汇。

8. 中转、过境

按照多式联运的定义和国际惯例的规定，多式联运全程运输属于国际货物运输。因此，在中转站不同运输方式之间的中转，是由多式联运经营人分支机构或其代理人组织的，也可由各区段的实际承运人代为办理，另外，尚需在过境或进口国国内办理货物及集装箱过境或直接进口通知手续。过境国或进口国国内段运输一般是在海关监管下的保税运输，直至到达目的地。

如果货物是在目的港交付，则结关应在港口所在地海关进行，如在进口国内地交付，则应在口岸办理在海关监管下的保税运输手续，港口海关加封后可运往目的地，然后在内陆目的地海关办理结关手续，由此而产生的全部费用应由发货人或收货人负担。

9. 交付货物

当货物被运至目的地后，一般在多数情况下放在保税仓库的集装箱堆场或货运站，由目的地代理通知收货人提货。收货人或其代理人需凭多式联运单据按多式联运合同付清收货人应付的全部费用，凭多式联运单据换取交货记录或提货单，凭此单到进口国海关办理进口结关手续，由提货人凭其通关后，持盖有海关放行章的有关证明到指定堆场或货运站提取货物。

如果是整箱货物，收货人提箱至拆箱后，负责返还空集装箱；如果是拼箱货物则凭海关放行手续和提货单在多式联运经营人或其代理人的集装箱堆场和货运站拆箱提货。至此，运输合同终止。

10. 事故处理

如果在全程运输中发生了货物灭失、损坏和运输延误，无论是否能确定灭失损坏或延迟发生的运输区段，收货人或发货人均可在有效期内向多式联运经营人提出索赔，多式联运经营人根据多式联运单据条款和合同双方签订的多式联运合同约定做出赔偿。如果能确切地知道事故发生的区段和实际责任人，则由多式联运经营人向其追偿，如不能确定事故发生的区段时，则需要根据多式联运合同所选定的适用法律或国际规则，或多式联运经营人与分区段承运人的分合同约定处理。如果已对所运货物及责任投保，也可先向保险公司索赔，然后，保险公司取得代位求偿权后，可向责任人追赔。如果索赔人和责任人之间不能达成一致，则可在有效诉讼期内通过协议进行仲裁或向法院提起诉讼。

6.1.3 国际多式联运的组织方式

1. 协作式多式联运的运输方式

协作式多式联运的组织者通常是成立一个在各级政府主管部门协调下的联运组织机构，由参加多式联运的各种运输方式的运输企业和港站组成（多式联运计划就由该机构制订）。在这种机制下，发货人向联运办公室提出托运申请并按需要申报货物运输的车辆（船舶）计划。联运办公室则根据多式联运线路及各运输企业的实际情况制订该托运人托运货物的运输计划，并把该计划批复给托运人及转发给各个运输企业及港站。发货人根据计划安排向多式联运第一程的运输企业提出托运申请并填写联运货物托运委托书（附运输计划），第一程运输企业接收货物后双方签字，联运合同即告成立。第一程运输企业组织并完成自己承担区段的货物运输至后一区段衔接地，直接将货物交给中转港站，经换装由后一程运输企业继续运输，直至最终目的地，由最后一程运输企业向收货人直接支付，如图6-2所示。

在前后程运输企业之间以及港站与运输企业交接货物时，需要填写货物运输交接单和中转交接单。联运办公室（或第一程企业）负责按全里程费率向托运人收取运费，然后按照各个企业之间商定的比例进行分配。在这种体制下，全程运输组织是建立在统一计划、统一技术作业标准、统一运行图和统一考核标准基础上的，而且在接收货物运输、中转换

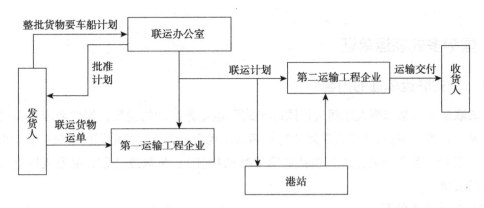

图 6-2　协作式多式联运的运输图

装、货物交付等业务中使用的技术装备、衔接条件等也需要在统一协调下同步建设或协商解决，并配套运行以保证全程运输的协同性。

2. 衔接式多式联运的组织方式

衔接式多式联运的全程组织业务是由多式联运经营人完成的。在这种组织体制下，需要使用多式联运形式运输成批或零星货物的发货人首先向多式联运经营人提出申请，多式联运经营人根据自己的情况选择接受与否，如接受，双方就签订货物全程运输的多式联运合同，并在合同指定的地点办理货物的交接，联运经营人签发多式联运单据。接受托运后，多式联运经营人首先要选择货物的运输路线，划分运输区段、选择各区段的实际承运人，确定零星货物集运方案，制订货物全程运输计划，并把计划转发给各个中转衔接地点的分支机构或委托的代理人。然后，多式联运经营人根据计划与第一程、第二程等各区段的实际承运人分别订立各区段的货物运输合同，通过这些实际承运人来完成货物的全程位移。全程各区段之间的衔接，由多式联运经营人从全程实际承运人手中接收货物，然后向后程承运人交接货物，在最终目的地从最后一程实际承运人手中接收货物后，再向收货人交付货物，如图 6-3 所示。

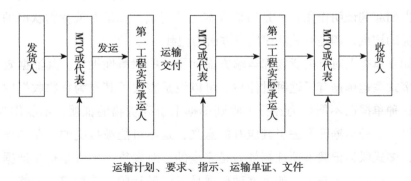

图 6-3　衔接式多式联运的组织图

这种多式联运组织方法，有时也被称为运输承包制。目前在国际货物多式联运中主要采用这种方法。

6.2 国际多式联运单证

6.2.1 多式联运单证的内容

多式联运单证是当事人之间进行国际多式联运业务活动的凭证,因此要求单据的内容必须清楚、正确、完整。《多式联运公约》第八条规定,多式联运单据应当载明下列事项:

(1)货物种类及主要标志(包括危险货物的特征)、包数或件数、毛重或以上其他方法表示的质量。

(2)货物外表状况。

(3)多式联运经营人的名称和主要营业场所。

(4)发货人名称。

(5)收货人名称(如经发货人指定)。

(6)多式联运经营人接管货物的地点、日期。

(7)交货地点。

(8)在交付地点交货的日期和期间(如经双方明确协议)。

(9)多式联运单据是否可以转让的声明。

(10)多式联运单据签发的地点、日期。

(11)多式联运经营人或经其授权人的签字。

(12)每种运输方式的运费,或应由收货人支付的运费及支付用货币,或关于费用由收货人支付的其他说明(如经双方协议)。

(13)预期经过的路线、运输方式和转运地点(如在签发多式联运单据时已经确知)。

(14)遵守《多式联运公约》的声明。

(15)其他事项(由双方拟定且不得违反多式联运签发国的法律)。

作为多式联运合同证明的多式联运单据,其记载事项与其证据效力是密切相关的,要对以下几个方面起到证明作用:一是当事人本身的记载;二是有关货物状况的记载;三是有关运输情况的记载;四是有关法律约束方面的记载。

经营人如在单据上对有关货物和运输方面加了一些保留性批注,其证据效力就会让人产生怀疑。多式联运单据有了这种批注后,可以说是丧失了其作为货物收据的作用。对发货人来讲,这种单据已不能作为经营人收到单据上所列货物的证明,不能作为初步证据;对收货人来讲,这种单据已失去了其应有的意义,是不可能被接受的。在单证上没有这种保留批注的,多式联运记载事项证据效力是完全的,对发货人来讲是初步证据,经营人可举证予以推翻。对收货人来讲,如果这种单据是可以转让的,就构成了最终证据,经营人不能推翻。另外,对一些经过协议达成的事项记载,如交货日期、运费支付方式等,公约本身并未做出法律规定,这符合合同自由原则,但公约对由于违反此类记载事项带来的责任还是做了规定。

多式联运单据通常由货物托运人填写，或由多式联运经营人或其代表根据托运人提供的有关托运文件制成。但在多式联运经营人接管货物时，默认为货物托运人或发货人已向多式联运经营人保证其在多式联运单证中所提供的货物种类、标志、件数、尺码、数量等情况准确无误。

如果货物的灭失、损坏是由发货人或货物托运人在单证中所提供的内容不准确或不当所造成的，则发货人应对多式联运经营人负责，即使在多式联运单证已转让的情况下也不例外。当然，如果货物的灭失、损坏是由多式联运经营人在多式联运单证中列入不实资料，或漏列有关内容所致，该多式联运经营人则无权享受赔偿责任制，而应按货物的实际损失负责赔偿。

6.2.2 主要国际多式联运单证

多式联运单证可以分为多式联运提单和多式联运运单。

1. 国际多式联运提单

国际多式联运提单是指货物由海上、内河、铁路、公路、航空等两种或多种运输方式进行联合运输而签发的适用于全程运输的提单。它由一个承运人负责全程运输，负责将货物从接收地至目的地交付收货人，并收取全程费用。提单内的项目不仅包括起运港和目的港，而且包括一程、二程等运输路线，以及收货地和交货地。

国际多式联运提单的特点如下：

（1）多式联运是由两种或两种以上不同运输方式组成的；多式联运提单是参与运输的两种或两种以上运输工具协同完成所签发的提单。

（2）组成多式联运的运输方式中的其中一种必须是国际海上运输。

（3）如果贸易双方同意，并在信用证中明确规定，多式联运提单可由承担海上区段运输的船公司、其他运输区段的承运人、多式联运经营人或无船承运人签发。

（4）《中华人民共和国海商法》（以下简称"《海商法》"）第四章"海上货物运输合同"中的第八节"多式联运合同的特别规定"以及《多式联运公约》制约着多式联运。

国际多式联运提单正面内容与海运提单主要有以下区别：

（1）多式联运提单的签发时间是收货后，而海运提单的签发时间是装船后。

（2）多式联运提单的签发人是多式联运经营人，而海运提单的签发人是海上承运人或其代理人。

（3）多式联运提单适用的运输方式包括海运、海–海、多式联运，而海运提单适用的运输方式包括海运、海–海。

（4）由于多式联运提单是收货待运提单，所以当多式联运提单作为海运提单使用时，装船批注内应加上"实际船名""装运日""ON BOARD"字样，而海运提单是已转船提单，不需要加注"ON BOARD"等字样。

（5）多式联运提单签发人（多式联运经营人）对货物的全程运输负责，即其责任是从接受货物运输起到交付货物止,因此多式联运提单正面表述有"货物收到"字样,并载有"实际接货地点"和"实际交货地点",而海运提单只显示"装运港""卸货港""中转港",海运提单的签发人只对自己执行的这一程运输负责。

表 6-1 给出了国际多式联运提单例样。

表 6-1 国际多式联运提单

托运人(Shipper)		中国对外贸易运输总公司 (CHINA NATIONAL FOREIGN TRADE TRANSPORTATIONCORP GA) 联运提单 (Combined transport bill of lading) Receive the goods in apparent good order and condition as specified below unless otherwise stated herein. The Carrier, in accordance with the provision contained as specified below unless otherwise stated herein. 1)undertake to perform or to produce the performance of the entire transport from the place at which the goods are taken in charge to the place designated for delibery in this document. 2)Assumesliablity as prescribed in this document for such transport. one of the Bill Of Lading must be surrendered duly indorsed in exchange for the goods or delivery order.			
收货人或指示(Consignee or order)					
通知地址(Notify address)					
前段运输 (Pre-carriage by)	收货地点 (Place of receipt)				
海运船只 (Ocean vessel)	装货港 (Port of loading)				
卸货港 (Port of discharge)	交货地点 (Place of delivery)	运费支付地 (Freight payable at)	正本提单份数 (Number of original Bs/L)		
标志和号码 (Marks and Nos.)	件数和包装种类 (Number and kind of packages)	货名 (Description of goods)	毛重(kg) (Gross weight(kgs.))	尺码(m³) (Measurement(m³))	
以上细目由托运人提供(Above particulars furnished by shipper)					
运费和费用 (Freight and charges)		In witness where of the number of original Bills of Lading stated above have been signed, one of which being accomplished, the other(s)to be void			
		签单地点和日期 (Place and date of issue)			
		代表承运人签字(Signed for or on behalf of the Carrier) 代理(As agents)			

多式联运提单一般是在多式联运经营人收到货物后签发的,由于主要是集装箱货物,因而多式联运经营人接收货物的地点可能是集装箱堆场、集装箱货运站和发货人的工厂或

仓库。因此，多式联运经营人接收货物的地点不同，提单签发的时间、地点以及承担的责任也有比较大的区别。

①在集装箱堆场收货后签发的提单。

这种情况一般由发货人将装好的整箱货运至多式联运经营人指定的集装箱堆场，由多式联运经营人委托的堆场业务人员代表其接收货物，签发正本场站收据给发货人，再由发货人用该正本场站收据至多式联运经营人处换取提单。多式联运经营人收到该正本场站收据并收取应收费用后即签发提单。

②在发货人工厂或仓库收到货物后签发的提单。

这种情况应在场站收据中注明。提单一般在集装箱被装到发货人所在工厂或仓库处的运输工具（汽车或火车）上后签发。在发货人工厂或仓库签发提单意味着发货人应自行负责货物报关、装箱、制作装箱单、联系海关监装及加封，确保交给多式联运经营人的是外表状况良好、铅封完整的整箱货物，而多式联运经营人应负责从发货人工厂或仓库至码头堆场的运输和至最终交付货物地点的全程运输。

③在集装箱货运站收货后签发的提单。

在这种情况下，多式联运经营人是在其自有或由其委托的集装箱货运站接收货物。该货运站可在港口码头附近，也可以在内陆地区。接收的货物一般是拼箱运输的货物。提单签发时间一般是在货物交接入库后。在集装箱货运站签发提单意味着发货人应负责货物报关，并把货物（以原来形态）运至指定的集装箱货运站，而多式联运经营人（或其委托集装箱货运站）负责装箱、填制装箱单、联系海关加封等业务，并负责将拼装好的集装箱货物运至集装箱堆场。

2. 国际多式联运运单

多式联运运单是指当多式联运经营人提供海运及其他运输方式的多式联运服务时，签发的具有不可转让性质的运输单据。多式联运运单与多式联运提单的区别在于前者不可转让，仅具有托运人与多式联运经营人之间签订多式联运合同的证明和多式联运经营人收到货物证明的功能，而多式联运运单证明多式联运合同和货物已经由多式联运经营人接管，是多式联运经营人保证向指定的收货人交付货物的单证。

国际多式联运单据的性质与作用在于：

（1）它是国际多式联运经营人与托运人之间订立的国际多式联运合同的证明，是双方在运输合同中确定的权利和责任的准则。它不是运输合同，而是运输合同的证明。

（2）它是国际多式联运经营人接管货物的收据。国际多式联运经营人向托运人签发多式联运单据表明已承担运送货物的责任并占有了货物。

（3）它是收货人提取货物和国际多式联运经营人交货的凭证。收货人或第三人在目的地取货时，必须凭国际多式联运单据换取提货单（收货记录）才能提货。

（4）它是货物所有权的证明。国际多式联运单据持有人可以押汇、流通、转让，因为它是货物所有权的证明，可以产生货物所有权转移的法律效力。

3. 其他多式联运单证

（1）装箱单。

集装箱装箱单是详细记载每一个集装箱内所装货物的名称、数量及箱内货物积载情况的单证。每个载货集装箱都要制作这样的单证，它是根据已装进箱内的货物的情况制作的，是集装箱运输的辅助货物舱单。由于集装箱装箱单是详细记载箱内所载货物情况的唯一单证，因此，在国际集装箱运输中，集装箱装箱单是一张极为重要的单证，其功能主要体现在以下几个方面：

①在装货地点作为向海关申报货物出口的代用单证。

②作为发货人、集装箱货运站与集装箱码头堆场之间货物的交接单。

③作为向承运人通知集装箱内所装货物的明细清单。

④在进口国及途经国作为办理保税运输手续的单证之一。

⑤单证上所记载的货物和集装箱的质量是计算船舶吃水差与稳性的基本数据。

⑥当发生货损时，作为处理事故索赔的原始依据之一。

由此可见，装箱单记载内容准确与否，对保证集装箱货物运输的安全有着非常重要的意义。装箱单如图 6-4 所示：

出口商（Exporter） 地址（Address）： 联系人（Contacts）： 电话（Tel）：	装箱单（Packing list）	
进口商（Importer） 地址（Address）： 电话（Tel）：	P/L DATE： 发票编号（Invoice NO.）： 发票日期（Invoice date）： 合同号（Contract NO.）：	
信用证号（Letter of credit No.）：	运输日期（Date of shipment）：	
From：	To：	

唛头 （Marks）	货物描述 (Description of goods) 商品号 (Commodity No.)	数量 （Quantity）	件数 （Package）	箱数 （Carton）	毛重 （G. W）	净重 （N. W）	体积 （Meas.）
	合计（Total amount）：						

Exporter stamp an signature

图 6-4 装箱单

（2）设备交接单。

设备交接单是集装箱进出港区、场站时，用箱人、运箱人与管箱人或其代理人之间交接集装箱及其他机械设备的凭证，并兼有管箱人发放集装箱的凭证的功能。当集装箱或机械设备在集装箱码头堆场或货运站借出或回收时，由码头堆场或货运站制作设备交接单，经双方签字后，作为两者之间设备交接的凭证（见图6-5）。其背面条款主要包括以下内容：

①出租人（集装箱所有人）的义务。

集装箱或机械设备的所有人应提供完好的并具有合格有效证书的设备和集装箱。当交接集装箱、机械设备时，用箱人、运箱人如无异议，则表明该集装箱货设备处于良好状态。

②用箱人的责任与义务。

用箱人在接收集装箱或机械设备后，在其使用期间应保持集装箱、机械设备的状态良好，并应负责对该集装箱和机械设备进行必要的维修保养。在用箱期间，无论是何种原因引起的有关集装箱或机械设备的丢失、损坏，都由用箱人负责赔偿，但自然磨损除外。此外，对于在用箱期间，因使用集装箱或机械设备不当引起的对第三者的损害责任，由用箱人负责赔偿。

用箱人应在规定的时间、地点将集装箱和机械设备按租赁时的状况交还给出租人，无论是何种原因引起的延期交还，用箱人应支付附加费用。此外，用箱人在事先得到出租人允许的情况下，可以将集装箱或机械设备转租给第三方，但原出租人与用箱人之间的责任、义务等各项规定并无任何改变。

集装箱设备交接单分进场和出场两种，交接手续均在码头堆场大门口办理。

出码头堆场时，码头堆场工作人员与用箱人、运箱人就设备交接单上的以下主要内容共同进行审核：

①用箱人的名称和地址。

②出堆场时间与目的。

③集装箱箱号、规格、封志号。

④是空箱还是重箱。

⑤有关机械设备的情况是正常还是异常。

进码头堆场时，码头堆场的工作人员与用箱人、运箱人主要就设备交接单上的下列主要内容进行共同审核：

①集装箱、机械设备归还的日期、具体时间及归还时的外表状况。

②集装箱、机械设备归还人的名称与地址，进堆场的目的。

③整箱货交箱货主的名称和地址。

④拟装船的船名、航次、航线、卸箱港等。

中国远洋运输代理有限公司
集装箱发放/设备交接单

NO：

用箱人/运箱人（Container user/Haulier）			提箱地点（Place of delivery）
来自地点（Delivered to）			返回/收箱地点（Place of return）
航名/航次 （Vessel/Voyage NO.）	集装箱号 （Container）	尺寸/类型 （Size/Type）	营运人 （Cntr. ortr.）
提单号 （B/L NO.）	铅封号 （Seal NO.）	免费期限 （Free time period）	运载工具牌号 （Truck wagon. barg NO.）
出场目的/状态（PPS of gate-out/status）		进场目的/状态（PPS of gate-in/status）	出场日期（Time-out） 月　　日　　时

出进场检查记录（Inspection at the time of interchange）

普通集装箱（GP container）	冷藏集装箱 （RF container）	特种集装箱 （Special container）	发电机（Gen set）
□ 正常（Sound） □ 异常（Defective）	□ 正常（Sound） □ 异常（Defective）	□ 正常（Sound） □ 异常（Defective）	□ 正常（Sound） □ 异常（Sound）

损坏记录及代号（Damage & code）

BR 破损（Broken）　　D 凹损（Dent）　　M 丢失（Missing）　　DR 污箱（Dirty）　　DL 危标（Dg label）

左侧（Left side）　　右侧（Right side）　　前部（Front）　　集装箱内部（Container inside）

顶部（Top）　　底部（Floor base）　　箱门（Rear）　　如有异状，请注明程度及尺寸（Remark）

货名：　　　　　　　　　　　　件数：
备注：请司机仔细检查箱况（铅封）

除列明者外，集装箱及集装箱设备交换时完好无损，铅封完整无误。

用箱人/运箱人签署　　　　　　　　　　　　　　　　　　　　码头堆场值班员签署
（Container user/Hauliers signature）　　　　　　　　　　　　（Terminal/depot clerks singature）

图 6-5　设备交接单

（3）场站收据。

场站收据是由承运人签发的，证明已经收到托运货物并对货物开始负有责任的凭证。场站收据一般由发货人或其代理人根据船公司已制定的格式进行填制，并跟随货物一起运至集装箱码头堆场，由承运人或其代理人在收据上签字后交还给发货人，证明托运的货物已经收到，发货人据此向承运人或其代理人换取待装提单或已装船提单，并根据买卖双方在信用证中的规定向银行结汇。

承运人或其代理人（如场站业务员）在签署场站收据时，应仔细审核收据上所记载的内容与运来的货物的实际情况是否相一致，如货物的实际情况与收据记载的内容不一，则必须修改。如发现货物或集装箱有损伤情况，则承运人或其代理人一定要在收据的备注栏内加批注，说明货物和集装箱的实际状况，如图 6-6 所示：

发货人（Shipper）		编号（D/R No.） （实际托运人章） 场站收据副本 大副联 Copy of dock receipt 第六联 （For chief officer）
收货人（Consignee）		
通知人（Notify party）		
前程运输 (Pre-carriage by)	收货地点 (Place of receipt)	Received by the carrier the total number of containers or other packages or units stated below to be transported subject to the terms and conditions of the carrier's regular form of bill of loading (for combined transport or port to port shipment) which shall be deemed to be incorporated herein. 日期（Date）： 场站章
船名（Ocean vessel） 航次（Voy. No.）	装货港 (Port of loading)	
卸货港 (Port of discharge)	交货地点 (Place of delivery)	目的地（Final destination for the merchant's reference）
集装箱号 (Container No.)	封志号（Seal No.） 标记与号码 (Marks & Nos.)	箱数或件数 (No. of containers or p'kgs.)	包装种类与货名 (King of package: description of goods)	毛重（千克） (Gross weight（kgs))	尺码（立方米） (Measurement（m³))
集装箱数或件数合计（大写） (Total number of containers or packages (in words))					
箱号 (Container No.)	封志号 (Seal No.)	件数 (Pkgs.)	箱号 (Container No.)	封志号 (Seal No.)	件数 (Pkgs.)
			实收 (Received)	场站员签字 (By terminal clerk)	

图 6-6　场站收据

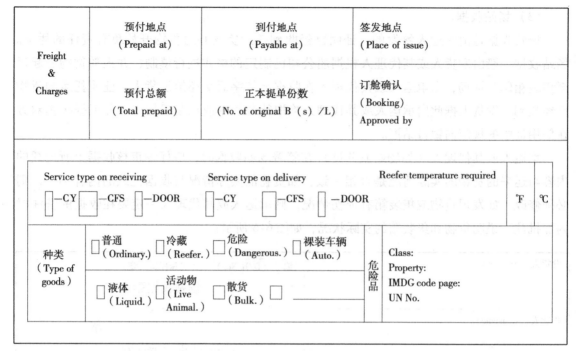

图 6-6 （续）

（4）提货单。

提货单是收货人凭正本提单向承运人或其代理人换取的可向港区、场站提取集装箱或货物的凭证，也是承运人或其代理人对港区、场站放箱交货的通知（见图 6-7）。提货单仅仅是作为交货凭证，并不具有提单那样的流通性。

在签发提货单时，首先要核对正本提单签发人的姓名、签发提单的日期、提单背书的连贯性，判定提单持有人是否正当，然后再签发提单。提货单因具有提单所记载的内容，例如船名、交货地点、集装箱号、封志号、货物名称及收货人等交货所必须具备的项目，所以在付运费和未付清其他有关费用的情况下，则应收讫后再签发提货单。

在正本提单尚未到达，而收货人要求提货时，可采用与有关银行共同向船公司出具担保书的形式。该担保书通常应保证：

①正本提单一到，收货人应立即将其交给船公司或其代理人。

②在没有正本提单的情况下发生提货而使船公司遭受任何损失，收货人应付一切责任。

此外，如收货人要求更改提单上原指定的交货地点时，船公司或其代理人应收回全部的正本提单后，才能签发提货单。

（5）交货记录。

它是承运人把箱、货交付给收货人时，双方共同签署的证明货物已经交付，承运人对货物责任已告终止的单证（见图 6-8）。交货记录通常在船舶抵港前由船舶代理依据舱单、提单副本等卸船资料预先制作。交货记录中货物的具体出库情况由场站、港区的发货人填制，并由发货人、提货人签名。

金龙国际船务代理有限公司
进口集装箱货物提货单

港区场站　　　　　　　　　　　　　　　　　　　　　　　NO：0865236

收货人名称		收货人开户银行与账号		
船名	航次	起运港	目的港	预计到达时间
提单号	交付条款	卸货地点	进库场日期	第一程运输
标记与集装箱号	货名	集装箱数或件数	重量（kgs）	体积（m³）

船代公司重要提示：		
1. 本提货单中有关船、货内容按照提单的相关显示填制 2. 请当场核查本提货单内容错误之处，否则本公司不承担由此产生的责任和损失 3. 本提货单仅为向承运人或承运人委托的雇用人或替承运人保管货物订立合同的人提货的凭证，不得买卖转让 4. 在本提货单下，承运代理人及雇用人的任何行为，均应视为代表承运人的行为，均应享受承运人享有的免责、责任制和其他任何抗辩理由 5. 货主不按时携单造成的损失，责任自负 6. 本提货单中的中文译文仅供参考 7. 本提单所列到达日期系预报日期，不作为申报进境计算滞报金、滞箱费起算之日的凭证 　　　　　　　　　金龙国际船务代理有限公司 　　　　　　　　　　　　（盖章有效） 　　　　　　　　　　　年　　月　　日	收货人章 检验检疫章	海关章
注意事项： 1. 本提货单需要盖有船代放货章和海关放行章后方始有效。凡属法定检验检疫的进口商品，必须向检验检疫机构申报 2. 提货人到码头公司办理提货手续时，应出示单位证明或经办人身份证明，提货人如非本提货单记名收货人时，还应当出示提货单记名收货人开具的证明，以表明其为有授权提货的人 3. 货物超过港存期，码头公司可以按《上海港口货物疏运管理条例》的有关规定处理，在规定期间无人提取的货物，按《海关法》和国家有关规定处理		

图 6-7　提货单

6.2.3　多式联运单证的签发

由于国际多式联运与单一运输方式不同，办理货物运输的单证和手续也有所区别。除了按一般的集装箱货物运输的做法办理外，在制单和单证流转等方面，多式联运经营人接收托运货物，必须从接货单位（集装箱货运站或码头堆场）出具的信用证开始核对，核对无误后，方可签发多式联运单证。多式联运单证由多式联运经营人或其授权的人签字，在不违背多式联运单证签发国家法律规定的情况下，多式联运单证可以是手签、手签笔迹的复印、打透花字、盖章或用任何其他机械或电子仪器打印的。

集装箱交货记录

收货人	名称			收货人开户银行与账户	
	地点				
船名		航次	起运港	目的地	
卸货地点		到达日期	进库场日期	第一程运输	
标记集装箱		货名	集装箱数	件数	重量（kgs）	体积（m³）
日期	货名或集装箱号	出库数量			操作过程	签名	
		件数	包装	重量	件数	发货人	取货人
备注				收货人章		储区场站章	

图 6-8 集装箱交货记录

1. 多式联运单证的签发形式

（1）多式联运经营人凭接货单位签收的货物收据，根据发货人或货物托运人的要求，签发可转让或不可转让的多式联运单证。

签发可转让的多式联运单证应注意以下要求：

①应列明按指示交付，或向持票人交付。

②如列明按指示交付，需经背书方可转让。

③如列明向持票人交付，无须背书即可转让。

④如签发一套一份以上的正本单证，则应注明正本份数。

⑤对于所签发的任何副本，应在每份副本上注明"不可转让"的字样。

在业务实践中，对多式联运单证的正本和副本的份数规定不一样，主要视发货人的要求而定。在交付货物时，多式联运经营人只按其中一份正本交付货物后，便已履行向收货人交货的义务，其余各份正本自动失效。

签发不可转让的多式联运单证应注意以下要求：

①如果货物托运人要求多式联运经营人签发不可转让的多式联运单证，则多式联运经营人或经他授权的人应在多式联运单证的"收货人"一栏内，载明收货人的具体名称，并打上"不可转让"的字样。货物在运抵目的地后，多式联运经营人只能向单证中载明的收货人交付货物。

②如果多式联运单证中载明的收货人以书面形式通知多式联运经营人将单据中所记载的货物交给其在通知中指定的其他收货人,而在事实上多式联运经营人也这样做了,则可认为多式联运经营人已履行了交货的义务。

(2) 多式联运经营人凭接货单位签收的货物收据,根据发货人或货物托运人的要求,签发海运提单及联运提单。

在海运提单的缮制中,发货人为多式联运经营人(例如外运公司),收货人及通知方一般是多式联运经营人的国外代理,海运提单由船公司代理签发。

在联运提单的缮制中,联运提单上的收货人和发货人是实际的收、发货人,通知方则是目的港或最终交货地点收货人指定的代理人。提单上除了列明装货港、卸货港外,还要列明收货地、交货地或最终目的地、第一运输工具以及海运船名及航次等。缮制联运提单均按信用证规定缮制,并且联运提单由多式联运经营人签发。

有关其他单据一般是指信用证规定的船务单据和商务单据两种,这些单据按信用证中所规定的要求由发货人提供。除了将上述海运提单正本和多式联运提单正本分别递交多式联运经营人的国外代理和买方(收货人)外,还应将联运提单副本和海运提单副本连同装箱单、发票、产地证明等单据分别交给联运经营人国外代理及买方。这些单证要在船抵港前寄到代理和买方手中,以便国外代理办理货物转运,并将信息通知最终目的地收货人,同时也有利于收货人与代理取得联系。

2. 多式联运单证签发的时间、地点

在集装箱货物的国际多式联运中,多式联运经营人接收货物的地点有时不在装船港,而在某一内陆集装箱货运站或装船港的集装箱码头堆场,甚至在发货人的工厂或仓库。因此,在很多场合下,从接收货物到实际装船之间有一段待装期。在实际业务中,即使货物尚未装船,托运人也可凭场站收据要求多式联运经营人签发多式联运提单,这种提单属于收货待运提单。

6.2.4 信用证条款

根据多式联运的需要,信用证条款与一般常见条款相比,主要有以下三点区别:

(1) 通过银行议付不再使用船公司签发的已装船提单,而是凭多式联运经营人或其他授权的人签发的联运提单。

(2) 由于多式联运一般都采用集装箱运输,除特殊情况外,信用证上应有有关集装箱的条款。

(3) 由银行转单改为联运经营人直寄收货人。这样做的目的是使收货人及其代理人及早取得装船单证和报关时必备的商务单证,从而加快在目的港的提箱速度和交货速度。信用证字句大体为:"装船单据"(一般是指联运提单、发票、装箱单、产地证、出口国海关发票等)应交由多式联运经营人送给收货人或其代理。在发货人递交上述单证后,有时出于结汇需要,联运经营人可给出收到上述单据并已寄出的证明。

6.3 多式联运运费的计算

6.3.1 多式联运运费的基本结构

多式联运已突破传统的海运"港－港"的范围，而向两岸延伸，因此多式联运运费的基本结构，除包括海运段外，还包括一段内陆或两端内陆的运费。

多式联运运费的基本结构包括内陆运输费（主要是公路运费、铁路运费或海运运费，包括拖运费、储仓费、转运费、服务费等）以及码头装卸包干费。

1. 公路运费

$$公路运费 = 基本运费 + 附加运费$$

式中，基本运费是指公路运输中的托运费，按箱型、箱尺寸和运距计算；附加运费是指在公路运输中发生的其他费用，如车辆延滞费、上下车费、人工延滞费、辅助装卸费以及其他附加费等。

公路运费的计算方式主要有计程运费、计时包车运费、包装运费和短程运费。

2. 铁路运费

$$铁路运费 = 基本运费 + 附加运费$$

式中，基本运费是指铁路运输中的托运费，按箱型、箱尺寸和运距计算；附加费是指在铁路运输中发生的有关附加费用，如送取费、暂存费、换装费、代理费以及新路费、集装箱建设基金等。

3. 海运运费

$$海运运费 = 基本运费 + 附加运费$$

式中，基本运费是指任何一种货物运输收取的最基本运费，是海运运费的主要组成部分，包括船舶的折旧或租金、燃油费、修理费、港口使用费、管理费和职工工资等；附加运费是指在海运过程中因货物的特殊处理费用，如转船费、起重费、选港费、更改目的港费等，此外还包括受国际经济和国际贸易影响所产生的成本费用，如油价上涨、被迫绕航、汇率变动、港口拥挤等。

在集装箱海运中，为简化运费计算，班轮公司通常采用包箱费率的计算方法，并公布不同航线的运价。

4. 码头装卸包干费

在集装箱运输的方式下，大多采用集装箱装卸包干形式，按箱计收装卸包干费。我国交通部对外贸港口的集装箱装卸包干费的规定如表6-2所示。

6.3.2 多式联运运费的具体计算

$$多式联运运费 = 基本运费 + 附加运费$$

式中，基本运费是指两种或两种以上的不同运输方式的运费，在包括海运的多式联运中，由于海运运费通常已包括码头装卸包干费，故不另外收取。附加运费是指多式联运全程运输中除基本运费外的其他费用，如中转费、过境费、仓储费以及有关单证、服务费等。应该指出的是，按《多式联运公约》，多式联运应采用单一运费率，实际计费可以分段累加计收，也可以根据分段累加的总费用换算出单一运费率。

表 6-2　交通部集装箱费计收规定　　　　　　　　　（单位：元）

箱型	20 英尺[①]	40 英尺[①]
一般货物集装箱	422.50	638.30
空箱	294.10	444.10
一级危险品集装箱	467.90	702.00
冷藏重箱	497.90	702.00
冷藏空箱	324.10	486.10

① 1 英尺 = 0.304 8 米。

6.4　多式联运经营人与赔偿责任制

6.4.1　国际多式联运经营人

随着国际经济贸易结构的变化，多式联运经营人向多样化方向发展，名目繁多。其中，既有传统航运企业充当经营人的，如美国总统轮船公司和海陆公司以及日本邮船公司等；也有贸易公司的运输部门充当经营人的，如日本的三井、伊藤忠、丸红和住友等国际贸易公司均组建了多式联运公司，开办无船承运人经营业务。此外，还有铁路、航空和汽车运输公司充当经营人的（将承担全程运输责任）。

1. 多式联运经营人的类型

尽管目前国际上多式联运经营人的形态多种多样，但根据其是否实际参与海上运输，国际上通常将多式联运经营人分为以下两种主要的类型。

（1）以船舶运输经营为主的多式联运经营人。随着集装箱运输的发展，众多船舶所有人已将他们的服务范围扩展到包括陆上运输和航空运输在内的其他运输方式。这种多运输方式的结合使船舶运输经营人成为多式联运经营人。此类经营人通常称为"有船"多式联运经营人。通常，这种多式联运经营人并不拥有也不从事公路、铁路和航空货物运输，而是通过与有关承运人订立分合同来安排这些类型的运输。此外，他们通常还会订立内陆装卸、仓储及其他辅助服务的合同。

（2）无船多式联运经营人。无船多式联运经营人是指不拥有和不掌握船舶的承运人。他们利用船舶经营人的船舶向货主提供运输服务，并承担运输责任。国际上将此类经营人又称为"无船公共承运人"。起初，无船公共承运人仅指无海上运输船舶，后来成为无运输工具的公共承运人的通用名词。

2. 多式联运经营人的基本条件

多式联运经营人是一个独立的法律实体。作为国际多式联运经营人的基本条件如下：

（1）多式联运经营人本人或其代表必须就多式联运的货物与发货人本人或其代表订立多式联运合同，而且该合同至少要使用两种运输方式完成货物全程运输，合同中的货物是国际间的货物。

（2）从发货人或其代表那里接管货物时即签发多式联运单证，并对接管的货物开始承担责任。

（3）承担多式联运合同规定的运输和其他服务有关的责任，并保证将货物交给多式联运单证的持有人和单证中指定的收货人。

（4）对运输全过程中发生的货物灭失或损害，多式联运经营人首先对货物受损人负责，并应具有足够的赔偿能力。当然，这种规定和做法不会影响多式联运经营人向造成实际货损的承运人行使追偿的权利。

（5）多式联运经营人应具备与多式联运所需要的、相适应的技术能力。多式联运经营人对自己签发的多式联运单证要确保其流通性，并作为有价证券在经济上有令人信赖的担保程度。

6.4.2 多式联运经营人的责任类型

在货物进行多式联运的情况下，多式联运经营人通常将全程或部分路程的货物运输委托给他人，即区段承运人去完成。在多式联运的两种或两种以上的不同运输方式中，每一种方式所在的区段适用的法律对承运人责任的规定往往是不同的，当货物在运输过程中发生灭失或损坏时，由谁来负责任，是采用相同的标准还是区别对待，此时必须看经营人所实行的责任制类型。从目前国际多式联运的实际来看，主要有网状责任制、统一责任制和修订统一责任制三种。

（1）网状责任制（或分段责任制）。这种责任制是指多式联运经营人尽管对全程运输负责，但对货运事故的赔偿仍按不同运输区段所适用的法律规定进行；当无法确定货运事故发生区段时，则按海运法规和双方约定的原则加以赔偿。就货主而言，各个运输环节中的衔接工作由经营人负责组织完成，获得了很大的便利，但是当运输过程中发生货运事故时，只能通过联运经营人来敦促有关运输部门进行赔偿，而不能采用统一的方法来解决，因此，这是不太成熟的多式联运责任制类型。在当前国际多式联运中，由于法规不健全，也没有相应的管制，几乎所有的多式联运单据均采用这种赔偿责任形式。在各运输区段中作为依据的法律有：

- 公路运输，根据《国际公路货物运输合同公约》或国内法。
- 铁路运输，根据《国际铁路货物联运协定》或国内法。
- 海上运输，根据《海牙规则》或国内法。
- 航空运输，根据《华沙公约》或国内法。

(2) 统一责任制。这种责任制是指多式联运经营人对货主赔偿时不考虑各区段运输方式的种类及其所适用的法律，而是对全程运输按一个统一的原则并一律按一个约定的责任限额进行赔偿。由于现阶段各种运输方式采用不同的责任基础和责任限额，因而目前多式联运经营人签发的提单很少采用此种责任形式。

统一责任制的优势在于货方和经营人事先可以预见到未来的货物损失赔偿的程度。在网状责任制下，货主有时难以查明适用某一区段的法律，因此难以确认自己能否得到赔偿以及能得到什么样的赔偿。统一责任制弥补了这一缺陷，这种责任制有利于货方。其不足之处在于经营人与实际承运人适用的法律不一样，所承担的义务和享受的权利不同，有可能造成经营人赔偿损失后却得不到实际承运人对自己的补偿，同时对多式联运经营人来说，责任负担较重；此外，由于约定经营人所要承担的责任可能比货方实际损失少，货方可能不如适用货损发生实际运输段的法律得到的赔偿多。

(3) 修订统一责任制。它是指介于统一责任制与网状责任制之间的责任制，也称分段责任制。它在责任基础方面与统一责任制相同，在赔偿限额方面则与网状责任制相同，即多式联运经营人对全程运输负责，各区段的实际承运人仅对自己完成区段的运输负责。无论货损发生在哪一区段，多式联运经营人和实际承运人都按公约规定的统一责任限额承担责任。目前《多式联运公约》基本上采取这种责任形式。

6.4.3 多式联运经营人赔偿责任制

1. 赔偿责任制基础

已通过的《多式联运公约》对多式联运经营人所规定的赔偿责任基础仿照了《汉堡规则》，规定多式联运经营人对货物的灭失、损害或延迟交货所引起的损失——如果该损失发生在多式联运经营人掌管期间，应负赔偿责任，除非多式联运经营人能证明其本人受雇人、代理人或其他相关人员，为避免事故的发生及其后果已采取了一切符合要求的措施。如果货物未在议定的时间内交付，或虽没有规定交货时间，但未按具体情况对一个勤勉的多式联运经营人所能合理要求的时间内交货，即构成延迟交货。

《多式联运公约》采用的是完全过失责任制，即多式联运经营人除对由于其本人所引起的损失负责赔偿外，对于他的受雇人或代理人的过失也负有赔偿责任。

在国际货物运输公约中，对延迟交货责任一般都有明确的规定，只是有的规定较明确，有的则相反。如海上货物运输，由于影响运输的原因较多，很难确定在什么情况下构成延迟交货，因此，《海牙规则》中对延迟交货未做任何规定。

《多式联运公约》对在延迟交货下的多式联运经营人的赔偿责任规定分两种情况：

(1) 未能在明确规定的时间内交货。

(2) 未能在合理的时间内交货。

对于如何理解一个勤勉的多式联运经营人未在合理的时间内交货，要根据具体情况加以判断。例如，在货物运输过程中，为了船、货的安全发生绕航运输；又如由于气候影响，不能装卸货物，这些情况的发生都有可能构成延迟交货。但显然对于上述情况的发生，即使是再勤勉的多式联运经营人也只能是心有余而力不足。在延迟交货的情况下，收货人通常会采取这样的处理方法：

（1）接收货物，再提出由于延迟交货而引起的损失赔偿。

（2）拒收货物，提出全部赔偿要求。

2. 赔偿责任制内涵

所谓赔偿责任制是指多式联运经营人对每一件或每一货损单位负责赔偿的最高限额。

《海牙规则》对每一件或每一货损单位的赔偿最高限额为100英镑；《维斯比规则》则为10 000金法郎，或毛重每千克30金法郎，两者以较高者计。此外，《维斯比规则》对集装箱、托盘或类似的装运工具在进行集装箱运输时也做了规定。例如在提单上载明这种运输工具中的件数或单位数，则按载明的件数或单位数负责赔偿。《汉堡规则》规定每一件或每一货损单位为835个特别提款权（国际货币基金组织规定的记账单位），或按毛重每千克2.5个特别提款权，两者以较高者计。《汉堡规则》对货物用集装箱、托盘或类似的其他载运工具在集装时所造成的损害赔偿也做了与《维斯比规则》相似的规定。对于延迟交货的责任制，《汉堡规则》做了相当于该延迟交付货物应付运费的2.5倍，但不超过运输合同中规定的应付运费总额。

已通过的《多式联运公约》规定，货物的灭失、损害赔偿责任按每一件或每一货损单位计，小的超过920个特别提款权，或毛重每千克2.75个特别提款权，两者以较高者计。如果货物是用集装箱、托盘或类似的装运工具运输，赔偿则按多式联运单证中已载明的该种装运工具中的件数或包数计算，否则，这种装运工具的货物应视为一个货运单位。

有关延迟交货的赔偿是建立在运费的基础上的，与运费基数成正比。多式联运的运费基数是由各种货物和各运输区段的运费作为总的赔偿基数，可列式为：

$$X = a + b + c$$

式中，X——运费总数；a、b、c——各段的运费。

表6-3给出了对延迟交货的赔偿限额的规定。

表6-3 各种运输公约对延迟交货的赔偿限额规定

公约	延误损失赔偿责任限制	备注
《多式联运公约》	应付运费的2.5倍（40%以下）	不超过合同运费总额
《华沙公约》	无限额规定	无限额规定
《海牙规则》	—	—
《国际铁路货物联运协定》	应付运费的2倍	无限额规定
《国际公路货物运输合同公约》	延误货物运费总额	—

3. 赔偿责任制权利的丧失

为了防止多式联运经营人利用赔偿责任制的规定，对货物的安全掉以轻心，致使货物所有人遭受不必要的损失，从而影响国际贸易与国际航运业的发展，如经证明货物的灭失、损害或延迟交货是由于多式联运经营人有意造成的，或明知有可能造成而毫不在意的行为或不行为所引起的，多式联运经营人则无权享受赔偿责任制的权益。此外，对于多式联运经营人的受雇人或代理人，或为其多式联运合同而服务的其他人有意造成明知有可能造成而又毫不在意的行为或不行为所引起的货物灭失、损害或延迟交货，则该受雇人、代理人或其他人无权享受有关赔偿责任制的权益。

但在实际业务中，作为明智的多式联运经营人，在赔偿责任制的保护下，故意造成货物灭失、损害而失去责任制，这是不现实的。所谓毫不在意的行为或不行为，即多式联运经营人已经意识到这种做法有可能引起损失，但仍采取了不当的措施，或没有及时采取任何措施，即明知而又毫不在意。

表6-4给出了国际货物运输公约对每一件货或每一货损单位，或每千克毛重赔偿限额的规定。从表中可以看出，多式联运中不论是否包括海运或内河运输，多式联运经营人的赔偿责任限额比《海牙规则》高出五倍以上，比《维斯比规则》高出35%。对比来看，多式联运经营人的赔偿责任限额显得较低，只有公路承运人赔偿限额的1/3、航空承运人的1/6。

表6-4 各种运输公约对赔偿限额的规定

公约名称	每一件或每一单位		每千克毛重（千克）		备注
	责任制 S.D.R	多式联运公约所占（%）	责任制 S.D.R	多式联运公约所占（%）	
《多式联运公约》	920		2.75		包括海运或内河
《海牙规则》	161	570			
《维斯比规则》	680	135	2.04	135	
《国际公路货物运输合同公约》			8.33	33	
《国际铁路货物联运协定》			16.67	16.5	
《华沙公约》			17	16	
《多式联运公约》			8.33		不包括海运或内河
《国际公路货物运输合同公约》			8.33	100	
《国际铁路货物联运协定》			16.67	49.9	
《华沙公约》			17	48	

6.4.4 发货人的赔偿责任

在国际多式联运过程中，如果多式联运经营人所遭受的损失是由于发货人的过失或疏忽，或者是由于他的受雇人或代理人在其受雇范围内行事时的疏忽或过失所造成的，发货人对这种损失应负责赔偿责任。

发货人在将货物交给多式联运经营人时，应保证：

（1）所申诉的货物内容准确、完整。

（2）集装箱铅封牢固，能适合多种方式运输。

（3）标志、标签应准确、完整。

（4）如果是危险货物，应说明其特性和对该货物应采取的预防措施。

（5）自行负责由于装箱不当、积载不妥引起的损失。

（6）对由于自己或其受雇人、代理人的过失对第三者造成的生命财产损失负责。

（7）在货运单证上注有"货物检查权"的情况下，海关和承运人对集装箱内的货物有权进行检查。其损失和费用由发货人自行负责。

6.4.5 索赔与诉讼

在相关国际货运公约中，一般都规定了货物的索赔与诉讼条款，如《海牙规则》和各国船公司对普通货运提单的索赔与诉讼规定为，收货人应在收到货物三天之内，将有关货物的灭失、损害情况以书面的形式通知被索赔人，如货物的状况在交货时已经由双方证明，则不需要书面的索赔通知。收货人提出的诉讼时间为从货物应交付起1年内，否则，承运人将在任何情况下免除对于货物所负的一切责任。

一般的国际货运公约对货物提出的诉讼时效通常为一年，但是《汉堡规则》出台以后，诉讼时效有所延长。由于集装箱运输的特殊性，因此，有的集装箱提单规定在3天或7天内以书面形式通知承运人说明有关货损情况；至于诉讼时效，有的集装箱提单规定为1年，有的规定为9个月。如果属于全损，有的集装箱提单对于诉讼时效仅规定为2个月。

已通过的《多式联运公约》规定，货物受损人在收到货两年之内没有提起诉讼，或交付仲裁，即失去时效。如果货物受损人在交付日之后6个月内没有提出书面通知说明索赔的性质和主要事项，则在期满后失去诉讼时效，但要使一个索赔案成立，必须满足下列条件：

（1）提出索赔的人具有正当的索赔权。

（2）货物的灭失、损害具有赔偿事实。

（3）被索赔人负有实际赔偿责任。

（4）货物的灭失、损害是在多式联运经营人掌管期间发生的。

（5）索赔、诉讼的提出要在规定的有效期内。

6.5 国际多式联运实训项目

6.5.1 项目一：国际多式联运责任划分（样板）

项目内容：通过案例分析学习国际多式联运经营人的权利与责任，研究各责任人的权利和责任划分。

项目要求：了解国际多式联运经营人的权利与责任；明确在不同的集装箱运输条款下，各当事人该如何划分责任。

组织方式：个人完成，老师讲评。

实施步骤：学习多式联运责任划分→阅读案例→解答案例→听老师讲解→老师检查、评分。

考核评价：任务考核。

【项目资料】

江南丝绸公司将装载布料的五个集装箱委托四海集团承运，双方之间签订了国际多式联运合同，约定由四海集团对全程负责运输，将货交于底特律美国华美服装公司。多式联运单上记载："接货地：广州江南丝绸公司；装船港：香港；卸船港：西雅图；交货地：底特律华美服装公司运输；条款：FCL-FCL；同时记载'由货主装箱、计数'的批注。"

四海集团受理该票业务后，首先委托大地物流公司公路运输到香港，大地物流公司签发了以四海集团为托运人的公路货运单。其后，货到香港，四海集团又委托中国远洋船公司海运到西雅图。集装箱在香港装船后，中国远洋船公司签发了以四海集团为托运人的海运提单，提单记载："装船港：香港；卸船港：西雅图；运输条款："FCL-FCL""。集装箱在西雅图港卸船后，五个集装箱中有三个外表状况有严重破损，四海集团在西雅图的代理与船方代理对破损做了记录，双方代理在破损记录上共同签字。之后，四海集团又办理了由西雅图到底特律的铁路运输。五个集装箱运抵底特律华美服装公司后，收货人开箱时发现：三个外表有破损的集装箱箱内布料已严重受损，另一个集装箱尽管箱子外表状况良好，关封完整，但箱内布料受损。由于货到底特律收货人开箱时，发现五个集装箱中有四个集装箱的货物受损，于是拒绝收货并向发货人提出赔偿。发货人于是向四海集团提出赔偿，并要求按最高货损限额的运输区段给予赔付。关于货损责任人、赔偿限额，四海集团与发货人大地物流公司、船公司、铁路集团等涉案方产生了争议。

纠纷主要争议是：①货损到底该由谁来赔付？②货损是按公路货损标准、海运货损标准还是铁路货损标准限额支付赔偿金额？要解决此问题必须明确以下两点：一是国际多式联运经营人的权利与责任；二是在不同的集装箱运输条款下各当事人该如何划分责任。

1. 江南丝绸公司（发货人）的责任分析

在本案中，江南丝绸公司承担的是"集装箱外表状况良好但箱内货物受损"的这一个集装箱货损的责任。原因如下：

江南丝绸公司，以托运人的身份与四海集团签署了国际多式联运合同，多式联运单上注明运输条款为"FCL-FCL"；运单上同时也记载"由货主装箱、计数"的批注，这足以说明此批货物的交接形态是以整箱货的方式进行的。

在集装箱整箱交接形态下，其双方责任是"以集装箱外表状况是否良好，海关关封是否完整"来确定的。在本案中，江南丝绸公司将装载货物的集装箱交由四海集团托运时，按照整箱货交接下的责任划分，四海集团只需对集装箱的外表状况负责，而无须对集装箱内的货物负责。因此，货交收货人时，虽然有一个集装箱内的货物受损，但集装箱的外表状况是良好的。结合"FCL-FCL"运输条款下，四海集团"对集装箱状况的良好性负责，而无须对集装箱内货物的良好性负责"的原则，这一个集装箱货损的责任应由发货人江南丝绸公司自己承担。

2. 四海集团（国际多式联运经营人）的责任分析

在本案中，四海集团承担的是"集装箱外表有破损且箱内布料也已严重受损"的这三个集装箱货损的责任。原因如下：

四海集团，作为国际多式联运经营人应对全程运输负有责任。发货人将集装箱交给四海集团时，四海集团未对集装箱外表状况提出异议，由此可以认定集装箱外表状况是完好的。在集装箱"FCL-FCL"运输条款下，国际多式联运经营人承担着"在箱体完好和封志完整的状况下接收集装箱，就必须在相同状况下交付集装箱"的责任。因此，四海集团接收的是"外表状况良好"的集装箱，所以交给收货人的也应该是"外表状况良好"的集装箱。然而在本案中，货到目的地后，收货人发现有三个集装箱外表破损，开箱后其内的布料也已严重受损。结合"FCL-FCL"运输条款下，四海集团"对集装箱状况的良好性负责"的原则，这三个外表有破损的集装箱货损应由四海集团承担。因此，四海集团应该赔偿与其有运输合同关系的发货人江南丝绸公司这三箱货物的损失。

3. 中国远洋船公司（海运区段实际承运人）的责任分析

在本案中，"集装箱外表有破损且箱内布料也已严重受损"的这三个集装箱货损的责任，最终由中国远洋船公司承担。原因如下：

中国远洋船公司，作为"香港－西雅图"区段的海运分运人，应该对自己承担区段的货物运输负责。四海集团将集装箱交给中国远洋船公司承运时，中国远洋船公司签发了以四海集团为托运人的海运提单，运输条款是"FCL-FCL"。在海运提单上对集装箱的状态没有不良记录的批注，说明该提单是清洁提单，也就是说中国远洋船公司在装运港（香港）接收的是"外表状况良好"的集装箱。依据"FCL-FCL"条款下的责任划分，在整个运输过程直至货交托运人指定的代理人时，都必须保持集装箱"外表状况良好"的特性。但货抵目的港（西雅图）时，四海集团的代理人发现有三个集装箱外表有破损，并且双方代表对破损记录都签字确认。因此，可认定三个外表有破损集装箱的受损区段是发生在海运期间。货物最后到达目的地（底特律）后，收货人开箱发现这三个外表有破损的集装箱箱内的货物已严重受损。由此，可推断"集装箱外表有破损且箱内布料也已严重受损"的货损是发生在海上运输区段。所以，中国远洋船公司应该承担赔偿与其有海运合同关系的四海集团这三个集装箱的货损责任。

4. 大地物流公司（公路区段实际承运人）、西雅图铁路集团（铁路区段实际承运人）无责任分析

大地物流公司、西雅图铁路集团分别作为公路区段、铁路区段实际承运人，与四海集团都签订了分运合同。在本案中，不同区段的集装箱运输都是以"FCL-FCL"的形式完成的。因此，各区段实际承运人在完成运输业务在目的地交箱时，只要保持在起运地接箱时

的箱体状态，即可认为整个运输过程是完好的。

大地物流公司承担的是"广州－香港"的集装箱公路运输。在广州接箱时，集装箱外表状态是良好的。货抵香港，将集装箱交给四海集团代理人时，四海集团代理人并未对集装箱外表提出异议，在交接单上也没有不良记录。由此，可以认定公路运输区段是完好的，没有造成货损，大地物流公司不承担货损责任。

西雅图铁路集团承担的是"西雅图－底特律"的集装箱铁路运输。在西雅图接箱时，有三个集装箱外表破损、两个集装箱外表状况良好。依据"FCL-FCL"运输条款，货抵目的地底特律时，只要维持接箱时的状态，即"有三个集装箱外表破损、两个集装箱外表状况良好"的箱体形态，即可认定西雅图铁路集团顺利地完成了铁路运输。在本案中，货抵西雅图，西雅图铁路集团将集装箱交给四海集团的代理人时，四海集团代理人对三个破损集装箱的损害程度是否加剧没有提出异议，对另外两个集装箱外表状况也未提出异议。这说明西雅图铁路集团接收的是"有三个集装箱外表破损、两个集装箱外表状况良好"的运输业务，并且在相同状态下完成了交付任务。所以，可以认定铁路运输没有造成货损，西雅图铁路集团不承担货损责任。

总而言之，在国际多式联运中，要熟悉各参与方之间的关系，要充分了解集装箱不同交接形态下各参与方该承担的责任。只有掌握了丰富的专业知识，处理此类纠纷才会得心应手。

6.5.2 项目二：国际多式联运责任划分（实训）

项目内容：通过案例分析学习国际多式联运经营人的权利与责任，研究各责任人的权利和责任划分。

项目要求：了解国际多式联运经营人的权利与责任；明确在不同的集装箱运输条款下各当事人该如何划分责任。

组织方式：个人完成，老师讲评。

实施步骤：学习多式联运责任划分→阅读案例→解答案例→听老师讲解→老师检查、评分。

考核评价：任务考核。

【项目资料】（略）

老师指导，学生自主学习。

本章小结

本章阐释了国际多式联运的业务流程、国际多式联运的提单内容和作用以及多式联运的主要单证；介绍了国际多式联运费用的计算；重点论述了国际多式联运合同订立、履行、解除、变更及多式联运经营人的违约责任。

复习思考题

一、名词解释
1. 多式联运
2. 网状责任制、统一责任制以及修订统一责任制
3. 多式联运提单

二、简答题
1. 简述多式联运的业务流程。
2. 简述多式联运经营人的性质、类型、责任划分。
3. 简述几种多式联运责任制的区别。
4. 简述协作式多式联运与衔接式多式联运的区别。

三、单选题
1. 多式联运人的代表收取货物后，（　　）签发多式联运提单。
   A. 发货人应向经营人　　　　B. 承运人应向经营人
   C. 发货人应向承运人　　　　D. 经营人应向发货人
2. （　　）可以分为两大类：可转让单据和不可转让单据。
   A. 国际多式联运提单　　　　B. 集装箱单
   C. 海运单　　　　　　　　　D. 提单
3. 多式联运经营人在统一责任制下，承担货物运输责任的范围是（　　）。
   A. 全程　　　　　　　　　　B. 自己运输区段
   C. 实际承运人区段外区段　　D. 自己区段控制
4. 国际多式联运所应具有的特点不包括（　　）。
   A. 签订一份运输合同　　　　B. 采用一种运输方式
   C. 采用一次托运　　　　　　D. 一次付费
5. 在国际多式联运中，如果货物在全程运输中发生了灭失、损害和运输延误，如果不能确定事故发生的区段，一般按在（　　）发生处理。
   A. 公路段　　B. 海运段　　C. 铁路段　　D. 空运段

案例分析

1994 年 10 月 4 日，原告雁荡山公司作为买方与温州市进出口公司签订了一份售货确认书，购买一批童装，数量为 500 箱，总价为 68 180 美元。1995 年 2 月 11 日，温州市进出口公司以托运人身份将该批童装装于一个 40 尺的标箱内，交由富天公司所属"金泉"轮（M/V JianQuan）承运。富天公司加封铅，箱号为 SCXU5028957，铅封号为 11021，并签发了号码为 RS－95040 的一式三份正本全程多式联运提单，厦门外轮代理公司以代理身份盖了章。该份清洁记名提单载明：收货地为厦门，装货港为香港，卸货港为布达佩斯，收

货人为雁荡山公司。提单正面管辖权条款载明：提单项下的纠纷应适用香港法律并由香港法院裁决。提单背面条款 6（1）A 载明：应适用《海牙规则》及《维斯比规则》处理纠纷。1995 年 2 月 23 日，货抵香港后，富天公司将其转至以星公司所属"海发"轮（M/V ZIMHAIFA）承运。以星公司在香港的代理新兴行船务公司（SUN–HING SHIPPING CO. LTD）签发了号码为 ZIMUHKG166376 的提单，并加号码为 ZZZ4488593 的箱封。富天公司收执的提单上载明副本不得流转，并载明装货港为香港，目的港为科波尔，最后目的地为布达佩斯；托运人为富天公司，收货人为富天公司签发的正本提单持有人及本份正本提单持有人，通知人为本案原告雁荡山公司，并注明该箱从厦门运至布达佩斯，中途经香港。1995 年 3 月 22 日，以星公司另一个代理 R. 福切斯（R. FUCHS）传真雁荡山公司，告知集装箱预计于 3 月 28 日抵达斯洛文尼亚的科波尔港，用铁路运至目的地布达佩斯有两个堆场，让其择一。原告明确选择马哈特为集装箱终点站。3 月 29 日，以星公司将集装箱运抵科波尔，博雷蒂诺（BOLLETTINO）铁路运输公司出具运单，该运单载明箱号、铅封号以及集装箱货物与以星公司代理新兴行船务有限公司出具给富天公司的提单内容相同。4 月 12 日，R. 福切斯依照原告雁荡山公司指示，将集装箱经铁路运至目的地布达佩斯马哈特集装箱终点站。4 月 15 日，雁荡山公司向 R. 福切斯提交富天公司签发的一份正本提单并在背面盖章。6 月 6 日，雁荡山公司提货时打开箱子发现是空的。同日，匈牙利铁路公司布达佩斯港口出具证明，集装箱封铅及门锁在 4 月 15 日抵达布达佩斯寿洛科沙里路时已被替换。

1995 年 11 月 28 日，雁荡山公司第一次传真 R. 福切斯索赔灭失的货物。1996 年 1 月 2 日，R. 福切斯复函称，已接马哈特集装箱终点站通知货物被盗之事。在此之前，以星公司两家代理 R. 福切斯和香港新兴行船务公司来往函电中也明确货物被盗，并函复富天公司厦门办事处及托运人温州市进出口公司。后虽经雁荡山公司多次催讨，三方协商未果。

1996 年 4 月 10 日，原告雁荡山公司向厦门海事法院起诉，称：本公司所买货物由卖方作为托运人装于集装箱后交第一被告富天公司承运，富天公司签发了全程多式联运提单。提单上载明接货地厦门，卸货地匈牙利布达佩斯，收货人为我公司。富天公司将货运至香港后，转由第二被告以星公司承运。以星公司承运至欧洲后由铁路运至匈牙利布达佩斯马哈特集装箱终点站。1995 年 6 月 6 日，我公司作为提单收货人提货时发现箱空无货，故向两被告索赔此货物灭失的损失以及为此而支出的其他合理费用。第一被告富天公司作为全程多式联运承运人应对全程负责。第二被告以星公司作为二程承运人应对货物灭失负连带责任。

被告富天公司未在答辩期内予以答辩，在庭审时提出管辖权异议和答辩理由，称：依所签发的提单，提单项下的纠纷应适用香港法律并由香港法院裁决。根据提单背面条款，收货人应在提货之日后 3 日内提出索赔通知，并应在 9 个月内提起诉讼，否则，承运人便免除了所应承担的全部责任。收货人未向我公司提出书面索赔，又未在 9 个月内提起诉讼，已丧失索赔权利。又据《海商法》第八十一条的规定，自集装箱货物交付的次日起 15 日内，收货人未提交货物灭失或损坏书面通知，应视为承运人已完好交付货物的初步证据。我公司虽然签发了多式联运提单，但以星公司在 1995 年 2 月 23 日签发了转船清洁提单，并在箱体上加铅封，应说明货物交付以星公司时完好。此后货物发生灭失，依照联运承运人对自己船舶完成的区段运输负责的国际海运惯例，第二被告以星公司作为二程承运人应对本案货物灭失负责。请求驳回原告对我公司的起诉。

被告以星公司在答辩期内未答辩，庭审时才辩称：我公司作为二程承运人已履行了义务。我公司依照原告的指示由代理人将货交博雷蒂诺铁路运输公司承运，该公司以陆路承运人身份签发了铁路运单，运单上显示铅封完好，可见我公司作为二程船承运期间货物是无损交予陆路承运人的。此后，货物已非我所控制、掌管，且正本提单的交付意味着承运人交货和收货人收货，货物的掌管权也在此时转移，收货人并无异议。4 月 15 日货抵马哈特站，我公司代理人收回了提单，收货人 6 月 6 日才发现箱空无货，即集装箱在堆场存放了 52 天，这一期间不属于我公司的责任期。我公司与原告无直接合同关系，不应对原告的货物灭失承担责任。另外，集装箱运输是凭铅封交接，我公司接收、交付装货集装箱时铅封均完好，故应由托运人对箱内货物真实性负责。

讨论题：
本案中富天和以星公司是否都负有所承运货物丢失的赔偿责任？

分析：
本案是一起国际货物多式联运合同引发的纠纷。多式联运合同是指多式联运经营人以两种以上的不同运输方式进行运输，其中一种是海上运输方式，负责将货物从接收地运至目的地交付收货人，并收取全程运费的合同。国际货物多式联运是伴随国际货物集装箱运输的发展而发展起来的，其单据多表现为多式联运提单。多式联运提单是国际货物多式联运的证明，也是承运人在货物接收地接管货物和在目的地交付货物的凭证。在本案中，富天公司签发给雁荡山公司的提单即为多式联运提单。

本案共有三个运输区段，运输形式涉及海运和铁路运输，由三个承运人共同完成运输任务。这就使案件的事实认定显得复杂，其中产生了两个较有争议的问题。

（1）集装箱货物的真实性问题。

本案被告曾援引提单中的"CY to CY"条款（即从起运地或装箱港的堆场至目的地或卸箱港堆场的集装箱交接方式）进行抗辩，认为本案货物是由托运人自行装箱的，承运人无权也无义务对箱内货物进行检查；集装箱运抵布达佩斯马哈特集装箱终点站时封铅完好；50 余日后，收货人雁荡山公司开箱提货发现箱子是空的，这只能证明箱子是空的，而不能说明箱内货物被盗。换言之，本案存在集装箱内本来就没有货物的可能性。根据民事诉讼"谁主张、谁举证"的举证原则，被告认为托运人托运的集装箱内可能并无货物，应举出充分确凿的证据。但本案的两个被告均无法举出相应证据证明空箱的事实。而匈牙利铁道公司布达佩斯港口当局出具的证据表明，集装箱在 1995 年 4 月 15 日运抵布达佩斯寿洛科沙里路时铅封已被替换。根据国际航运惯例，在集装箱运输方式中，由托运人负责装箱的货物，从装箱托运后至交付收货人时的期间内，如集装箱箱体和封志完好，货物损坏或短缺，由托运人负责；如箱体损坏或封志破坏，箱内货物损坏或短缺，由承运人负责。鉴于以上事实，富天公司与以星公司关于货物真实性的质疑，应予否定。

(2) 集装箱货物灭失产生的区段。

以星公司认为其在将集装箱运抵目的地堆场，收回多式联运经营人签发的正本提单后，其运输和交货义务即告终止，此后发生的货物损坏或灭失应由收货人即原告自行负责。查明的事实是，富天公司将集装箱完好地交付给以星公司，以星公司在将箱子运抵目的地堆场前，箱封已经被替换。因此，货物灭失的区段与以星公司运输的区段正好吻合。此外，1995年3月22日以星公司的代理R.福切斯传真要求收货人在布达佩斯的两堆场中择一，收货人选择了马哈特集装箱运输终点站。根据航运惯例，承运人收回正本提单只是作为其向收货人交付货物的一个必要条件，集装箱运抵目的地堆场后、收货人提货前这段时间，货物仍在承运人掌管之中，承运人仍有义务保管、照料货物直至将其交给收货人。若收货人未及时提货，承运人在交付货物时可以向收货人收取额外的堆存和保管费用，但不免除其对货物应负的责任，直至将货完好地交付给收货人。本案的集装箱运抵目的地后，收货人雁荡山公司虽向以星公司提交了正本提单，但货物仍堆放在承运人堆场里，故不能视为承运人已交货。

上述两个问题解决后，本案要解决的就是以下几个问题：

(1) 多式联运经营人与区段承运人的责任分担形式问题。

货物在运输过程中发生灭失，是由多式联运经营人负责，还是由区段承运人负责赔偿？国际上对此主要有三种形式。第一是责任分担制，即多式联运经营人与区段承运人仅对自己完成的运输负责，各区段适用的责任原则，按适用于该区段的法律予以确定。第二种是网状责任制，即多式联运经营人对全程负责，而各区段承运人仅对自己完成的运输区段负责。各区段适用的责任原则由该区段的法律予以确定。第三种则是统一责任制，即多式联运经营人对全程运输负责，而各区段承运人仅对自己完成的运输区段负责，但不论损害发生在哪一区段，多式联运经营人或各区段承运人承担相同的赔偿责任。在以上三种多式联运经营人责任形式中，网状责任制和统一责任制都能较好地保护托运人或收货人的利益，这是因为不论货物损害发生在哪一运输区段内，托运人或收货人均可向多式联运经营人索赔。而责任分担制实际上是单一方式运输损害赔偿责任制度的简单叠加，不能适应国际货物多式联运的要求，故在实践中极少采用。《多式联运公约》采用统一责任制，国际上通用的联运单证统一规则则采用网状责任制。我国《海商法》对国际货物多式联运基本上实行网状责任制。

基于国际航运惯例及我国《海商法》的规定，本案采用网状责任制。本案查明货物灭失发生在以星公司运输的区段，但富天公司作为联运经营人不能免除对全程运输负责的责任，以星公司作为区段承运人也应对在其运输区段发生的货物灭失负责。

(2) 两被告承担的连带责任问题。

按照《中华人民共和国民法》的规定，在连带之债的关系中，如果债权人有权请求数个债务人中的任何一人履行全部债务时，这种债务称为连带债务，连带债务人所负的责任就称为连带责任。它除了必须符合民事责任构成的四个要素（民事违法行为的存在；民事违法行为造成的损害事实；违法行为与损害事实之间有因果关系；违法行为人的过错责任和无过错责任）外，还有四个特殊的构成要件：①连带民事责任的责任人一方必须有两人或两人以上；②连带民事责任的债务必须是不可分割的；③连带民事责任的客体必须是种类物；④连带责任必须有法律规定或当事人的约定。很显然，网状责任制就是连带责任的一种表现形式，它能充分保护托运人或收货人的利益，原告可以向应对全程运输负责的多式联运经营人索赔，也可以要求在本区段运输中致货物灭失的区段承运人承担赔偿责任，故富天公司与以星公司对原告的损失应承担连带赔偿责任。

（3）收货人提起索赔的诉讼时效问题。

富天公司签发给雁荡山公司的提单背面条款6(4)F载明：如果承运人交付的货物灭失或损害不明显，收货人应在提货之日后连续三日内书面提出索赔；6(4)G规定，只要收货人不在交货后9个月内就货物损害或灭失提起诉讼并将此事的书面通知送交承运人，承运人便应被解除根据提单所应承担的全部责任。简言之，收货人应在提货后三日内提出书面索赔，并在9个月内提起诉讼。本案两被告均以此提出抗辩，认为即使货物灭失发生在其运输区段内，原告之诉讼请求也已过了诉讼时效，不应受到法律保护，应予驳回。

提单中对收货人对货物损坏或灭失提起索赔时效的约定应否采纳，是航运界及海商法学界一个较有争议的问题。一种意见认为，提单中关于延长或缩短诉讼时效的规定应视为提单当事人的特别约定和意思表示，国际航运惯例中也常有这种现象，考虑到与国际惯例接轨，应当尊重这种特别约定。另一种意见认为，这种缩短诉讼时效（《海商法》定为一年）的约定与延长诉讼时效的约定一样，是与现行法律规定相违背的，不应采纳。根据我国的立法原则，允许当事人就合同的某些条款做出特别约定，但不得与现行法律相抵触。本案采纳了后一种观点，未采纳当事人之间关于缩短诉讼时效的特别约定。这并不排除将来准许这种做法的可能性。但从目前的法律角度来说，诉讼时效制度为一种强制性规范制度，不属当事人在合同中可约定的内容，这样认识不失其严肃性和可取性。

（4）关于本案的管辖权异议问题。

本案第一被告在庭审时提出了管辖权异议，认为根据提单的约定，双方产生的纠纷应由香港法院管辖。一审法院根据《中华人民共和国民事诉讼法》第三十八条的规定，认为富天公司未在法定的管辖权异议期间（提交答辩状期间）提出管辖权异议，在庭审时才提出此异议，违反了管辖权异议必须在法定期间提出的规定，应视为其无异议或放弃异议权的行使，庭审中才提出异议，是无效的。据此，当庭驳回了富天公司的管辖权异议。

（5）关于本案的法律适用问题。

根据本案提单的约定，应适用香港法律或者《海牙规则》及《维斯比规则》处理本案。但在庭审中，被告无法举证证明适用上述规范的结果与适用中国法律有什么不同。况且，中国《海商法》的规定与《海牙规则》《维斯比规则》的规定基本相同。富天公司在其诉辩主张中所援引的也是中国《海商法》的规定。故本案最终适用了《海商法》的规定。两被告在上诉中也未提出法律适用的问题，说明其也同意适用《海商法》处理本案。

根据我国《海商法》第二百六十九条的规定："合同当事人可以选择合同适用的法律"，所以，本案海运提单中关于法律适用的条款，应当是有效的条款。但本案最终未适用当事人选择的法律，而是适用了提单签发地、货物起运地所在的中国法律，并且这种国际多式联运合同并不属于限制当事人选择法律自由的合同。本案的这种做法是否适当呢？

应当认为，本案出现的这种情况，实际上是提出了一个关于法律适用的具体新问题，值得深入研究。在一般情况下，如果合同不属法律限制当事人选择法律的合同范畴，且是明确可以执行的，受案法院应当尊重当事人的选择，认可合同的准据法条款的效力，并以当事人能否证明所选择的法律的有无及具体内容和效力来最终确定是否可适用当事人所选择的法律。而本案发生的情况是，提单条款虽有约定法律适用的内容，但提单正面管辖权条款中记明适用香港法律，背面法律适用条款却记明适用《海牙规则》及《维斯比规则》，而且并未指明各自用于解决合同的哪个方面的问题，即实际上仍把合同作为一个整体同时适用两种法律，这是有违涉外民事关系法律适用的分割选择和不可分割选择制的（分割选择是指将合同分割成几个方面的问题，分别选择其各自要适用的法律。不可分割选择是指只把合同作为一个整体，选择其所要适用的法律。前者即合同的不同问题分别适用不同国家或地区的法律，可以为两种及两种以上的法律，后者只受一个国家或地区的法律的支配）。这在审判中实际上是无法执行的。因此，除非当事人在合同签订后及至诉讼时重新约定要么适用香港法律，要么适用《海牙规则》及《维斯比规则》，要么将合同分成几个方面的问题分别适用不同的法律，否则，合同约定的准据法不能得到适用。本案当事人之间没有这种重新约定，法院无法执行合同准据法条款，即应如国际公约所遵循的按法定方法不能查明应转而适用法院地法的原则一样，本案应转而适用法院地法。

另外，按合同管辖权条款的约定，合同纠纷应由香港法院管辖，但原告向提单签发地、货物起运地的厦门海事法院起诉，实际上就有避开香港法院管辖和避免适用香港法律的意思。被告之一富天公司作为提单签发人在其陈述中也未引用合同中选择的准据法，而是引用了中国的《海商法》，实际上是以积极明示的行为选择适用中国法。由此可见，双方当事人的行为实际上是放弃了合同准据法条款的适用，而另行选择了法院地法。一审法院依中国《海商法》做出判决后，两被告虽然不服，但在上诉中均未提出准据法适用不当的问题，也进一步说明它们是认可法院地法的适用的。

总结本案，在涉外民事关系法律适用问题上，可以确立这样一个原则，即对法律允许当事人选择准据法的合同中的准据法条款，如果是无法执行的条款，而当事人又未做出新的确定性约定的，受案法院可适用法院地法处理该合同纠纷。

资料来源：秦安政法网（http://wenfa.1545ts.com/contents/38/8268.html）。

第 7 章 • Chapter7

运 输 决 策

本章要点

- 影响运输方式选择的因素和评测方法
- 最优运输路线选择的方法
- 表上作业法的运用和计算
- 利用计算机进行运输问题线性规划求解
- 使用节约里程法制订调运计划
- 使用扫描法制订调运计划

开篇案例

物流运输决策问题

有三家工厂生产纸巾,并且都将产品运往三家不同的商店,如图 7-1 所示。每家工厂每周的生产能力和每家商店的平均需求量如表 7-1 所示。

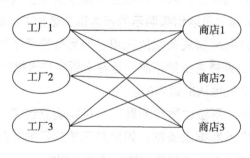

图 7-1 供需关系图

由于运货距离和公路的路况不同,各个工厂运往各家商店货物的运输费用是不同的,费用如表 7-2 所示。

表 7-1 供需量关系表

工厂	1	2	3
供应量	50	70	60
商店	1	2	3
需求量	50	60	70

问题：怎么样安排调运方案，能使总费用最少？

表 7-2 运费表　　　　　（单位产品运输费用：元）

工厂＼商店	1	2	3
1	3	10	5
2	5	4	10
3	9	8	6

运输决策在物流活动中具有十分重要的地位，因为运输成本占到物流总成本的 35%～50%。对许多商品来说，运输成本要占商品价格的 4%～10%，也就是说，运输成本占物流总成本的比重比其他物流活动所占的比重大。运输决策包含的范围很广泛，其中主要的是运输方式的选择、运输路线的选择以及运输计划的编制。

7.1 运输方式选择

一个现代化的综合运输体系是由五种运输方式以及各种相应的配套设施组成的，这五种运输方式是：铁路运输、公路运输、水路运输、航空运输及管道运输。其中，管道运输是在 20 世纪 50 年代石油大量开采并成为世界主要能源后发展起来的一种运输方式，主要用于运输石油、天然气。

在商品生产的市场经济体制下，在运输市场上各种运输方式之间不可避免地进行着激烈的竞争。但是，一方面由于各种运输方式均拥有自己固有的技术经济特征及相应的竞争优势；另一方面由于各种运输方式在运输市场需求方面本身拥有的多样性，这主要表现在运输量、距离、空间位置、运输速度等方面，这实际上就为各种运输方式在社会经济发展过程中营造了各自的生存及发展空间。

7.1.1 各种运输方式的技术经济特征

各种运输方式的技术经济特征主要包括运输速度、运输工具的容量及线路的运输能力、运输成本、经济性、环境保护。

1. 运输速度

物流运输的产品要实现空间位移，以什么样的速度实现它们的位移是物流运输的一个重要技术经济指标。决定各种运输方式运输速度的一个主要因素是各种运输方式载体能达到的最高技术速度。运输载体的最高技术速度一般受到载体运动的阻力、载体的推动技术、载体材料对速度的承受能力以及与环境有关的可操纵性等因素的制约。作为运输工具，它的最高技术速度决定于通常的地面道路交通环境下允许的安全操作速度。各种运输方式由于经济原因而采用的技术速度一般要低于最高技术速度，尤其是对经济速度特别敏感的水路运输（船舶一般都采用经济速度航行）。

目前，我国各种运输方式的技术速度分别为：铁路 80~160 千米/小时、海运 10~25 节、河运 8~20 千米/小时、公路 80~120 千米/小时、航空 900~1 000 千米/小时。科学技术的发展一直在提高各种运输方式的技术速度。

在运输实践中，旅客和货物所能得到的服务速度是低于运输载体的技术速度的。首先，运载工具不可能在运输的全过程中以技术速度运行，即运载工具的营运速度总是低于技术速度。例如，飞机升降作业时减速，铁路运输在中途停站及编组，船舶在航途中的速度会受到风浪的影响，汽车在行驶途中要进行交通避让。

就运输速度而言，航空速度最快，铁路次之，水路最慢。但在短距离的运输中，公路运输具有灵活、快捷、方便的绝对优势。

2. 运输工具的容量及线路的运输能力

由于技术及经济的原因，各种运输方式的运载工具都有其适当的容量范围，从而决定了运输线路的运输能力。公路运输由于道路的制约，其运载工具的容量最小，通常载重量是 5~10 吨。我国一般铁路的载重量是 3 000 吨。水路运输的载重能力最大，从几千吨到几十万吨。

3. 运输成本

物流运输成本主要由四项内容构成：基础设施成本、转运设备成本、营运成本和作业成本。以上四项成本在各种运输方式之间存在较大的差异。其中，在铁路方面，基础设施及运转设备方面的成本所占比重较大。

此外，评价各种运输方式的成本水平要考察多种因素。

4. 经济性

经济性是衡量交通运输方式的重要标准。经济性是指单位运输距离所支付票款的多少（对交通需求者来说）。交通运输的经济性状况除了受投资额、运转额等因素影响外，主要与运输速度及运输距离有关。一般说来，运输速度与运输成本有很大的关系，表现为正相关关系，即速度越快，成本越高。

运输的经济性与运输距离有紧密的关系。不同的运输方式的运输距离与成本之间的关系有一定的差异。如铁路的运输距离增加的幅度要大于成本上升的幅度，而公路则相反。从国际惯例来看，300 千米以内被称为短距离运输，该距离内的客货量应该尽量分流给公路运输。一般认为，运输在 300 千米内主要选择公路运输，300~500 千米内主要选择铁路运输，500 千米以上则选择水路运输。

5. 环境保护

运输业是污染环境的主要产业部门。它造成环境污染的直接原因有以下几个方面：

（1）空间位置的移动。

在空间位置移动的过程中，移动所必需的能源消耗以及交通运输移动体的固定部分与空气发生接触，从而产生噪声、大气污染等。空间位置移动本身不仅造成环境破坏，更重要的是随交通污染源的空间位置移动，会不断地污染环境，并扩散到其他地区，造成环境的大面积污染破坏。

（2）交通设施的建设。

交通设施的建设往往会破坏植被，改变自然环境条件，破坏生态环境的平衡。

（3）载运的客体。

在旅客运输中会有大量塑料饭盒等废弃物被扔在交通沿线上，形成大量的"白色垃圾"。运输业动力装置排出来的废气是空气的主要污染源，在人口密集的地区尤其严重。汽车运输排放的废气会严重地影响空气的质量，油船溢油事故会严重污染海洋，公路建设会大量占用土地，进而对生态平衡产生影响，并使人类生存环境恶化。

表 7-3 给出了各种运输方式的技术经济特性。

表 7-3　各种运输方式的技术经济特性

运输方式	技术经济特点	运输对象
铁路	初始投资大，运输容量大，成本低廉，占用的土地多，连续性强，可靠性好	适用于大宗货物、件杂货的中长途运输
公路	机动灵活，适应性强，短途运输速度快，能源消耗大，成本高，空气污染严重，占用的土地多	适用于短途、零担运输、门到门的运输
水路	运输能力强，成本低廉，速度慢，连续性差，能源消耗及土地占用都较少	适合于中长途大宗货物运输，以及海运、国际货物运输
航空	速度快，成本高，空气和噪声污染重	中长途及贵重货物运输、保险货物运输
管道	运输能力强，占用土地少，成本低廉，连续输送	适用于长期稳定的液体、气体及浆化固体物运输

7.1.2　各种运输方式的合理分工与协调

各种运输方式的合理分工与协调主要包括以下几个方面：

1. 货物流向流量和运输路线的协调

在考虑运输方式分工时，第一，必须研究国民经济对运输需求的总运量同运输通道上总运输能力是否协调。第二，要研究具体货物的流向、流量同运输方式及运输路径是否协调。第三，对运输网络通道上能承担运量的不同运输方式应该进行技术经济比较，既要对几种可能承担运量的运输方式从适应需要的情况方面进行比较，又要从不同运输方式的物资消耗及建设投资、营运费用、货物在途时间及损耗方面进行比较。

2. 各种运输方式设备能力的协调

每种运输方式都有自己的设备特色，如铁路有编组站、线路、机车、车辆、通信设备等，水运有港口、船舶、装卸设备、堆场、仓库等。除了保证这些设备内部协同合作外，还要保证不同的运输方式之间的设备最大可能地协调运作。

3. 各种运输方式组织工作的协调

对于不同的运输方式，运输组织工作是不同的。运输组织工作对运输分工和运输方式选择有很大的影响。当两种或者两种以上的运输工具（方式）联合完成全程运输任务时，货物运输者要加强组织工作。如多式联运中各种运输方式的合理协调就非常重要。

4. 运价和运输费用的协调

运价和运输费用对货主选择运输方式具有重要的影响。当运输方式的运输能力能够满足需求时，货主将从自身需要出发，如从运输速度、安全、方便、及时、运价和运输费用等方面综合考虑选择何种运输方式承运。

7.1.3　影响运输方式选择的因素分析

在各种运输方式中，如何选择适当的运输方式是物流合理化的重要问题。一般来讲，应根据物流系统要求的服务水平和可以接受的物流成本来决定，可以选择一种运输方式，也可以选择使用联运的方式。

可以在考虑具体条件的基础上，决定选用哪种运输方式。具体来说，应对下面五个具体项目做认真研究：

- 货物品种。
- 运输期限。
- 运输成本。
- 运输距离。
- 运输批量。

关于货物品种及性质、形状，应在包装项目中加以说明，选择适合这些货物特性和形状的运输方式。

运输期限必须与交货日期相联系，以保证及时运输。必须调查各种运输工具需要的运输时间，根据运输时间来选择运输工具。运输时间的快慢顺序一般情况下依次为航空运输、汽车运输、铁路运输、船舶运输。各种运输工具可以按照自身的速度编组来安排日期，加上它的两端及中转的作业时间，就可以计算所需要的运输时间。

运输成本因货物的种类、重量、容积、运距不同而不同。此外，运输工具不同，运输成本也会发生变化。在考虑运输成本时，必须考虑运输费用与其他物流子系统之间存在着互为利弊的关系，不能单从运输费用出发来决定运输方式，而要从全部的总成本出发进行考虑。

从运输距离看，一般情况下可以依照以下原则：300 千米以内用汽车运输；300~500 千米的范围内用铁路运输；500 千米以上，用船舶运输。

在运输批量方面，因为大批量运输成本低，应尽可能使商品集中到最终消费者附近。从这方面看，选择合适的运输工具进行运输是降低成本的好方法。

因为各种运输方式和运输工具都有各自的特点，而不同特性的物资对运输的要求也不一样，所以要制定一个选择运输方式的统一标准是很困难的，也没有必要这样做。但是，根据物流运输的总目标，确定一个带有普遍性的原则是可以的。

在选择运输方式时，保证运输的安全性是选择的首要条件，包括人身、设备和被运货物的安全等。为了保证被运输货物的安全，首先应了解被运货物的特性，如重量、体积、贵重程度、内部结构及其他物理、化学特性（易燃、易碎、危险性），然后选择安全可靠的运输方式。

物资运输的在途时间和到货的准时性是衡量运输效果的一个重要指标。运输时间的长短和到货的准确性不仅决定着物资周转的快慢，而且对社会再生产的顺利进行影响较大。有时运输不及时会给国民经济造成巨大的损失。

运输费用是衡量运输效果的综合标准，也是影响物流系统经济效益的主要因素。一般说来，运输费用和运输时间是一对矛盾体：速度快的运输方式一般费用较高，与此相反，运输费用低的运输方式速度较慢。

综上所述，选择运输方式时，通常是在保证运输安全的前提下衡量运输时间和运输费用，即当到货时间得到满足时再考虑费用低的运输方式。当然，计算运输费用不能单凭运输单价的高低，而应对运输过程中发生的各种费用以及对其他环节费用的影响进行综合分析。

我们在选择运输方式时，不能仅仅从费用方面考虑，还应该考虑发送方式。不同的发送方式不仅运输费用相差较大，而且运输的安全程度和在途的时间差别也很大。例如，铁路运输有整列、成组、整车、零担、包裹等发送方式，成组、整车运输由于配车编组，在途停滞时间长，费用低，而零担、包裹运输费用则较高。

如欲对运输方式的选择做进一步定量的分析，则应考虑不同运输工具类型所提供的服务特征。这些服务特征中最重要的是成本、速度和可靠性，因此服务成本、平均运达时间（速度）和运达时间的变动性（可靠性）应作为运输方式选择的依据。

7.1.4 运输方式的综合性能评价

我们对运输工具的选择，并不仅仅从费用的角度出发，将更多地考虑经济性 F_1、迅速性 F_2、安全性 F_3 和便利性 F_4 四个方面。

首先，我们在进行比较之前，必须把各评价尺度标值统一化；然而在实践中，由于货物单元、价格、交货日期、运输批量和收货单位的不同，使得这些运输工具的评价指标也必然不同。假设各尺度标值分别为：W_1、W_2、W_3、W_4，则运输工具的综合评价值 F 可以表示为：

$$F = W_1 F_1 + W_2 F_2 + W_3 F_3 + W_4 F_4$$

式中，
$$W_1 + W_2 + W_3 + W_4 = 1$$

现在可供选择的运输工具有：火车 T、汽车 M、轮船 V、飞机 A，那么它们的综合评价值分别用 $F(T)$、$F(M)$、$F(V)$、$F(A)$ 来表示，则：

$$F(T) = W_1 F_1(T) + W_2 F_2(T) + W_3 F_3(T) + W_4 F_4(T)$$
$$F(M) = W_1 F_1(M) + W_2 F_2(M) + W_3 F_3(M) + W_4 F_4(M)$$
$$F(V) = W_1 F_1(V) + W_2 F_2(V) + W_3 F_3(V) + W_4 F_4(V)$$
$$F(A) = W_1 F_1(A) + W_2 F_2(A) + W_3 F_3(A) + W_4 F_4(A)$$

目前还没有绝对行之有效的方法来量化 F_1、F_2、F_3、F_4，这里采用相关因素进行量化。

1. 经济性

运输工具的经济性是由运费、包装费、装卸费和设施费等有关运输费用合计来表示的。很显然，费用越高，经济性越差；设各运输工具所需成本为：$C(T)$、$C(M)$、$C(V)$、$C(A)$，其平均值为：

$$C = \frac{C(T) + C(M) + C(V) + C(A)}{4}$$

为了更清楚地突出各运输工具之间的差异性，我们用相对值来考察。运输经济性相对值为：

$$F_1(T) = \frac{C(T)}{C} \qquad F_1(M) = \frac{C(M)}{C}$$
$$F_1(V) = \frac{C(V)}{C} \qquad F_1(A) = \frac{C(A)}{C}$$

2. 迅速性

运输工具的迅速性是用从发货地到收货地所需的天数（或时间）来表示。所需的时间越长则迅速性越低，各运输工具所需的时间为：$H(T)$、$H(M)$、$H(V)$、$H(A)$，则平均值为：

$$H = \frac{H(T) + H(M) + H(V) + H(A)}{4}$$

运输工具的迅速性相对值为：

$$F_2(T) = \frac{H(T)}{H} \qquad F_2(M) = \frac{H(M)}{H}$$
$$F_2(V) = \frac{H(V)}{H} \qquad F_2(A) = \frac{H(A)}{H}$$

3. 安全性

运输的安全性要根据过去一段时间内的货损、货差率（有时通过实验数据）确定，一般实行计量化较为适合。破损率越高，安全性越差，平均值为：

$$D = \frac{D(T) + D(M) + D(V) + D(A)}{4}$$

安全性的相对值为：

$$F_3(T) = \frac{D(T)}{D} \quad F_3(M) = \frac{D(M)}{D}$$

$$F_3(V) = \frac{D(V)}{D} \quad F_3(A) = \frac{D(A)}{D}$$

4. 便利性

单以便利性计量化作为评价尺度是比较困难的，因为究竟达到何种程度才能算是便利，而不是相反的，这是很难确定的，因此比较妥帖的办法是根据具体情况具体分析；以代办货物运输为例，在考虑货物运到代办运输点所需的时间和距离等问题时，通常用代办点的经办时间与货物运到代办点所需的时间差来衡量，时间差越大，便利性越高，所以时间差大，是有利因素。

设运输工具的时间差是：$V(T)$、$V(M)$、$V(V)$、$V(A)$，则平均值为：

$$V = \frac{V(T) + V(M) + V(V) + V(A)}{4}$$

运输工具的便利性相对值为：

$$F_4(T) = \frac{V(T)}{V} \quad F_4(M) = \frac{V(M)}{C}$$

$$F_4(V) = \frac{V(V)}{V} \quad F_4(A) = \frac{V(A)}{V}$$

值得注意的是，在以上讨论中，四项指标中有三项与我们的目标追求是相反的，即费用越高，经济性越差；所需时间越长，迅速性越低；破损率越高，安全性越差；只有第四项时间差越大，便利性越好是正向的，为了使各项指标在量上与我们追求的目标一致，我们不妨将反向变化的三项指标取负值，这样我们就可以统一评价标尺。根据以上讨论，我们得出运输工具的综合评价值：

$$F(T) = -W_1 \frac{C(T)}{C} - W_2 \frac{H(T)}{H} - W_3 \frac{D(T)}{D} + W_4 \frac{V(T)}{V}$$

$$F(M) = -W_1 \frac{C(M)}{C} - W_2 \frac{H(M)}{H} - W_3 \frac{D(M)}{D} + W_4 \frac{V(M)}{V}$$

$$F(V) = -W_1 \frac{C(V)}{C} - W_2 \frac{H(V)}{H} - W_3 \frac{D(V)}{D} + W_4 \frac{V(V)}{V}$$

$$F(A) = -W_1 \frac{C(A)}{C} - W_2 \frac{H(A)}{H} - W_3 \frac{D(A)}{D} + W_4 \frac{V(A)}{V}$$

7.1.5 运输方式选择的成本比较法

如果不将运输服务作为竞争手段，那么能使该运输服务的成本与服务水平导致的相关间接库存成本之间达到平衡的运输服务就是最佳服务方案。此即，运输的速度和可靠性会影响托运人与买方的库存水平（订货库存和安全库存）以及他们之间的在途库存水平。如果选择速度慢、可靠性差的运输服务，物流渠道中就需要有更多的库存。这样就需要考虑库存持有成本可能升高，而抵消运输服务成本降低的情况。因此，最合理的方案应该既能满足顾客需求，又能使总成本最低。

7.2 运输路线选择

运输路线的选择会影响运输设备和人员的利用，正确地确定合理的运输路线可以降低运输成本，因此运输路线的确定是运输决策的一个重要领域。尽管路线选择问题种类繁多，但我们可以将其归为几个基本类型。

7.2.1 最优路线问题

对分离的单个始发点和终点的网络运输路线选择问题，最简单和直观的方法是最短路线法。网络图 G 由节点和线组成，点与点之间由线连接，线代表点与点之间运行的成本（距离、时间或时间和距离加权的组合）。开始时，除始发点外，所有节点都被认为是未解的，即均未确定是否在选定的运输路线上。始发点作为已解的点，计算从原点开始。

破圈法

破圈法的基本原理是在 G 中任取一个圈，从圈中去掉一条权值最大的边（如果有两条或两条以上的边都是权值最大的边，则任意去掉其中一条）；在余下的图中重复上述步骤，直至剩余的图中不再含圈为止，此时得到的路线即为最短路线（或费用最省的路线）。

如果用点表示研究对象，用边表示对象之间的联系，则图 G 可以定义为点和边的集合，记作：

$$G = (V, E)$$

式中，V 是点的集合或顶点的集合，E 是边的集合。注意，上面定义的图 G 区别于几何学中的图。在几何学中，图中点的位置、线的长度和斜率都十分重要，而这里只关心图中有多少个点以及哪些点之间有线相连。

【例 7-1】用破圈法求图 7-2 的最短路径。

步骤一：从图 7-2 中任取一个回路，如为 $DETD$，去掉最大边 ET，得 N_1。

步骤二：从 N_1 中任取一个回路，如为 $BDEB$，去掉最大边 BD，得 N_2。

依次类推，详细过程如图 7-3 所示。

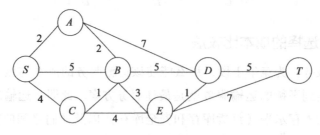

图 7-2 原路径图

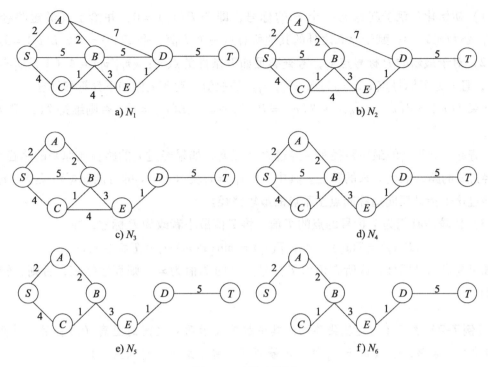

图 7-3 改进步骤图

7.2.2 最短路径法

最短路径问题是求从指定的起点 v_s 至终点 v_t 的多条路中总权值最小的路。如图 7-3 所示,从 v_1 至 v_8 存在多条路,其中总权值最小的路成为最短路径。

寻找最短路径常用的方法为 Dijkstra 算法,简称 D 算法(也称为双标号法)。该方法可用于求解指定的两点 v_s(起点)和 v_t(终点)间的最短路线以及指定起点 v_s 到其余各点的最短路径。该算法是目前求解权值非负的网络图的最短路径问题的最优方法。

D 算法的基本原理为:若序列 $(v_s, v_1, v_2, \cdots, v_{i-1}, v_i)$ 是从起点 v_s 到终点 v_i 的最短路径,则序列 $(v_s, v_1, v_2, \cdots, v_{i-1}, v_i)$ 必为 v_s 到 v_{i-1} 的最短路径。

D 算法的具体方法是:对所有的点赋予两种标号:一种为 T 标号,T 标号为临时性标号(temporary label),可用 $T(v_i)$ 表示;另一种为 P 标号,P 标号即永久性标号(permanent label),用 $P(v_i)$ 表示。当赋予某点 v_i 一个标号值,表示从 v_s 至 v_i 可能的最短路径的总权值的上界时,是一种暂时性的赋值,所有未赋予 P 标号的点均有一个 T 标号;当赋予某点 v_i 一个 P 标号值时,表示从起点 v_s 至 v_i 的最短路径的总权值已求出,为 $P(v_i)$,此后,v_i 的标号不再改变。算法的每一步都会选择一个 T 标号的点,将其改为 P 标号。当终点 v_t 得到 P 标号值时,全部计算结束。对于有 n 个顶点的图,最多经过 $(n-1)$ 步计算,便可以得到从起点至终点和其余各点的最短路径。另外,为了方便找出最短路径,T 标号和 P 标号均分为两部分,前面的值表示最短路径的总权值,后面是指针,表示最短路径的路线,用 $L(v_i)$ 表示。

D 算法的步骤为:

(1) 初始化：赋予起点 v_s 一个 P 的标号，即令 $P(v_s)=0$，并给予其最短路径指针 $L(v_s)$，令 $L(v_s)=0$；赋予除 v_s 之外的其他所有点一个 T 值，令 $T(v_i)=\infty$，$L(v_i)=0$。

(2) 对于最新的 P 标号点 v_i，考查满足如下条件的点 v_j：$(v_i, v_j) \in A$（A 是所有弧的集合），且 v_j 为 T 标号点 v_i，w_{ij} 为弧 (v_i, v_j) 的权值。对于 v_j 做如下计算和处理：

如果 $T(v_j) > P(v_i) + w_{ij}$，令 $T(v_j) = P(v_i) + w_{ij}$，$L(v_j) = v_j$，否则维持 $T(v_j)$ 和 $L(v_j)$ 不变。

考查起点 v_s 至 v_j 的最短路径是否经过 P 标点 v_i，如果经过 v_i 的路径比原来的路径更短，则用经过 v_i 的路线取代原来的路径。其中，$L(v_j)=v_i$ 表示 v_s 至 v_j 的可能最短路径经过 v_i，最后可通过这个指针反向追踪起点至某点的最短路径。

(3) 比较所有仍为 T 标号的点的 T 值，将 T 值最小者改为 P 标号，即

$$P(v_i) = T(v_i), \text{其中 } T(v_i) = \min\{T(v_j) | v_j \text{ 为 } T \text{ 标号点}\}$$

如果终点 v_t 已标号，或所有仍为 T 标号的点的 T 值为 ∞，则算法结束，否则，转回步骤 (2)。

【例7-2】图7-4 为运输线路图，其中权值表示两点之间的距离（或费用、时间），如何选择一条路，使从 v_1 至 v_8 的距离最短（或费用最省、时间最短）。

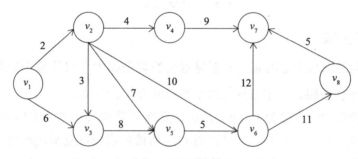

图 7-4　运输线路图

解：本例运用 D 算法，直接在图上计算比较方便。在赋值时，用下划线区别 P 标号和 T 标号，有下划线的值表示 P 标号，无下划线的值表示 T 标号。

第一步：初始化，即赋予起点 v_1 一个 P 标号，即令 $P(v_1)=0$，并给予其最短路径的指针，即令 $L(v_1)=0$；赋予除 v_1 之外的其他所有点一个 T 值，令 $T(v_i)=\infty$，$L(v_i)=0$（见图7-5）。

第二步：最新的 P 标号点为 v_1，对于其邻点 v_2、v_3，有 $(v_1, v_2) \in V$；$(v_1, v_3) \in V$，且 v_2、v_3 均为 T 标号点，对其进行如下计算和处理，如图7-6所示。

因为 $T(v_2) > P(v_1) + w_{12}$，所以令 $T(v_2) = P(v_1) + w_{12} = 0 + 2 = 2$，令 $L(v_2) = v_1$；
因为 $T(v_3) > P(v_1) + w_{13}$，所以令 $T(v_3) = P(v_1) + w_{13} = 0 + 6 = 6$，令 $L(v_3) = v_1$。之后，比较所有的 T 标号点。

因为 $T(v_2) = \min\{T(v_j) | v_j$ 为 T 标号点$\}$，所以令 $P(v_2) = T(v_2) = 2$。

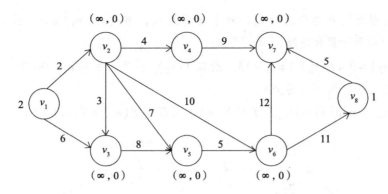

图 7-5 步骤一

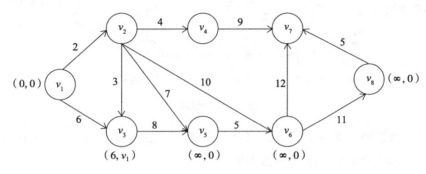

图 7-6 步骤二

第三步：最新的 P 标号点为 v_2，对于其相邻点 v_3、v_4、v_5、v_6，有 $(v_2, v_3) \in A$，$(v_2, v_4) \in A$，$(v_2, v_5) \in A$，$(v_2, v_6) \in A$，且 v_3、v_4、v_5、v_6 均为 T 标号点，对其进行如下计算和处理（见图 7-7）。

因为 $T(v_3) = 6 > P(v_2) + w_{23}$，所以令 $T(v_3) = P(v_2) + w_{23} = 2 + 3 = 5$，令 $L(v_3) = v_2$；

因为 $T(v_4) > P(v_2) + w_{24}$，所以令 $T(v_4) = P(v_2) + w_{24} = 2 + 4 = 6$，令 $L(v_4) = v_2$；

因为 $T(v_5) > P(v_2) + w_{25}$，所以令 $T(v_5) = P(v_2) + w_{25} = 2 + 7 = 9$，令 $L(v_5) = v_2$；

因为 $T(v_6) > P(v_2) + w_{26}$，所以令 $T(v_6) = P(v_2) + w_{26} = 2 + 10 = 12$，令 $L(v_5) = v_2$。

之后，比较所有的 T 标号点：

因为 $T(v_3) = \min\{T(v_j) | v_j 为 T 标号点\}$，所以令 $P(v_3) = T(v_3) = 5$。

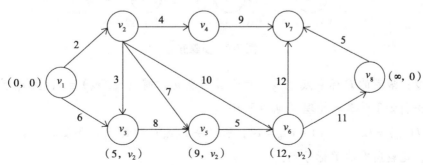

图 7-7 步骤三

第四步：最新的 P 标号点为 v_3，对于其邻点 v_5，有 $(v_3, v_5) \in A$，且 v_5 为 T 标号点，对其进行如下计算和处理（见图7-8）。

因为 $T(v_5) = 9 < P(v_3) + w_{35} = 13$，所以 $T(v_5)$ 不变，令 $L(v_5)$ 不变。

之后，比较所有的 T 标号点：

因为 $T(v_4) = \min\{T(v_j) | v_j$ 为 T 标号点$\}$，所以令 $P(v_4) = T(v_4) = 6$。

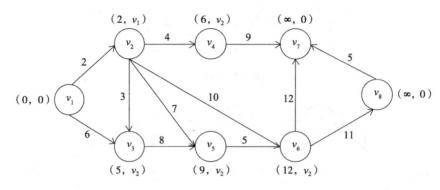

图7-8 步骤四

第五步：最新的 P 标号点为 v_4，对于其邻点 v_7，有 $(v_4, v_7) \in A$，且 v_7 为 T 标号点，对其进行如下计算和处理（见图7-9）。

因为 $T(v_7) = \infty > P(v_4) + w_{47} = 15$，所以令 $T(v_7) = P(v_4) + w_{47} = 6 + 9 = 15$，令 $L(v_7) = v_4$。

之后，比较所有的 T 标号点：

因为 $T(v_5) = \min\{T(v_j) | v_j$ 为 T 标号点$\}$，所以令 $P(v_5) = T(v_5) = 9$。

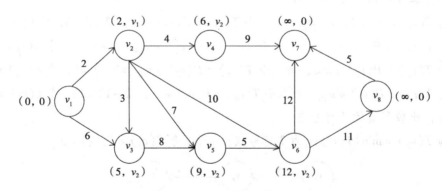

图7-9 步骤五

第六步：最新的 P 标号点为 v_5，对于其邻点 v_6，有 $(v_5, v_6) \in A$，且 v_6 为 T 标号点，对其进行如下计算和处理（见图7-10）。

因为 $T(v_6) = 12 < P(v_5) + w_{56} = 14$，所以令 $T(v_6)$ 和 $L(v_7)$ 不变。

之后，比较所有的 T 标号点：

因为 $T(v_6) = \min\{T(v_j) | v_j$ 为 T 标号点$\}$，所以令 $P(v_6) = T(v_6) = 12$。

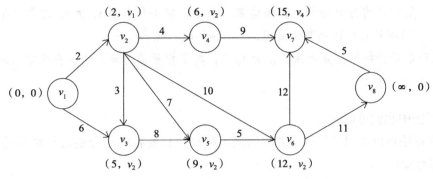

图 7-10 步骤六

第七步：最新的 P 标号点为 v_6，对于其邻点 v_7、v_8，有 $(v_6, v_7) \in A$，$(v_6, v_8) \in A$，且 v_7、v_8 为 T 标号点，对其进行如下计算和处理（见图 7-11）。

因为 $T(v_7) = 15 < P(v_6) + w_{67} = 24$，所以令 $T(v_7)$ 和 $L(v_7)$ 不变；

因为 $T(v_8) = \infty > P(v_6) + w_{68} = 23$，所以令 $T(v_8) = P(v_6) + w_{68} = 12 + 11 = 25$，令 $L(v_8) = v_6$。

之后，比较所有的 T 标号点：

因为 $T(v_7) = \min\{T(v_j) | v_j 为 T 标号点\}$，所以令 $P(v_7) = T(v_7) = 15$。

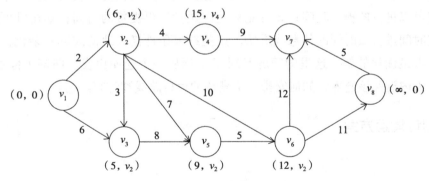

图 7-11 步骤七

第八步：最新的 P 标号点为 v_7，在 v_7 的相邻点中只有 v_8 为 T 标号点，但 $(v_7, v_8) \notin A$（见图 7-12）。比较所有 T 标号点，由于只剩下 v_8 为 T 标号点，所以，令 $P(v_8) = T(v_8) = 23$。

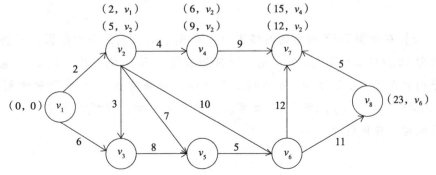

图 7-12 步骤八

此时，所有点均为 P 标号，算法结束。由此，求得从起点 v_1 至 v_8 的最短路，总权值为 23，利用指针可以回溯整个最短路径为 $v_1 \rightarrow v_2 \rightarrow v_6 \rightarrow v_8$。

如果到最后始终有些点无法标出 P 标号，其 T 标号仍为 ∞，这说明这些点是无路到达的点，算法结束。

从 D 算法中我们可以看出：
(1) D 算法可以求出任何两点之间的最短路径，只要将两点分别看作路线的起点及终点，然后标号即可。
(2) 两点之间的最短路线可能不是唯一的。
(3) D 算法的适用条件是弧的权值非负，且问题是求最小值，而对于最大值问题和弧的权值为负的情况，该算法不适用。

7.3 运输计划编制

运输计划编制即车辆运行路线和时间安排，是车辆运行路线选择问题的延伸，受到的约束条件更多。例如：①每个停留点规定的提货数量和送货数量；②所使用的多种类型的车辆的载重量和载货容积；③车辆在路线上休息前允许的最长的行驶时间；④停留点规定的在一天内可以进行的提货时间；⑤可能只允许送货后再提货的时间；⑥司机可能只能在一天的特定时间进行短时间的休息或进餐。这些约束条件极大地使问题复杂化，甚至使人们难以去寻求最优化的解。这里的问题是对于车辆从一个仓库出发，向多个停留点送货，然后在同一天内返回该仓库，如何安排一个满意的运行路线和时间。

7.3.1 制订调运方案

运输问题

人们在生产活动中不可避免地要进行物资调运工作，如某时期内将生产基地的煤、钢铁、粮食等各类物资，分别运到需要这些物资的地区。根据各地的生产量和需求量及各地之间的运输费用，制订一个运输方案，使总的运输费用最小，这样的问题就是运输问题。

【例 7-3】在如图 7-13 所示的网络图中，有 A_1、A_2、A_3 三个产粮区，可供应的粮食量分别为 10 万吨、8 万吨、5 万吨，现将粮食运往 B_1、B_2、B_3、B_4 四个地区，其需求量分别为 5 万吨、7 万吨、8 万吨、3 万吨。箭条旁的数字为产量地到需求地（销地）的运价（元/吨），图 7-13 也可以用表 7-4 表示，求解如何安排一个运输计划，使总的运输费用最少。

表 7-4　运价表　　　　　　　　　　　　　（单位：元/吨）

需求地 产粮地	B_1	B_2	B_3	B_4	供给量 （万吨）
A_1	3	2	6	3	10
A_2	5	3	8	2	8
A_3	4	1	2	9	5
需求量（万吨）	5	7	8	3	

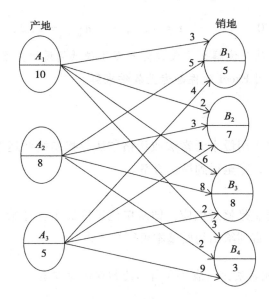

图 7-13　运输问题网络图

假设有 m 个产地，记为 $A_1, A_2, \cdots, A_m$，生产某种物资，可供应的产量分别为 $a_1, a_2, \cdots, a_m$；有 n 个销地（需求地），记为 $B_1, B_2, \cdots, B_n$，其需求量分别为 $b_1, b_2, \cdots, b_n$；c_{ij} 为由 i 产地运送到 j 产地的单位运价。

(1) 产销平衡，即所有的产量均能满足需求地的需求量时：

$$\sum_{i=1}^{m} a_m = \sum_{j=1}^{n} b_j$$

(2) 产销不平衡，即总产量不能完全满足各需求地的需求量时，分为以下两种情况：

①产量大于销量，即总的产量在满足各需求地的需求之后仍有余量，即

$$\sum_{i=1}^{m} a_m > \sum_{j=1}^{n} b_j$$

②销量大于产量，即总产量不足以满足各需求地的需求，即

$$\sum_{i=1}^{m} a_m < \sum_{j=1}^{n} b_j$$

使用线性规划模型表示这类运输问题，假设 x_{ij} 表示由 i 产地调运到 j 需求地的数量，Z 为总运费。

$$\min Z = \sum_{i=1}^{m} \sum_{j=1}^{n} c_{ij} x_{ij}$$

$$\begin{cases} \sum_{j=1}^{n} x_{ij} = (\leq) a_m & i = 1, 2, \cdots, m \\ \sum_{i=1}^{m} x_{ij} = (\leq) b_n & j = 1, 2, \cdots, n \\ x_{ij} \geq 0 & i = 1, 2, \cdots, m; j = 1, 2, \cdots, n \end{cases}$$

对该模型求解得到的最优解 x_{ij} 即使总运输费用最低的调运方案。求解的方法主要有表上作业法，也可以使用 Excel 软件等专业软件求解。

表上作业法

表上作业法的步骤是先用最小元素法或沃格尔法寻找初始调运方案，再通过闭合回路法或位势法微调调运方案，直至得到最佳方案。

（1）最小元素法。

最小元素法的基本思想是就近供应，即从单位运价最小者开始尽量满足供销关系，然后从次小的运价开始，一直到给出初始基本可行解为止。

【例 7-4】用最小元素法分析表 7-5 所示的初始调运方案。

表 7-5　产销初始方案图

销地 产地	B_1	B_2	B_3	B_4	产量
A_1	2	9	10	7	9
A_2	1	3	4	2	5
A_3	8	4	2	5	7
销量	3	8	4	6	21

解：步骤一，从表 7-5 中找出最小运价是 $C_{21} = 1$，故先取 x_{21} 的值并使其尽可能大，令 $x_{21} = \min\{5, 3\} = 3$，将 3 填在 C_{21} 的下方，表示 A_2 供应 3 个单位给 B_1。在 x_{11} 和 x_{31} 的位置分别打上 "×"，表示 B_1 已满足需要，不再需要其他产地供应，如表 7-6 所示。

步骤二，从表 7-6 中未划去的元素中找出最小运价，此时 $C_{24} = C_{23} = 2$ 都是最小的，可以任取其中一个。例如取 C_{33}，令 $x_{33} = \min\{7, 4\} = 4$，将 4 填在 C_{33} 的下方，表示 A_3 供应 4 个单位给 B_3。在 x_{13} 和 x_{23} 的位置上分别打上 "×"，表示 B_3 已满足需要，如表 7-7 所示。

表7-6　步骤一

销地 产地	B_1	B_2	B_3	B_4	产量
A_1	2 ×	9	10	7	9
A_2	1 3	3	4	2	5
A_3	8 ×	4	2	5	7
销量	3	8	4	6	21

表7-7　步骤二

销地 产地	B_1	B_2	B_3	B_4	产量
A_1	2 ×	9	10 ×	7	9
A_2	1 3	3	4 ×	2	5
A_3	8 ×	4	2 4	5	7
销量	3	8	4	6	21

步骤三，从表7-7中划去的元素中再找出最小运价，此时 $C_{24}=2$ 最小，令 $x_{24}=\min\{5-3,6\}=2$，将2填在 C_{24} 的下方，表示 A_2 供应2个单位给 B_4。在 x_{22} 的位置上打"×"，表示 A_2 的产量全部运出，如表7-8所示。

表7-8　步骤三

销地 产地	B_1	B_2	B_3	B_4	产量
A_1	2 ×	9	10 ×	7	9
A_2	1 3	3 ×	4 ×	2 2	5
A_3	8 ×	4	2 4	5	7
销量	3	8	4	6	21

用同样的方法继续进行下去，直至单位运价表中所有的元素被划去为止。最终结果如表7-9所示。

表7-9 步骤四

销地\产地	B_1	B_2	B_3	B_4	产量
A_1	2 ×	9 5	10 ×	7 4	9
A_2	1 3	3 ×	4 ×	2 2	5
A_3	8 ×	4 3	2 4	5 ×	7
销量	3	8	4	6	21

(2) 沃格尔法。

最小元素法的缺陷是：为了节省一处的费用，有时造成在其他处要多花几倍的运费。沃格尔法考虑到，一个产地的产品假如不能按最小运费就近供应，就考虑次最小运费，这就是一个差额，差额越大，说明不能按最小运费调运时，运费增加越多，因而在差额最大处，就应当采用最小运费调运。

【例7-5】用沃格尔法分析表7-10所示的运输问题的初始调运方案。

表7-10 步骤一

销地\产地	B_1	B_2	B_3	B_4	产量
A_1	2	9	10	7	9
A_2	1	3	4	2	5
A_3	8	4	2	5	7
销量	3	8	4	6	21

解：步骤一，求出每行次运价与最小运价的差额，记 $u_i(i=1,2,\cdots,m)$，同时求出每列次运价与最小运价的差额，记为 $v_j(j=1,2,\cdots,n)$。

$$\{u_1, u_2, u_3; v_1, v_2, v_3, v_4\} = \{7-2, 2-1, 4-2; 2-1, 4-3, 4-2, 5-2\}$$
$$= \{5, 1, 2; 1, 1, 2, 3\}$$

步骤二，找出所有行、列差额的最大值，即 $L=\max\{u_i, v_j\}$，差额 L 对应行或列的最小运价处优先调运。

在此例题中，$\max\{u_i, v_j\} = \max\{5, 1, 2; 1, 1, 2, 3\} = 5$，即 $u_1=5$ 最大，第一行的最小运价是 $C_{11}=2$，所以优先调运，$x_{11}=\min\{9,3\}=3$，将3填在 C_{11} 的下方，表示 A_1 供应

3 个单位给 B_1。在 x_{21} 和 x_{31} 的位置上打"×",表示 B_1 已满足需要,如表 7-11 所示。

表 7-11 步骤二

产地＼销地	B_1	B_2	B_3	B_4	产量	u_i
A_1	2 3	9	10		9	5
A_2	1 ×	3	4		5	1
A_3	8 ×	4	2		7	2
销量	3	8	4	6	21	
v_i	1	1	2	3		

步骤三,此时必有一列或一行调运完毕,在剩下的运价中再求最大差额,进行第二次调运,依次进行下去,直到最后全部调运完毕为止。

在此例题中,由于第一列的 B_1 已满足需求,所以只用求出 u_1、u_2、u_3 和 v_2、v_3、v_4 即可,结果如表 7-12 所示。

表 7-12 中最大差额为 $v_4=3$,第四列最小运价为 $C_{24}=2$,对其优先调运,$x_{24}=\min\{5,6\}=5$,将 5 填在 C_{24} 的下方,表示 A_{24} 供应 5 个单位给 B_4。在 x_{24} 和 x_{23} 的位置上打"×",表示 A_2 的产量全部运出,如表 7-12 所示。

表 7-12 步骤三

产地＼销地	B_1	B_2	B_3	B_4	产量	u_i
A_1	2 3	9	10		9	2
A_2	1 ×	3 ×	4 ×	5	5	1
A_3	8 ×	4	2		7	2
销量	3	8	4	6	21	
v_i	—	1	2	[3]		

剩下只需求 u_1、u_3 和 v_2、v_3、v_4 即可,结果如表 7-12 所示。此时表 7-13 中最大的差额为 $v_3=8$,此时第三列最小运价为 $C_{33}=2$,对其优先调运,$x_{33}=\min\{7,4\}=4$,将 4 填在 C_{33} 的下方,表示 A_3 供应 4 个单位给 B_3。在 x_{13} 的位置上打"×",表示 B_3 已满足

需要，如表 7-13 所示。

表 7-13 步骤四

销地\产地	B_1	B_2	B_3	B_4	产量	u_i
A_1	2 3	9	10 ×		9	2
A_2	1 ×	3 ×	4 ×	5	5	—
A_3	8 ×	4	2 4		7	2
销量	3	8	4	6	21	
v_i	—	5	[8]	2		

剩下再求 u_1、u_3 和 v_2、v_4 求得最大差额为 $v_2 = 5$，此时第二列最小运价为 $C_{32} = 4$，对其优先调运，$x_{32} = \min\{7-4, 8\} = 3$，在 x_{34} 的位置上打"×"。剩下的只有第一行，直接按最小元素优先调运，所以有 $x_{14} = \min\{9, 6-5\} = 1$，$x_{12} = 5$，其初始调运方案如表 7-14 所示。

表 7-14 步骤五

销地\产地	B_1	B_2	B_3	B_4	产量	u_i
A_1	2 3	9 5	10 ×	1	9	2
A_2	1 ×	3 ×	4 ×	5	5	—
A_3	8 ×	4 3	2 4	×	7	1
销量	3	8	4	6	21	
v_i	—	5	—	2		

在表 7-14 中，基变量正好是 $3+4-1 = 6$ 个，并且不形成闭合回路，其基本可行解 $x_{11} = 3$，$x_{12} = 5$，$x_{14} = 1$，$x_{24} = 5$，$x_{32} = 3$，$x_{33} = 4$，其余 $x_{ij} = 0$。这组解就是初始调运方案，总运费为 $Z = 2 \times 3 + 9 \times 5 + 7 \times 1 + 2 \times 5 + 4 \times 3 + 2 \times 4 = 88$。

7.3.2 调运方案调整

1. 闭合回路法

闭合回路法可用于调运方案的调整，具体方法是在调运数量的格子中找一条闭合回路，由起点开始，分别在顶点上交替标上代数符号+，-，+，-，…，-，以这些符号分别乘以相应的运价，检验其代数和。若该代数和为负数，说明存在费用更省的调运方案，方案需调整；若代数和为非负数，则不需调整，直至方案中所有的闭合回路的运费代数和都为非负数。

例如，在下面的闭合回路中：

则从 x_{31} 开始，标上（+），x_{33} 标上（+），x_{11} 标上（-），用这些符号乘以对应的单位运价再求和，即 $\lambda_{31} = C_{31} - C_{33} + C_{13} - C_{11}$。

【例 7-6】 用闭合回路法求例 7-5 的检验数。

要计算检验数 λ_{13}，先找出 x_{13} 的闭合回路 $\{x_{13}, x_{33}, x_{32}, x_{12}\}$，如表 7-15 所示。对应的运价为 $\{C_{13}, C_{33}, C_{32}, C_{12}\}$，再用正负号交替乘以运价有 $\{+C_{13}, -C_{33}, +C_{33}, -C_{12}\}$，直接求代数和得：

$$\lambda_{13} = C_{13} - C_{33} + C_{32} - C_{12} = 10 - 2 + 4 - 9 = 3$$

表 7-15 产销关系图

产地＼销地	B_1	B_2	B_3	B_4	产量
A_1	2 3	9 5	10 ×	7 1	9
A_2	1 ×	3 ×	4 ×	2 5	5
A_3	8 ×	4 3	2 4	5 ×	7
销量	3	8	4	6	21

同理可求出其他非基变量的检验数：

$\lambda_{21} = C_{21} - C_{24} + C_{14} - C_{11} = 1 - 2 + 7 - 2 = 4$

$\lambda_{22} = C_{22} - C_{24} + C_{14} - C_{12} = 3 - 2 + 7 - 9 = -1$

$\lambda_{23} = C_{23} - C_{24} + C_{14} - C_{12} + C_{32} - C_{33} = 4 - 2 + 7 - 9 + 4 - 2 = 2$

$\lambda_{31} = C_{34} - C_{14} + C_{12} - C_{32} = 8 - 4 + 9 - 2 = 11$

$\lambda_{34} = C_{34} - C_{14} + C_{12} - C_{32} = 5 - 7 + 9 - 4 = 3$

2. 位势法

用闭合回路法判定一个运输方案是否为最优方案，需要找出所有空格的闭合回路，并计算出其检验数。当运输问题的产地和销地很多时，计算检验数的工作十分繁重，而用位势法就要简便得多。

设平衡运输问题为：

$$\min z = \sum_{i=1}^{m} \sum_{j=1}^{n} C_{ij} x_{ij}$$

$$\begin{cases} \sum_{j=1}^{n} x_{ij} = a_i (i = 1, 2, \cdots, m) \\ \sum_{i=1}^{m} x_{ij} = b_j (j = 1, 2, \cdots, n) \\ x_{ij} \geq 0 (i = 1, 2, \cdots, m; j = 1, 2, \cdots, n) \end{cases}$$

设前 m 个约束对应的对偶变量为 $u_i(i=1, 2, \cdots, m)$，后 n 个约束对应的对偶变量为 $v_j(j=1, 2, \cdots, n)$，则运输问题的对偶问题是：

$$\max z' = \sum_{i=1}^{m} a_i u_i + \sum_{j=1}^{n} b_j v_j$$

$$\begin{cases} u_i + v_j \leq C_{ij} (i = 1, 2, \cdots, m; j = 1, 2, \cdots, n) \\ u_i, v_j \text{ 无约束} \quad (i = 1, 2, \cdots, m; j = 1, 2, \cdots, n) \end{cases}$$

加入松弛变量 λ_{ij} 将约束化为等式：

$$u_i + v_j + \lambda_{ij} = C_{ij}$$

记原问题基变量的下标集合为 I，由对偶性质知，原问题 x_{ij} 的检验数是对偶问题的松弛变量 λ_{ij}，当 $((i, j) \in I)$ 时 $\lambda_{ij} = 0$，因而有：

$$\begin{cases} u_i + v_j = C_{ij} & (7\text{-}1) \\ \lambda_{ij} = C_{ij} - (u_i + v_j) \quad (i, j \notin I) & (7\text{-}2) \end{cases}$$

式（7-1）包括 $m+n-1$ 个方程（因为有 $m+n-1$ 个基变量），有 $m+n$ 个未知变量 u_i 及 v_j，有一个自由变量，一般地令 $u_1 = 0$ 就可得到 u_i 及 v_j 的一组解，再由式（7-2）得到非基变量的检验数，称 u_i 和 v_j 为运输问题，关于基变量组 $\{x_{ij}\}$ 的对偶解，或称为位势（u_i 为行位势，v_j 为列位势）。不同基变量组 $\{x_{ij}\}$ 或自由变量的取值不同，得到不同的位势，u_i 和 v_j 有无穷多组解，但对于同一组基变量来说，所求得的检验数是唯一的，并与闭合回路法求得的检验数相同，这种求检验数的方法称为位势法。

【例 7-7】 用位势法求解例 7-5 得出的初始基本可行解的检验数。

解： 步骤一，在表 7-15 上增加 u_i 和 v_j，如表 7-16 所示。

表 7-16 产销关系图

产地＼销地	B_1	B_2	B_3	B_4	产量	u_i
A_1	2 3	9 5	10 ×	7 1	9	0
A_2	1 ×	3 ×	4 ×	2 5	5	−5
A_3	8 ×	4 3	2 4	5 ×	7	−5
销量	3	8	4	6	21	
v_j	2	9	7	7		

步骤二，计算位势。

利用式（7-1）计算出运输表各行各列的位势。本例中有 6 个基变量，故有 6 个方程：

$$\left.\begin{aligned} u_1 + v_1 &= 2 \\ u_1 + v_2 &= 9 \\ u_1 + v_4 &= 7 \\ u_2 + v_4 &= 2 \\ u_3 + v_2 &= 4 \\ u_3 + v_3 &= 2 \end{aligned}\right\} \tag{7-3}$$

在求解式（7-3）中的方程组时，为计算简便，常任意指定某一位势等于一个较小的整数或零，本例中指定 $u_1 = 0$，由此可算出：

$$\begin{cases} u_1 = 0 \\ u_2 = -5 \\ u_3 = -5 \end{cases} \quad \begin{cases} v_1 = 2 \\ v_2 = 9 \\ v_3 = 7 \\ v_4 = 7 \end{cases}$$

将上述各位势的值示于表 7-16 中。

步骤三，计算检验数。

有了位势 u_i 和 v_j 后，即可由式（7-2）计算出各空格的检验数。

$$\lambda_{13} = C_{13} - (u_1 + v_3) = 10 - (0 + 7) = 3$$

$$\lambda_{21} = C_{21} - (u_2 + v_1) = 1 - (-5 + 2) = 4$$

$$\lambda_{22} = C_{22} - (u_2 + v_2) = 3 - (-5 + 9) = -1$$

$$\lambda_{23} = C_{23} - (u_2 + v_3) = 4 - (-5 + 7) = 2$$

$$\lambda_{31} = C_{31} - (u_3 + v_1) = 8 - (-5 + 2) = 11$$

$$\lambda_{34} = C_{34} - (u_3 + v_4) = 5 - (-5 + 7) = 3$$

比较例 7-6、例 7-7 的计算结果，可知用位势法和用闭合回路法算出的检验数完全相同。

3. 解的改进

对运输问题的一个解来说，若最优性检验时检验数为非负，说明该方案还可以进一步改进。改进方法是在运输表中找出这个代数和为负数的闭合回路，在满足所有约束条件的前提下，使其尽量增大调运并相应调整此闭合回路上其他顶点的运输量，以得到另一个更好的基本可行解。

【例 7-8】对例 7-5 中用沃格尔法得出的初始基本可行解进行改进，如表 7-17 所示。

表 7-17　改进后关系图

产地＼销地	B_1	B_2	B_3	B_4	产量
A_1	2 3	9 5	10 ×	7 1	9
A_2	1 ×	3 ×	4 ×	2 5	5
A_3	8 ×	4 3	2 4	5 ×	7
销量	3	8	4	6	21

解： 在例 7-6 和例 7-7 中已算出了这个解的检验数，由于 $\lambda_{22}<0$，故需对该闭合回路进行调整。

在闭合回路中，标有负号的最小运量作为调整运量 θ。由于 x_{22} 的闭合回路是 $\{x_{22}, x_{24}, x_{14}, x_{12}\}$，故标负号的变量为 x_{24}、x_{12}，其最小运量的值为：$\theta = \min\{x_{24}, x_{12}\} = \min\{5, 5\} = 5$。

此处取 x_{12} 进行调整，调整量为 5。

在 x_{22} 的闭合回路上标"+"的分别加上 5，标"-"的分别减去 5，并且在 x_{12} 处打"×"，其余变量值不变。调整后得到一组新的基本可行解，如表 7-18 所示。

表 7-18　改进后的产销关系图

产地＼销地	B_1	B_2	B_3	B_4	产量
A_1	2 3	9 ×	10 ×	7 6	9
A_2	1 ×	3 5	4 ×	2 0	5
A_3	8 ×	4 3	2 4	5 ×	7
销量	3	8	4	6	21

重新计算检验数得：

$$\lambda_{12} = 1, \lambda_{13} = 4, \lambda_{21} = 4, \lambda_{23} = 3, \lambda_{31} = 10, \lambda_{34} = 2$$

由于全部检验数均为非负数，因此本调运方案为足有调运方案，即由 A_1 向 B_1 调运 3，向 B_4 调运 6；由 A_2 向 B_2 调运 5；由 A_3 向 B_2 调运 3，向 B_3 调运 4。

$$总运费 = 3 \times 2 + 6 \times 7 + 5 \times 3 + 3 \times 4 + 4 \times 2 = 83$$

7.3.3 线性规划模型法

线性规划模型法首先建立运输问题的线性规划模型，再求解，求得的解即为最优调运方案。

【例 7-9】 有三个产粮区 A_1、A_2、A_3，可供应粮食分别为 10 万吨、8 万吨、5 万吨，现将粮食运往 B_1、B_2、B_3、B_4 四个地区，其需求量分别为 5 万吨、7 万吨、8 万吨、3 万吨。表 7-19 为产粮地到需求地的单位运价表。求解如何设计一个运输计划，使总的运输费用最少。

表 7-19 单位运价表　　　　　　　　　　（单位：元/吨）

产粮地＼需求地	B_1	B_2	B_3	B_4	供给量（万吨）
A_1	3	2	6	3	10
A_2	5	3	8	2	8
A_3	4	1	2	9	5
需求量（万吨）	5	7	8	3	合计：23

解： 设 $x_{ij}(i=1,2,3; j=1,2,3,4)$ 为第 i 个产粮地运往第 j 个需求地的运量，这样得到该问题的一般线性规划模型如下。

（1）使总的运输费用最小，则目标函数为：

$$\min z = 3x_{11} + 2x_{12} + 6x_{12} + 3x_{13} + 5x_{21} + 3x_{22} + 8x_{23} + 2x_{24} + 4x_{31} + x_{32} + 2x_{33} + 9x_{34}$$

（2）各产粮地的供给量与运出量的平衡方程为：

$$\begin{cases} x_{11} + x_{12} + x_{13} + x_{14} = 10 \\ x_{21} + x_{22} + x_{23} + x_{24} = 8 \\ x_{31} + x_{32} + x_{33} + x_{34} = 5 \end{cases}$$

（3）供给各需求地的供给量与需求量的平衡方程为：

$$\begin{cases} x_{11} + x_{21} + x_{31} = 5 \\ x_{12} + x_{22} + x_{32} = 7 \\ x_{13} + x_{23} + x_{33} = 8 \\ x_{14} + x_{24} + x_{34} = 3 \end{cases}$$

（4）粮食的运量应大于或等于零（非负要求），即

$$x_{ij} \geq 0, i = 1, 2, 3; j = 1, 2, 3, 4$$

使用 Microsoft Excel 软件求解，以 Microsoft Excel 2010 版为例，求解操作步骤如下：

第一步，安装"规划求解"功能。

（1）点击 Excel 软件菜单栏中的"文件"选项卡，点击"选项"功能（见图 7-14）。

（2）如图 7-15 所示，在弹出的 Excel 选项对话框中，选择"加载项"（见标号 1），选择"Excel 选项"（见标号 2），点击"转到"按钮（见标号 3）。

（3）在弹出的"可用加载宏"选项栏中勾选"规划求解加载项"，点击"确定"，如图 7-16 所示。待系统安装此加载项，完成之后在"数据"选项卡中将出现"规划求解"功能。

第二步，录入各变量系数，设置结果输出区，如图 7-17 所示。

在图 7-18 中，调运方案和总运费区域为计算结果输出区，由 Excel 运算后给出最优解。

第三步，设置目标函数和约束条件计算公式。

图 7-14　步骤一

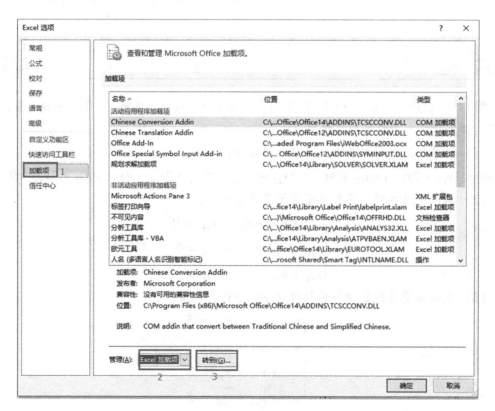

图 7-15　步骤二

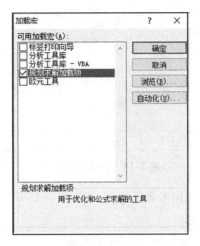

图 7-16 步骤三

图 7-17 结果输入图

(1) 在 B13 单元格录入公式 "=SUMPRODUCT(B3:E5,B9:E11)"。

(2) 在 F9 单元格录入公式 "=SUM(B9:E9)",在 F10 单元格录入公式 "=SUM(B10:E10)",在 F11 单元格录入公式 "=SUM(B11:E11)"。

(3) 在 B12 单元格录入公式 "=SUM(B9:B11)",在 C12 单元格录入公式 "=SUM(C9:C11)",在 D12 单元格录入公式 "=SUM(D9:D11)",在 E12 单元格录入公式 "=SUM(E9:E11)",如图 7-18 所示。

第四步,设置规划求解功能参数并求解。

(1) 点击"数据"选项卡中的"规划求解"功能,弹出"规划求解参数"对话框。

	A	B	C	D	E	F
1			单位运价表			
2		B1	B2	B3	B4	供给量（万吨）
3	A1	3	2	6	3	10
4	A2	5	3	8	2	8
5	A3	4	1	2	9	5
6	需求量（万吨）	5	7	8	3	合计：23
7			调运方案			
8		B1	B2	B3	B4	供给量（万吨）
9	A1					=SUM(B9:E9)
10	A2					=SUM(B10:E10)
11	A3					=SUM(B11:E11)
12	需求量（万吨）	=SUM(B9:B11)	=SUM(C9:C11)	=SUM(D9:D11)	=SUM(E9:E11)	
13	总运费	=SUMPRODUCT(B3:E5,B9:E11)				
14						

图 7-18　公式输入图

（2）在设置目标栏中选择 B13 单元格。

（3）选择"最小值"选项。

（4）选择 B9:E11 的单元格区域为可变单元格。

（5）点击遵守约束栏旁边的"添加"按钮添加约束条件，弹出"添加约束"对话框。在单元格引用栏中选择 F9:F11 单元格区域，运算符选择"="，在约束中选择 F3:F5 单元格区域，点击"添加"按钮后第一组约束条件即添加到遵守约束栏，如图 7-19 所示。

图 7-19　添加约束条件

（6）按照（5）继续添加第二组约束条件。在单元格引用栏中选择 B12:E12 区域，运算符选择"="，在约束栏中选择 B6:E6 单元格区域，点击"添加"按钮后第二组约束条件即添加到遵守约束栏，如图 7-20 所示。

图 7-20　继续添加约束条件

（7）勾选"使无约束变量为非负数"选项框。全部设置完成的规划求解参数如图 7-21 所示。

（8）点击"求解"按钮，Excel 软件经计算后得出结果，同时在结果输出区域显示计算结果，如图 7-22 所示，点击"确定"按钮，该计算结果保留在 Excel 界面上。

根据计算结果，该问题的最优调运方案是：有 A_1 向 B_1 调运 5 万吨，向 B_2 调运 2 万吨，向 B_3 调运 3 万吨；由 A_2 向 B_2 调运 5 万吨，向 B_4 调运 3 万吨，由 A_3 向 B_3 调运 5 万吨，最小运费为 68 万元。

图 7-21　求解图

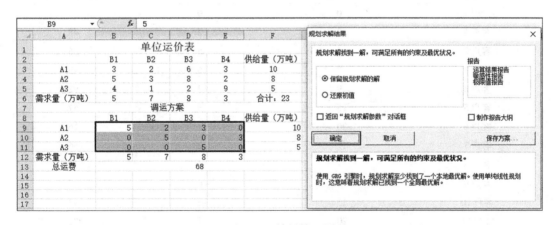

图 7-22　结果输入图

7.3.4　里程节约法

节约法用于多车辆路径问题，能同时确定车辆数及车辆行驶路径，其目标是使所有车量总里程最短，且使所需车辆总数最少。

节约法的基本流程描述是：如果将运输问题中的两个回路合并成一个回路，就可以缩短线路总里程（即节约距离）并可以减少一辆卡车。如图 7-23 所示，将两个回路合并成一个回路后，节约的距离为 $\Delta_{AB} = C_{AO} + C_{BO} - C_{AB}$。

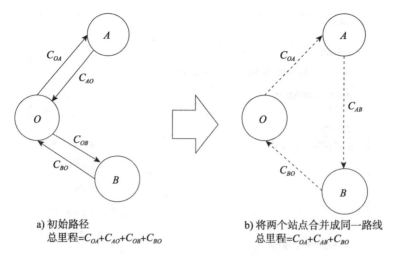

a) 初始路径
总里程=$C_{OA}+C_{AO}+C_{OB}+C_{BO}$

b) 将两个站点合并成同一路线
总里程=$C_{OA}+C_{AB}+C_{BO}$

图 7-23　节约法思想的图形描述

【例 7-10】某配送中心要为 13 个客户提供配送服务，配送中心的位置、客户的坐标及需求量如表 7-20 所示。配送中心共有 4 辆卡车，每辆卡车的载重量是 200 件。由于送货成本与行驶总里程之间密切相关，公司领导希望获得总行驶距离最短的方案。

表 7-20　客户坐标及订单规模

站点	X 坐标	Y 坐标	需求量（件）
配送中心	0	0	
客户 1	0	12	48
客户 2	6	5	36
客户 3	7	15	43
客户 4	9	12	92
客户 5	15	3	57
客户 6	20	0	16
客户 7	17	-2	56
客户 8	7	-4	30
客户 9	1	-6	57
客户 10	15	-6	47
客户 11	20	-7	91
客户 12	7	-9	55
客户 13	2	-15	38

解：先假设每个站点分别由一辆虚拟卡车提供服务（各站点的货运需求量不超过车辆载重量），然后再返回仓库。这是一个初始方案（其总里程数最长，使用车辆数量最多）。然后，运用节约法对该方案中的回路逐渐进行合并，不断减少车辆数和总里程数，直到得到最佳方案。下面介绍利用表格或方阵求解的具体步骤。

(1) 计算距离方阵。

"距离"是指广义的距离，指任意两点间的空间距离或两点间的运输成本。这里，按式（7-4）利用坐标值来计算两点间的距离 C_{AB}：

$$C_{AB} = \sqrt{(X_A - X_B)^2 + (Y_A - Y_B)^2} \tag{7-4}$$

根据表 7-20 中的坐标值，可计算出客户之间及客户与配送中心的距离，结果如表 7-21 所示。

表7-21 客户及配送中心之间的距离

	配送中心	客户1	客户2	客户3	客户4	客户5	客户6	客户7	客户8	客户9	客户10	客户11	客户12	客户13
客户1	12	0												
客户2	8	9	0											
客户3	17	8	10	0										
客户4	15	9	8	4	0									
客户5	15	17	9	14	11	0								
客户6	20	23	15	20	16	6	0							
客户7	17	22	13	20	16	5	4	0						
客户8	8	17	9	19	16	11	14	10	0					
客户9	6	18	12	22	20	17	20	16	6	0				
客户10	16	23	14	22	19	9	8	4	8	14	0			
客户11	21	28	18	26	22	11	7	6	13	19	5	0		
客户12	11	22	14	24	21	14	16	12	5	7	9	13	0	
客户13	15	27	20	30	28	22	23	20	12	9	16	20	8	0

（2）计算节约矩阵。

根据表 7-21 中的距离矩阵，如果将线路"配送中心—客户A—配送中心"与线路"配送中心—客户B—配送中心"合并成一条线路"配送中心—客户A—客户B—配送中心"，按式（7-5）计算节约距离 $\Delta(A, B)$ 如下。O 代表配送中心。

$$\Delta(A, B) = \Delta_{AB} = C_{AO} + C_{BO} - C_{AB} \tag{7-5}$$

例如，$\Delta(1, 2) = 12 + 8 - 9 = 11$；$\Delta(2, 9) = 8 + 6 - 12 = 2$。

这样可得到第一次计算的节约矩阵，如表 7-22 所示。下面利用该节约矩阵将客户规划到不同的运输路线中。

表7-22 第一次计算的节约矩阵

	客户1	客户2	客户3	客户4	客户5	客户6	客户7	客户8	客户9	客户10	客户11	客户12	客户13
客户1	0												
客户2	11	0											
客户3	21	15	0										
客户4	18	15	28	0									
客户5	10	14	18	19	0								

(续)

	客户1	客户2	客户3	客户4	客户5	客户6	客户7	客户8	客户9	客户10	客户11	客户12	客户13
客户6	9	13	17	19	29	0							
客户7	7	1	14	16	27	33	0						
客户8	3	7	6	7	12	14	15	0					
客户9	0	2	1	1	4	6	7	8	0				
客户10	5	10	11	12	22	28	29	16	8	0			
客户11	5	11	12	14	25	34	32	16	8	32	0		
客户12	1	5	4	5	15	16	14	10	18	19	0		
客户13	0	3	2	2	8	12	12	11	12	15	16	18	0

（3）合并客户路线。

客户路线合并的原则是使节约的距离最大，且不超过车辆载重量。这是一个反复进行的过程。

观察表7-23，最大的节约34来自客户6与客户11的合并，合并后的总运量 = 16 + 91 = 107 < 200件，合并是可行的。因此，我们首先应将这两个客户合并在一条线路上，如表7-23中第二列所示。节约的34在下一步中不必再考虑。

表7-23 第一次改进后的节约矩阵

	路线	客户1	客户2	客户3	客户4	客户5	客户6	客户7	客户8	客户9	客户10	客户11	客户12	客户13
客户1	1	0												
客户2	2	11	0											
客户3	3	21	15	0										
客户4	4	18	15	28	0									
客户5	5	10	14	18	19	0								
客户6	6	9	13	17	19	29	0							
客户7	7	7	1	14	16	27	33	0						
客户8	8	3	7	6	7	12	14	15	0					
客户9	9	0	2	1	1	4	6	7	8	0				
客户10	10	5	10	11	12	22	28	29	16	8	0			
客户11	6	5	11	12	14	25	34	32	16	8	32	0		
客户12	12	1	5	4	5	15	16	14	10	18	19	0		
客户13	13	0	3	2	2	8	12	12	11	12	15	16	18	0

下一个最大的节约是客户7和客户6合并后可节约距离33。合并后的运量 = 107 + 56 = 163 > 200件，所以这一合并也是可行的，将客户7添加到路线6中，如表7-24所示。

表 7-24 第二次改进后的节约矩阵

	路线	客户1	客户2	客户3	客户4	客户5	客户6	客户7	客户8	客户9	客户10	客户11	客户12	客户13
客户1	1	0												
客户2	2	11	0											
客户3	3	21	15	0										
客户4	4	18	15	28	0									
客户5	5	10	14	18	19	0								
客户6	6	9	13	17	19	29	0							
客户7	6	7	1	14	16	27	33	0						
客户8	8	3	7	6	7	12	14	15	0					
客户9	9	0	2	1	1	4	6	7	8	0				
客户10	10	5	10	11	12	22	28	29	16	8	0			
客户11	6	5	11	12	14	25	34	32	16	8	32	0		
客户12	12	1	5	4	5	12	15	16	14	10	18	19	0	
客户13	13	0	3	2	2	8	12	12	11	12	15	16	18	0

接下来考虑的最大节约量是客户 10 与客户 11（即线路 6）合并后可节约 32。但是，合并后的总运量 = 163 + 47 = 210 > 200 件。合并不可行，再考虑将客户 5 添加到客户 6 中，节约量是 29，但加入客户 5 的运量后，超过了车辆装载量，同样不可行。

接下来考虑路线 3 和路线 4 合并后可节约距离 28，合并后的运量 = 43 + 92 = 135 < 200 件，合并可行。这两条路线合并后的节约矩阵如表 7-25 所示。

表 7-25 第三次改进后的节约矩阵

	路线	客户1	客户2	客户3	客户4	客户5	客户6	客户7	客户8	客户9	客户10	客户11	客户12	客户13
客户1	1	0												
客户2	2	11	0											
客户3	3	21	15	0										
客户4	3	18	15	28	0									
客户5	5	10	14	18	19	0								
客户6	6	9	13	17	19	29	0							
客户7	6	7	1	14	16	27	33	0						
客户8	8	3	7	6	7	12	14	15	0					
客户9	9	0	2	1	1	4	6	7	8	0				
客户10	10	5	10	11	12	22	28	29	16	8	0			
客户11	6	5	11	12	14	25	34	32	16	8	32	0		
客户12	12	1	5	4	5	12	15	16	14	10	18	19	0	
客户13	13	0	3	2	2	8	12	12	11	12	15	16	18	0

重复进行上述过程，对于已经合并的路线不再考虑，将没被合并的线路依次进行合并：

线路 5 与线路 10 合并，节约 22，合并后的运量 = 57 + 47 = 104（件），可行。

线路 1 与线路 3 合并，节约 21，合并后的运量 = 48 + 135 = 183（件），可行。

线路 12 与线路 6 合并，节约 19，但合并后的运量 = 55 + 163 = 218 > 200（件），不可行。

线路 12 与线路 10 合并，节约 18，合并后的运量 = 55 + 104 = 159（件），可行。

线路 13 与线路 12（线路 10）合并，节约 18，合并后的运量 = 38 + 159 = 197（件），可行。

线路 8 与线路 6 合并，节约 15，合并后的运量 = 30 + 163 = 193（件），可行。

线路 2 与线路 1 合并，节约 11，但合并后的运量 = 36 + 173 = 209（件），不可行。

线路 2 和线路 9 合并，节约 2，合并后的运量 = 36 + 57 = 93（件），可行。

最后，线路合并的结果是所有客户被划分为四条线路，分别是 {1, 3, 4}，{2, 9}，{6, 7, 8, 11}，{5, 10, 12, 13}，即由四辆卡车为这些客户送货即可。

（4）确定每辆车的最佳行驶路径。

目标是使所有车辆的总行驶距离最短，这属于单一车辆路径优化问题。优化后，每辆车的最佳行驶路径如下。

客户群 {1, 3, 4} 的最佳路径是：配送中心—客户 1—客户 3—客户 4—配送中心；行驶距离为 39。客户群 {2, 9} 的最佳路径是：配送中心—客户 2—客户 9—配送中心；行驶距离为 32。客户群 {6, 7, 8, 11} 的最佳路径是：配送中心—客户 8—客户 11—客户 6—客户 7—配送中心；行驶距离为 49。客户群 {5, 10, 12, 13} 的最佳路径是：配送中心—客户 5—客户 10—客户 12—客户 13—配送中心；行驶距离为 56。

因此，总的行驶里程为 176。客户分布及送货线路规划结果如图 7-24 所示。

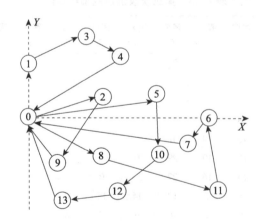

图 7-24 车辆分派及行车线路方案

7.3.5 扫描法

扫描法是一种先进行客户分群，再确定车辆最短路线的算法。求解过程分为两步：第一步是指确定所派车辆服务的站点或客户点；第二步是决定每辆车的行车路线。

用扫描法确定车辆运行路线的方法十分简单，可以通过手动计算或直接在图纸上完成，也可以利用计算机编程求解。一般来说,它求解所得方案的误差率在10%左右,这样的误差率通常是可以被接受的,因为调度员往往需要在接到最后一份订单后一小时内就制定出车辆运行路线。由于扫描法是分阶段操作的,因此有些时间方面的问题,如路线上的总时间和停留点工作时间的约束等,难以妥善地处理。

扫描法的原理是:先以物流中心为原点,计算出所有客户点的极坐标,然后依角度大小以逆时针或顺时针方向扫描,若满足车辆装载容量即划分为一个群;在划分完的每个客户群内,用最短路径算法求出车辆最佳行驶路径。具体步骤如下:

(1) 以物流中心为原点,将所有客户点的极坐标计算出来。

(2) 选定极坐标轴,按顺时针或逆时针方向旋转,依角度大小开始扫描。

(3) 将扫描经过的客户点需求量进行累加,当客户需求总量达到一辆车的载重量限制且不超过载重极限时,就将这些客户划分为一个群,即由同一辆车完成送货服务。接着,按照同样的方法对其余客户划分新的客户群,指派新的车辆。

(4) 重复步骤(3),直到所有的客户都被划分到一个群里。

(5) 在每个群内部用最短路径方法求出车辆行驶最短路径。

【例7-11】某运输公司为其13个客户提供取货服务,货物被运回仓库集中后,将以更大的批量进行长途运输。所有取货任务均由载重量为10吨的货车完成。13个客户的取货量 D_i、客户的位置坐标 (X_i, Y_i) 如表7-26所示。运输公司仓库坐标为(19.50, 5, 56)。要求:应用扫描法合理安排车辆及其服务的客户群,并确定各车辆行驶路线,使总运输里程最小。

表7-26 客户数据信息

客户	1	2	3	4	5	6	7	8	9	10	11	12	13
D_i	1.9	2.8	3.15	2.3	2	3	2.25	2.5	1.8	2.15	1.6	1.6	1.5
X_i	20.0	18.8	18.3	19.1	18.8	18.6	19.5	19.93	20.0	19.5	18.7	19.5	20.3
Y_i	4.80	5.17	5.00	4.78	6.42	5.88	5.98	5.93	5.55	4.55	4.55	5.19	5.20

解:按照扫描法求解该问题,步骤如下。

第一步:建立极坐标。

根据表7-26中的数据,用图形显示出各客户点的坐标位置(见图7-25),对于每个客户的货运量用方框标注在客户编号旁。然后,以仓库位置为极坐标原点,向右的水平线为零角度线。

第二步:扫描划分客户群。

以零角度线为起始位置,按逆时针方向依次扫描,将扫描经过的客户需求量进行累加,将既不超重又能最大限度地利用车辆装载量的客户划分为一组,由一辆车提供取货服务。

根据图7-25的客户位置分布,客户6首先被扫描,其取货量是3吨;按逆时针方向依次经过客户5、客户7、客户8,这时取货总量 = 3+2+2.25+2.5 = 9.75,接近车辆载重量10吨。所以,客户6、5、7、8指派由第1辆车完成服务。

同样的方法,客户9、13、1、12、10五个客户被相继扫描,5个客户的累计取货量 = 1.8+1.5+1.9+2.6+2.15 = 9.95,不超过车辆载重极限。这样就得到第2辆车的服务客户群。依次类推,客户4、11、2、3的取货量累计 = 2.4+1.6+3.15+2.8 = 9.95,指派第3辆车完成取货运输。

这样,按照既不超载又最大限度利用车辆的原则,13个客户可指派3辆载重量为10吨的货车提供运输服务。

第三步:确定每辆车的最佳路径。

按照单一路径方法求出三辆车的最佳行驶路径,得到三条线路,结果如图7-26所示。

最后的结果是,第1辆车的最佳路径是:0→6→5→7→8→0;第2辆车的最佳路径是:0→9→13→1→10→12→0;第3辆车的最佳路径是:0→4→11→3→2→0。

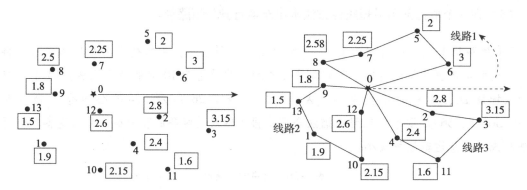

图7-25 客户位置分布示意图　　　图7-26 客户位置分布示意图

7.3.6 运输路线和时间安排原则

除根据定量计算确定的最优路径和调运方案外,运行路线和时间安排的决策者,如车辆调度员,在长期的实际工作经验中关于制定满意的运行路线和时间安排提炼出了下列八条原则。

1. 将相互接近的停留点的货物装在一辆车上运送

车辆的运行路线应将相互接近的停留点串起来,以便停留点之间的运行距离最小化,这样会使总的路线上的运行时间最小化。图7-27所示的是将有关停留点的货分配给车辆,从而将各点串起来的示意图。其中图7-27a串得不合理,车辆的运行路线长,要尽量避免,图7-27b是合理的串法。

2. 将集聚在一起的停留点安排同一天送货

当停留点的送货时间是定在一周的不同时间进行时,应当将积聚在一起的停留点安排

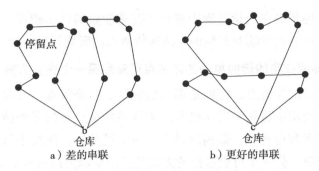

图 7-27　车辆将停留点串起来的线路示意图

在同一天送货，要避免不是同一天送货的停留点在运行路线上重叠，这样可以有助于使所需的服务车辆数目最小化以及一周中的车辆运行时间和距离最小化。图 7-28 所示的是好的集聚和差的集聚的例子。

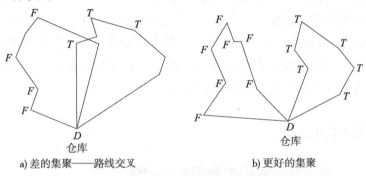

图 7-28　改善后的示意图

3. 运行路线从离仓库最远的停留点开始

合理的运行路线应从离仓库最远的停留点开始将该集聚区的停留点串起来，然后返回仓库。一旦确认了最远的停留点之后，送货车辆应满载离这个关键停留点近的一些停留点的货物。这辆运货车满载后，再选择另一个最远的停留点，用另一辆运货车转载贴邻第二个最远停留点的一些停留点的货物，按此程序进行下去，直至所有停留点的货物都被分配给运货车辆。

4. 一辆运货车顺次途经各停留点的路线要成凸状

运货车辆顺序途经各停留点的路线不应交叉，并应成凸状。不过，停留点工作时间的约束和在停留点送货后再提货的要求往往会导致路线交叉。

5. 最有效的运行路线通常是使用大载重量的送货车辆的结果

最好是使用一辆载重量大到能将路线上所有停留点所要求运送的货物都装载的送货车，这样一来可将总的运行距离或时间最小化。因此，在多种规格车型的车队中，应优先使用载重量最大的送货车。

6. 提货应混在送货过程中进行，而不要在运行路线结束后再进行

提货应尽可能在送货过程中进行，以减少交叉路程量，而在送货结束后再进行提货经

常会发生交叉路程。提货混在送货过程中进行,究竟能做到什么程度,则取决于送货车辆的形状、提货量以及所提的货物对车辆内后续送货通道的影响程度。

7. 对偏离集聚停留点路线远的单独的停留点可应用另一个送货方案

偏离集聚停留点远的停留点,特别是那些送货量小的停留点一般要花费司机大量的时间和车辆费用,因此使用小载重量的车辆专门为这些停留点送货是经济的,其经济效益取决于该停留点的偏离度和送货量。偏离度越大,送货量越小,使用小载重量的车辆专门为这些停留点送货越经济。另一个可供选择的方案是租用车辆为这些停留点送货。

8. 应当避免停留点工作时间太短的约束

停留点工作时间太短常会迫使途经停留点的顺序偏离理想状态。由于停留点的工作时间约束一般不是绝对的,因此如果停留点的工作时间确实影响合理的送货路线,则可以与停留点商量,调整其工作时间或放宽其工作时间约束。

上述原则可以很容易被传授给运作人员,从而帮助他们制定出满意的(不一定必须是最优的)、现实可行的合理路线和时间安排。当然上述原则也仅是合理路线设计的指引,运作人员所要面对的车辆运作的许多复杂情况并不是上述原则所能全部包容的。遇到特殊的约束条件,运作人员要根据自己的经验随机处理。

7.4 运输决策实训项目

7.4.1 项目一: 求实际问题中的最短路径问题

项目内容:学习运输线路优化。
项目要求:制订运输线路优化方案,了解运输决策问题,做出最优路线决策。
训练素材:运输路径选择案例。
训练方法:运用所学知识优化运输问题中的线路问题。
组织方式:个人完成,相互检查。
实施步骤:学习运输决策中的方法→运用知识去解决实际问题→老师公布结果、适当讲解→小组成员相互批阅、评分。
考核评价:任务考核。

【项目资料】

设备更新问题:对于某种设备,企业每年年初可以购置新设备,也可以继续使用原来的旧设备。已知 4 年中每年年初购置新设备的价格分别为 2 万元、2 万元、3 万元、4 万元。使用时间在 1~4 年的设备的维修保养费分别为 0.2 万元、0.3 万元、2 万元、5 万元。试确定一个设备购置及使用计划,使 4 年的总费用最小。

7.4.2 项目二: 线性规划求解

项目内容:学习线性规划求解的方案。

项目要求：用 Microsoft Excel 软件求解。

训练素材：运输调运案例。

训练方法：运用计算机，借助 Excel 软件进行规划求解。

组织方式：个人完成，相互检查。

实施步骤：学习线性规划模型→运用计算机求解运输调运问题→老师公布结果、适当讲解→小组成员相互批阅、评分。

考核评价：任务考核。

【项目资料】

A_1、A_2 两个煤矿向 B_1、B_2、B_3 三个城市供煤，各煤矿产量和各城市需求量以及各地之间的单位运价如表 7-27 所示。求解应该如何调运，才能既满足城市需求，又使总运费最小。

表 7-27 供需关系表

地点	城市（运价：元）			日产量（吨）
煤矿（运价：元）	B_1	B_2	B_3	
A_1	90	70	100	200
A_2	80	65	80	250
需求量（吨）	100	150	200	合计：450

7.4.3 项目三：节约里程法和扫描法应用

项目内容：使用节约里程法和扫描法编制运输计划。

项目要求：编制运输计划，掌握节约里程法和扫描法的步骤，学习多车辆、多物资、多客户运输计划的编制。

训练素材：调运计划案例。

训练方法：运用所学知识编制运输计划。

组织方式：个人完成，相互检查

实施步骤：学习理论知识→运用知识解决实际问题→老师公布结果、适当讲解→小组成员相互批阅、评分。

考核评价：任务考核。

【项目资料】

某企业用送货车辆从其所属的仓库到各客户点提货，然后将客户的货物运回仓库，以便将货物集运成大批量再进行远程运输。全天的提货量如图 7-29 所示，提货量以件为单位。送货车每次可运载 10 000 件。要求：合理安排车辆及其服务的客户群，并确定各车辆行驶路线，使总运输里程最小。

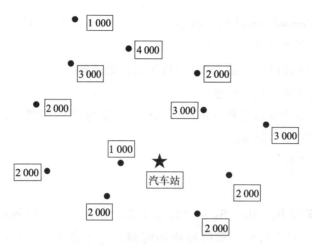

图 7-29 停留点提货量示意图

本章小结

本章讲述了运输决策中运输方式的选择、运输路线的选择及运输计划的编制。因为五种运输方式的运输速度、运输工具的容量及线路的运输能力、运输成本、经济性、环境保护各有特点，采用综合评价法从五个维度即货物品种、运输期限、运输成本、运输距离、运输批量，做出运输方式决策。运输路线选择可采用破圈法、D 算法等网络图方法辅助决策。编制运输计划可采用运输问题线性规划模型、节约里程法、扫描法等定量方法辅助决策。

复习思考题

一、名词解释

1. 表上作业法
2. 破圈法
3. 运输成本

二、简答题

1. 简述各种运输方式的技术经济特征。
2. 简述影响运输方式选择的因素。
3. 简述闭合回路法的用途及其优点。

Chapter 8 第 8 章

运输合同管理

本章要点

- 合同管理的概念和方法
- 海运集装箱运输合同类型
- 运输合同的内涵及特征
- 运输责任的划分
- 运输纠纷的类型
- 运输处理流程方法
- 索赔和理赔的主要程序

开篇案例

海运集装箱合同纠纷案

对于原告青岛港（集团）有限公司物流分公司与被告连云港华丰国际货运有限公司（以下简称"华丰公司"）、连云港华丰国际货运有限公司青岛分公司（以下简称"华丰青岛分公司"）、郯城新兴新装饰材料有限公司（以下简称"郯城公司"）海运集装箱合同纠纷一案，本院受理后，依法组成合议庭，公开开庭进行了审理。原告委托代理人刘玉、丁军、三被告共同委托代理人赵兵、刘茂云到庭参加诉讼。本案现已审理终结。

原告诉称：被告华丰青岛分公司（为被告华丰公司非独立核算分支机构）因代理被告郯城公司废纸进口业务，与美国总统轮船（中国）有限公司青岛分公司（以下简称"APL青岛公司"）发生滞箱费人民币 980 160.5 元，因被告未按约支付滞箱费，依据我方与 APL 青岛公司签有滞箱费代收协议，由我方代其收取滞箱费 980 160.5 元（由被告与 APL 青岛分公司确认），APL 青岛公司书面告知被告，该债权转让给原告。债权转让后，原告多次主张其债权，被告于 2005 年 3 月 9 日支付人民币 10 万元滞箱费，目前仍欠 880 160.5 元。请求判令被告立即支付拖欠滞箱费 880 160.5 元；判令被告支付被告拖欠款项利息（按同期银行贷款利率计算）；本案诉讼费、原告律师代理费由被告承担。

三被告共同辩称：①原告不具备诉讼主体资格。构成目的港滞箱费法律主体即关系的相对方应是承运人（APL 青岛公司）和收货人（郯城公司），郯城公司有义务在远港堆场及时提取货物，并返还集装箱，在此期间发生的超期使用费仅能约束 APL 青岛分公司和郯城公司，原告诉称答辩人欠款 88 万余元没有事实证明。②华丰公司及其青岛分公司是收货人郯城公司的进口货运代理人，不是涉案合同当事人，不应承担法律责任，在受托范围内的货运代理行为后果依法应由委托方郯城公司承担。③2005 年 3 月 4 日华丰青岛分公司出具的"情况说明"是在原告欺诈、胁迫下，使得答辩人产生重大误解所为，因而是无效的，请求予以撤销。④原告主张的滞箱费计算没有依据。结合本案 CY-CY 交付方式，提箱堆场为远港堆场，还箱堆场为明港堆场，APL 青岛公司的责任期间应至远港交付收货人为止，上述集装箱在未运抵提货堆场（即远港堆场）前，集装箱仍处在承运人 APL 青岛公司掌管期内，应以进场日的第二日零时作为集装箱使用的始计日。⑤被告在原告处的集装箱押金款项与实际应付超期使用费大致相等，被告将依法保留对原告的追偿权。

货物被运至青岛后，青岛前湾集装箱码头有限责任公司为提箱地点，该地点为集装箱交接、保管和堆存的场所，11 票货物均在该地点进行整箱交接，而远港仅为提货地点，因此货物的滞箱费应从货至青岛前湾集装箱码头有限责任公司开始起算。所以，三被告对滞箱费起算时间的异议不能成立。被告华丰青岛分公司做出的情况说明对本案所涉滞箱费的数额已做出确认，因此应以该确认数额 980 160.5 元为准。对于被告华丰公司已支付的 10 万元滞箱费，应从总额中减去。被告华丰公司于 2004 年 3 月至 6 月支付押港杂费 177 000 元，但被告未能证明该款项的项目和用途与本案所涉滞箱费之间的关联性，因此本院在本案中对此不予考虑。被告拖欠支付原告滞箱费，还应支付拖欠款项利息（从 2005 年 3 月 9 日起至本判决生效之日止按银行同期同类贷款利率计算）。原告支出律师代理费并非诉讼必要费用，因此对原告关于律师代理费的诉讼请求不予支持。

根据《中华人民共和国民法通则》第一百零六条、第一百一十一条，《合同法》第四百零三条之规定，判决如下：

一、被告郯城新兴新装饰材料有限公司支付原告青岛港（集团）有限公司物流分公司滞箱费 880 160.5 元，并支付支付拖欠款项利息（从 2005 年 3 月 9 日起至本判决生效之日止按银行同期同类贷款利率计算）。

二、驳回原告对被告连云港华丰国际货运有限公司、连云港华丰国际货运有限公司青岛分公司的诉讼请求。

三、驳回原告对律师代理费的诉讼请求。

案件受理费 13 812 元，由被告郯城新兴新装饰材料有限公司承担，并迳付原告。

上述款项，被告郯城新兴新装饰材料有限公司应在本判决生效之日起 10 日内付清，逾期则加倍支付迟延履行期间的债务利息。

如不服本判决，当事人可在判决书送达之日起 15 日内向本院递交上诉状，并按对方当事人人数提交副本，上诉于山东省高级人民法院。

资料来源：中国物流与采购网（http://www.chinawuliu.com.cn/xsyj/200910/28/141482.shtml）。

8.1 合同管理

8.1.1 合同管理概念

企业的经济往来，主要是通过合同形式进行的。一家企业的经营成败和合同及合同管理有密切的关系。企业合同管理是指企业对以自身为当事人的合同依法进行订立、履行、变更、解除、转让、终止以及审查、监督、控制等一系列行为的总称。其中，订立、履行、变更、解除、转让、终止是合同管理的内容；审查、监督、控制是合同管理的手段。合同管理必须是全过程的、系统性的、动态性的。

合同管理全过程就是从洽谈、草拟、签订、生效开始，直至合同失效为止，不仅要重视签订前的管理，更要重视签订后的管理。系统性就是凡涉及合同条款内容的各部门都要一起来管理。动态性就是注重履约全过程的情况变化，特别要掌握对自己不利的变化，及时对合同进行修改、变更、补充或中止和终止。

8.1.2 合同管理的重要性

在项目管理中，合同管理是一个较新的管理职能。在国外，从 20 世纪 70 年代初开始，随着工程项目管理理论研究和实际经验的积累，人们越来越重视对合同管理的研究。在发达国家中，20 世纪 80 年代前人们较多地从法律方面研究合同；在 80 年代中期以前，人们较多地研究合同事务管理；从 80 年代中期以后，人们开始更多地从项目管理的角度研究合同管理问题。近十几年来，合同管理已成为工程项目管理的一个重要的分支领域和研究热点。这将项目管理的理论研究和实际应用推向了一个新的阶段。

8.1.3 合同管理的方法

第一章　总则

第一条　为了实现依法治理企业，促进公司对外经济活动的开展，规范对外经济行为，提高经济效益，防止不必要的经济损失，根据国家有关法律规定，特制定本管理办法。

第二条　凡以公司名义对外发生经济活动的，应当签订经济合同。

第三条　订立经济合同，必须遵守国家的法律法规，贯彻平等互利、协商一致、等价有偿的原则。

第四条　本办法所包括的合同有设计、销售、采购、借款、维修、保险等方面的合同，不包括劳动合同。

第五条　除即时清结者外，合同均应采用书面形式，有关修改合同的文书、图表、传真件等均为合同的组成部分。

第六条　国家规定采用标准合同文本的则必须采用标准文本。

第七条　公司由法律顾问根据总经理的授权，全面负责合同管理工作，指导、监督有关部门的合同订立、履行等工作。

第二章　合同的订立

第八条　与外界达成经济往来意向，经协商一致，应订立经济合同。

第九条　订立合同前，必须了解、掌握对方的经营资格、资信等情况，无经营资格或资信的单位不得与之订立经济合同。

第十条　除公司法定代表人外，其他任何人必须取得法定代表人的书面授权委托方能对外订立书面经济合同。

第十一条　对外订立经济合同的授权委托分固定期限委托和业务委托两种授权方式，法定代表人特别指定的重要人员采用固定期限委托的授权方式，其他一般人员均采用业务委托的授权方式。

第十二条　授权委托事宜由公司法律顾问专门管理，需授权人员在办理登记手续，领取、填写授权委托书，经公司法定代表人签字并加盖公章后授权生效。

第十三条　符合以下情况之一的，应当以书面形式订立经济合同：

（1）单笔业务金额达一万元的；

（2）有保证、抵押或定金等担保的；

（3）我方先予以履行合同的；

（4）有封样要求的；

（5）合同对方为外地单位的。

第十四条　经济合同必须具备标的（指货物、劳务、工程项目等），数量和质量，价款或者酬金，履行的期限、地点和方式，违约责任等主要条款方可加盖公章或合同章。经济合同可订立定金、抵押等担保条款。

第十五条　对于合同标的没有国家通行标准又难以用书面确切描述的，应当封存样品，由合同双方共同封存，加盖公章或合同章，分别保管。

第十六条　合同标的额不满一万元，按本办法第十三条规定应当订立而不能订立书面合同的，必须事先填写非书面合同代用单，注明本办法所规定的合同主要条款，注明不能订立书面合同的理由，并经总经理批准同意，否则该业务不能成立。

第十七条　每一合同文本上或留我方的合同文本上必须注明合同对方的单位名称、地址、联系人、电话、银行账号，如不能一一注明，须经公司总经理在我方所留的合同上签字同意。

第十八条　合同文本拟定完毕，凭合同流转单据按规定的流程经各业务部门、法律顾问、财务部门等职能部门负责人和公司总经理审核通过后加盖公章或合同专用章方能生效。

第十九条　公司经理对合同的订立具有最终决定权。

第二十条 流程中各审核意见签署于合同流转单据及一份合同正本上，合同流转单据作为合同审核过程中的记录和凭证由印章保管人在合同盖章后留存并及时归档。

第二十一条 对外订立的经济合同，严禁在空白文本上盖章并且原则上先由对方签字盖章后我方才予以签字盖章，严禁我方签字后以传真、信函的形式交对方签字盖章；如有例外需要，须总经理特批。

第二十二条 单份合同文本达两页以上的须加盖骑缝章。

第二十三条 合同盖章生效后，应交由合同管理员按公司确定的规范对合同进行编号并登记。

第二十四条 合同文本原则上我方应持单份，至少应持两份，合同文本及复印件由财务部、办公室、法律顾问、具体业务部门等各部门分存，其中原件由财务部门和办公室留存。

第二十五条 非书面合同代用单也视作书面合同，统一予以编号。

第三章 合同的履行

第二十六条 合同依法订立后，即具有法律效力，应当实际、全面地履行。

第二十七条 业务部门和财务部门应根据合同编号各立合同台账，每一合同设一台账，分别按业务进展情况和收付款情况一事一记。

第二十八条 有关部门在合同履行中遇履约困难或违约等情况应及时向公司总经理汇报并通知法律顾问。

第二十九条 财务部门依据合同履行收付款工作，对具有下列情形的业务，应当拒绝付款：

（1）应当订立书面合同而未订立书面合同，且未采用非书面合同代用单的；

（2）收款单位与合同对方当事人名称不一致的。

第三十条 付款单位与合同对方当事人名称不一致的，财务部门应当督促付款单位出具代付款证明。

第三十一条 在合同履行过程中，合同对方所开具的发票必须先由具体经办人员审核签字认可，经总经理签字同意后，再转财务审核付款。

第三十二条 合同履行过程中有关人员应妥善管理合同资料，对工程合同的有关技术资料、图表等重要原始资料应建立出借、领用制度，以保证合同的完整性。

第四章 合同的变更和解除

第三十三条 变更或解除合同必须依照合同的订立流程经业务部门、财务部门、法律顾问等相关职能部门负责人和公司总经理审核通过方可。

第三十四条 我方变更或解除和同地通知或双方的协议应当采用书面形式，并按规定经审核后加盖公章或合同专用章。

第三十五条 有关部门收到对方要求变更或解除合同的通知必须在三天内向公司总经理汇报并通知法律顾问。

第三十六条　变更或解除合同的通知和回复应符合公文收发的要求，挂号寄发或由对方签收，挂号或签收凭证作为合同组成部分交由办公室保管。

第三十七条　变更或解除合同的文本作为原合同的组成部分或更新部分与原合同有同样的法律效力，纳入本办法规定的管理范围。

第三十八条　合同变更后，合同编号不予改变。

第五章

第三十九条　合同作为公司对外经济活动的重要法律依据和凭证，有关人员应保守合同秘密。

第四十条　业务部门、财务部门应当根据所立合同台账，按公司的要求，定期或不定期汇总各自工作范围内的合同订立或履行情况，由法律顾问据此统计合同订立和履行的情况，并向总经理汇报。

第四十一条　各有关人员应定期将履行完毕或不再履行的合同有关资料（包括有关的文书、图表、传真件以及合同流转单等）按合同编号整理，由法律顾问确认后交档案管理人员存档，不得随意处置、销毁、遗失。

第四十二条　公司定期对合同管理工作进行考核，并逐步将合同签约率、合同文本质量、合同履行情况、合同台账记录等纳入公司对员工和部门的工作成绩考核范围。

第六章　责任

第四十三条　凡因未按规定处理合同事宜、未及时汇报情况和遗失合同有关资料而给公司造成损失的，追究其经济和行政责任。

第四十四条　因故意或重大过失而给公司造成重大损失的，移送有关国家机关追究其法律责任。

第七章　附则

第四十五条　本办法适用于公司各部门。

第四十六条　本办法解释权归公司总经理。

第四十七条　本办法自下发之日起生效实施。

8.2　运输合同

8.2.1　运输合同的内涵及特征

1. 运输合同的内涵

运输合同是承托人将旅客或者货物从起运地点运输到约定地点，旅客、托运人或者收货人支付票款或者运输费用的合同。运输合同的基本内涵如下：

（1）运输合同的主体是承运人、旅客、托运人或者收货人。

（2）运输合同以运送旅客或者货物为直接目的。当事人订立合同的目的是直接将旅客或货物运送到约定的地点。

（3）运输合同是双务合同、有偿合同。运输合同的双方当事人互负对待给付义务。承运人的主要义务是实现人或物的空间位移，从起运地点运送到约定地点；旅客、托运人或者收货人的主要义务是支付票据或者运送费用。任何一方取得利益均须支付相应的对价。

2. 运输合同的特征

货物运输合同除具有合同普遍的法律特征外，还具有自身特征。

（1）货物运输合同是当事人之间为实现一定的经济目的，明确权利和义务关系而订立的协议。签订合同的当事人双方或一方必须是法人。

（2）签订货物运输合同的承运方必须持有经营货运的营业执照，具有合法的经营资格。

（3）货物运输合同的内容限于运输经济行为，主要以运输经济业务活动为内容。

（4）货物运输合同是实践合同，承托双方除了就合同的必要条款达成协议外，还要求托运人必须将托运的货物交付给承运人，合同才能成立。

（5）货物运输合同的当事人往往涉及第三者，即除了托运人和承运人之外，一般还有收货人（也可能收货人就是托运人）。

（6）货物运输合同具有标准合同的性质，主要内容和条款由有关部门统一制定。

运输合同的订立是指两个或两个以上的当事人，依法就运输合同的主要条款经过协商一致，达成协议的法律行为。

8.2.2 运输合同的分类

1. 按承运方式划分

运输合同可分为铁路运输合同、公路运输合同、水路运输合同、海上运输合同、航空运输合同、管道运输合同。

（1）铁路运输合同。《铁路法》第十一条规定，铁路运输合同是明确铁路运输企业与旅客、托运人之间权利与义务关系的协议。旅客车票、行李票、包裹票和货物运单是合同或者合同的组成部分。从该条规定可以看出，铁路运输企业为合同的一方当事人，即承运人；旅客、托运人为另一方当事人。

铁路运输合同的形式一般为：旅客运输合同是旅客的车票，行李运输合同是行李票，包裹运输合同是包裹票，货物运输合同是货物运单。通常情况下，这四种票证分别代表铁路运输四种不同的合同形式。大宗货物、旅游团体也可以签订详细的书面合同来明确双方的权利、义务。在一些特殊情况下，上述四种票证不完全是合同，而是与其他运输票证一起构成铁路运输合同整体，此时旅客的车票、行李票、包裹票和货物运单就成为合同的一个组成部分。比如，大宗货物运输，必须以双方当事人签订的长期运输计划作为铁路运输合同，在运输每一批货物时，托运人都要填写运单。这时货物运单就是合同的一个组成部分。

（2）公路运输合同。公路运输合同是以公路运输企业或者个人作为承运人的运输合同。公路运输承运人是经过批准取得公路运输经营权的企业或个体经营者。公路运输合同的基本形式一般是公路承运人提供的货物运单、货票、客票。当事人通过协商签订的书面合同也可以作为公路运输合同形式。公路运输与铁路运输相比，市场化程度高，当事人协商的余地也大得多。公路运输具有快捷、方便、门对门运输的特点，因此是现代交通的重要方式。

（3）水路运输合同。水路运输合同是指以水路运输经营者作为承运人的运输合同。水路运输承运人既包括企业，也包括个人。水路运输是利用水资源进行生产活动，是最古老的交通运输方式，价格低。今天，在适合航运的河流地区，水路运输依然是人们经常使用的方式。水路运输合同的形式也是以船票、货物运单、托运单等单据体现的。当事人也可以签订规范的书面合同作为水路运输合同。

（4）海上运输合同。海上运输合同是指以海上运输经营者作为承运人的运输合同。海运在国际贸易活动中的地位和作用十分重要。海上运输主要是涉外运输，各国对海上运输十分重视，世界经济贸易组织通过协调，签订了不少公约来调整海上运输及贸易关系。这些公约都是从事海上运输应当遵守的基本依据。

海上运输合同形式一般都是要式合同，提单是船东签发的具有很强的法律约束力的提货凭证。当事人必须按照提单的有关规则，履行各自的义务。

（5）航空运输合同。航空运输合同是指以航空运输经营者作为承运人的合同。航空运输承运方只能是经过国家批准的航空运输企业，只有它们才能从事运输活动。航空运输合同形式是要式合同，客运方面以航空客票作为合同的基本凭证，但不是唯一凭证；货运方面以航空货物运单作为合同的初步证据，与运输的其他单据一起构成合同的全部内容。航空运输合同当事人的权利和义务主要由法律规定，在符合法律要求的前提下也可以另做约定。

（6）管道运输合同。管道运输合同是指从事管道运输业务的承运人和托运人签订的明确运送货物权利、义务关系的协议。在管道运输合同中，承运人具有单一性，并且管道运输合同的货物种类也比较少，主要限于气体和液体类货物，如石油、天然气等。

2. 按运输对象划分

按运输对象不同，运输合同可分为客运合同和货运合同。下面主要谈谈货运合同。货运合同是指承托双方签订的，明确双方权利、义务关系，确保货物有效位移且具有法律约束力的合同文件。

（1）货运合同按合同期限划分，可分为长期合同和短期合同。长期合同是指合同期限在一年以上的合同；短期合同是指合同期限在一年以下的合同，如年度、季度、月度合同。

（2）货运合同按货物数量划分，可分为批量合同和运次合同。批量合同，一般是一次托运货物数量较多的大宗货物运输合同；运次合同，一般是托运货物较少，一个运次就可以完成的运输合同。

所谓运次，是指完成包括准备、装载、运输、卸载四个主要工作环节在内的一次运输过程的完整循环。

货运合同按合同形式划分，可分为书面合同和契约合同。书面合同是指签订正式书面协议书形式的合同；契约合同则是指托运人按规定填写货物运输托运单或货单。这些单证具有契约性质，承运人要按托运单或货单要求承担义务，履行责任。

8.2.3 运输合同的内容及条款

1. 运输合同的内容

运输合同通常包括以下内容：

（1）货物的名称、性质、体积、数量及包装标准。
（2）货物起运和到达地点、运距、收发货人名称及详细地址。
（3）运输质量及安全要求。
（4）货物装卸责任和方法。
（5）货物交接手续。
（6）批量货物运输的起止时间。
（7）年、季、月度合同的运输计划，提送期限和运输计划的最大限量。
（8）运杂费计算标准和结算方式。
（9）变更、解除合同的期限。
（10）违约责任。
（11）双方商定的其他条款。

2. 运输合同的条款

（1）法定条款和约定条款。法定条款是法律规定的运输合同中必须具备的条款，若缺乏这些条款，运输合同将可能不成立。例如，《中华人民共和国民航法》对航空货运单有明确规定，如出发地、目的地、经停地、货物重量、尺寸、包装、件数、适用国际公约的声明等。运输单证都是由承运人制作的。客票须经承运人出票，运单须由承运人提供、托运人填写并经承运人查验确认，因此，法定条款的欠缺责任应由责任人承担。

约定条款是法律允许合同双方可以协商、意愿订立的条款。国内货运由于大多数由运输规划规定运单内容，并根据法律和习惯运送，因此运单上可以出现的约定条款并不多；国际货运则不同，由于涉及国际公约适用问题，当事人约定条款的范围一般较宽。

（2）明示条款和默示条款。明示条款是运输合同单证中载明的条款。默示条款是运输单证中未予记载但又是运输合同组成部分的条款。法律规定是运输合同的默示条款，即不论一方或双方当事人是否对这种条款知悉和同意，默示条款均有效力。运输规章、规则的规定也是默示条款，并具有强制力。但是，当法规和规章均无相应规定时，习惯和不言而喻的客观状况也应视为默示条款。例如，托运人从北京火车站托运一批货物至哈尔滨，承运人应将该货从北京站装运，经京哈线运达哈尔滨。京哈线是习惯的、客观存在的路线，双方不必在运单中注明运输路线，法律上视为双方对此默认，这一条件视为货运合同的默示条款。

综上，运输合同中的明示条款是以客票和运单载明的对法律规定的其他运输条件的明示，而默示条款是对法律、习惯的默示。法定条款是运输合同形式中必须载明的条款；约定条款是当事人可以依法协商确定的条款，约定条款必须是明示条款；默示条款是不必在合同中载明的条款，默示条款主要是法律规范，也可以是习惯。

8.2.4 运输合同的订立

订立运输合同的程序，是当事人依法就运输合同的主要条款达成一致意见的过程。在实际运输往来中，一般经过要约和承诺两个主要步骤。

1. 要约

要约是当事人一方向他方提出订立运输合同的建议，也可称为订约提议。其中发出要约的一方为要约人，要约发向的一方为受要约人或相对人。要约是一种法律行为。

(1) 要约应具备的条件：①要约应明确表示以要约内容订立运输合同的意思或愿望；②要约的内容应具体、肯定，涵盖合同的主要条款；③要约应送达受要约人；④要约应由特定的当事人做出。

(2) 要约的效力。要约的效力是指要约所引起的法律后果，分为对要约人的效力和对受要约人的效力两个方面。

要约生效后，对受要约人来说，只是取得承诺的资格，并没有承诺的义务，受要约人不进行承诺，只是使合同不能成立，此外不负任何责任。而对要约人来说，要约人在要约的有效期内不得随意撤销或变更要约，并负有与对方订立运输合同的义务；若以特定物为合同标的时，不得以该特定物为标的同时向第三人发出相同的要约，或与第三人订立运输合同，否则应承担法律责任。要约的这一效力，即要约的约束力。

(3) 要约不生效或效力终止。要约发出后，遇有下列情况之一时即不发生效力或终止其效力：①要约被撤回。在要约生效前，要约人以比要约更快捷的方式通知受要约人，使得撤回要约的通知限于要约或与要约同时到达受要约人时，要约即不发生效力，这就是要约被撤回。②要约被拒绝。受要约人一旦做出不接受或不完全接受要约的通知，要约即被拒绝，这时要约的效力终止。③要约的有效期限届满。要约规定有效期限的，受要约人未承诺，要约即失去效力；要约未规定期限的，受要约人未在合理期限内做出承诺，要约失效。所谓合理期限，包括函、电往返和受要约人考虑是否承诺所需的时间。④其他情况。如要约人是公民时，要约人死亡或丧失行为能力；如要约人是法人时，要约人被撤销法人资格等，要约也会失去效力。

2. 承诺

承诺是指受要约人向要约人做出的对要约完全同意的意思表示，也可称为接受提议。承诺也是一种法律行为。

(1) 承诺应具备的条件：①承诺必须由受要约人做出；②承诺的内容与要约的内容应完全一致；③承诺应在要约的有效期内做出；④承诺应送达要约人。

(2) 承诺的效力。承诺的效力是指承诺所引起的法律后果。其效力在于使合同成立，此时订立合同的阶段结束。如果国家法律规定或当事人双方约定，合同必须经过鉴证、公证或主管部门批准登记的，则履行有关手续后，合同方为成立。

(3) 不发生法律效力的承诺。①承诺被撤回。承诺在生效前可以撤回，但撤回的通知必须先于承诺或与承诺同时到达要约人。②承诺迟到。承诺在要约的有效期限届满后到达要约人时，称为承诺迟到，不发生效力。

3. 运输合同订立的原则

货物运输合同的订立是指承运方和托运方在自愿、平等、互利的基础上经过协商后以书面形式签订有效合同。签订运输合同的基本原则主要包括以下几个方面：

(1) 自愿平等互利的原则。

合同当事人不论企业规模大小、实力强弱、所有制性质差异，在签订运输合同时的法律地位一律平等，一方不得将自己的意志强加给另一方。在合同的内容上，双方应遵循公平和对等的原则确定各方的权利与义务。

(2) 合法规范的原则。

合同当事人签订的运输合同在内容和程序上必须符合法律的规范与要求。

(3) 等价有偿的原则。

合同当事人享有同等的权利和义务，并应依法承担相应的责任。权利、义务、责任总是对等的。每一方从对方得到利益时，都应该支付对方相应的代价，不能只享受权利不承担义务和责任。

(4) 协商一致的原则。

合同是双方意愿经过协商达成一致的结果，彼此均不能将自己的意愿强加于对方。合同是双方的法律行为，任何其他单位和个人不得非法干预。

4. 运输合同的内容

运输合同应根据《合同法》及其相关规定进行制定。其中，《合同法》已由中华人民共和国第九届全国人民代表大会第二次会议于1999年3月15日通过，并于1999年10月1日开始施行。《合同法》第十七章介绍了运输合同的相关规定。运输合同的具体内容应包括：

①货物的名称、性质、重量、数量、收货地点等有关货物运输的必要情况。
②货物的包装要求。
③货物的运输时间和地点，包括货物起运及到达的时间、地点等。
④运输质量和安全要求。
⑤货物装卸方法和责任划分。
⑥收货人领取货物和点验、查收货物的标准。
⑦运杂费的组成、计算标准和结算方法。
⑧变更、解除合同的期限和条件。

⑨双方的权利、义务。

⑩违约责任。

⑪双方商定的其他条款。

运输合同范本如表 8-1 所示：

表 8-1　运输合同范本

托运方：_____

托运方详细地址：_____

承运方：_____

收货方详细地址：_____

根据国家有关运输规定，经过双方充分协商，特订立本合同，以便双方共同遵守。

第一条　货物名称：_____；规格：_____；数量：_____；单价：_____；总额（元）：_____。

第二条　包装要求：

托运方必须按照国家主管机关规定的标准包装，没有统一规定包装标准的，应根据保证货物运输安全的原则进行包装，否则承运方有权拒绝承运。

第三条　货物起运地点：_____；货物到达地点：_____。

第四条　货物承运日期：_____；货物运到期限：_____。

第五条　运输质量及安全要求：_____。

第六条　货物装卸责任和方法：_____。

第七条　收货人领取货物及验收办法：_____。

第八条　运输费用、结算方式：_____。

第九条　各方的权利、义务：

一、托运方的权利、义务

（1）托运方的权利：要求承运方按合同规定的时间、地点，把货物运输到目的地。货物托运后，托运方需要变更到货地点或收货人，或者取消托运时，有权向承运方提出变更合同的内容或解除合同的要求，但必须在货物未运到目的地之前通知承运方，并应按有关规定付给承运方所需费用。

（2）托运方的义务：按约定向承运方交付运杂费，否则，承运方有权停止运输，并要求对方支付违约金。托运方对托运的货物，应按照规定的标准进行包装，遵守有关危险品运输的规定，按照合同中规定的时间和数量交付托运货物。

二、承运方的权利、义务

（1）承运方的权利：向托运方、收货方收取运杂费用。如果收货方不交或不按时交纳规定的各种运杂费用，承运方对其货物有扣压权。查不到收货人或收货人拒绝提取货物，承运方应及时与托运方联系，在规定期限内负责保管并有权收取保管费用，对于超过规定期限仍无法交付的货物，承运方有权按有关规定予以处理。

（2）承运方的义务：在合同规定的期限内，将货物运到指定的地点，按时向收货人发出货物到达的通知。对托运的货物要负责安全，保证货物无短缺、无损坏、无人为的变质，如有上述问题，应承担赔偿义务。在货物到达以后，按规定的期限，负责保管。

三、收货人的权利、义务

（1）收货人的权利：在货物运到指定地点后有以凭证领取货物的权利。必要时，收货人有权向到站或中途货物所在站提出变更到站或变更收货人的要求，签订变更协议。

（2）收货人的义务：在接到提货通知后，按时提取货物，缴清应付费用。超过规定提货时，应向承运人交付保管费。

第十条　违约责任：

一、托运方责任

（1）未按合同规定的时间和要求提供托运的货物，托运方应按其价值的_____%偿付给承运方违约金。

（2）由于在普通货物中夹带、匿报危险货物，错报笨重货物重量等而招致吊具断裂、货物摔损、吊机倾翻、爆炸、腐蚀等事故，托运方应承担赔偿责任。

（3）由于货物包装缺陷产生破损，致使其他货物或运输工具、机械设备被污染腐蚀、损坏，造成人身伤亡的，托运方应承担赔偿责任。

（续）

(4) 在托运方专用线或在港、站公用线，专用铁道自装的货物，在到站卸货时，发现货物损坏、缺少，在车辆施封完好或无异状的情况下，托运方应赔偿收货人的损失。

(5) 罐车发运货物，因未随车附带规格质量证明或化验报告，造成收货方无法卸货时，托运方应偿付承运方卸车等存费及违约金。

二、承运方责任

(1) 不按合同规定的时间和要求配车（船）发运的，承运方应偿付托运方违约金_____元。

(2) 承运方如将货物错运到货地点或接货人，应无偿运至合同规定的到货地点或接货人。如果货物逾期达到，承运方应偿付逾期交货的违约金。

(3) 运输过程中货物灭失、短少、变质、污染、损坏，承运方应按货物的实际损失（包括包装费、运杂费）赔偿托运方。

(4) 联运的货物发生灭失、短少、变质、污染、损坏，应由承运方承担赔偿责任的，由终点阶段的承运方向负有责任的其他承运方追偿。

(5) 在符合法律和合同规定条件下的运输，由于下列原因造成货物灭失、短少、变质、污染、损坏的，承运方不承担违约责任：

①不可抗力。

②货物本身的自然属性。

③货物的合理损耗。

④托运方或收货方本身的过错。

第十一条 本合同正本一式两份，合同双方各执一份；合同副本一式_____份，送_____等单位各留一份。

托运方（盖章）：_____　　　　承运方（盖章）：_____
代表人（签字）：_____　　　　代表人（签字）：_____
地址：_____　　　　　　　　　地址：_____
电话：_____　　　　　　　　　电话：_____
开户银行：_____　　　　　　　开户银行：_____
账号：_____　　　　　　　　　账号：_____
____年____月____日　　　　　　　　____年____月____日
签订地点：_____　　　　　　　签订地点：_____

5. 运输合同的变更与解除

订立运输合同后，在正常情况下，合同双方应根据订立的内容履行各自的权利和义务，但如果遇到特殊情况，则可能需要变更或解除合同。

(1) 运输合同变更和解除的含义。

运输合同变更和解除是指在合同尚未履行或没有完全履行时，遇到了特定情况致使合同不能正常履行，或者需要变更时，经双方协商同意，并在合同规定的变更、解除期限内办理变更或解除。任何一方无权擅自变更、解除双方签订的运输合同。变更合同是指合同部分内容和条款的修改、补充。解除合同是指解除由合同规定双方的法律关系，提前终止合同的履行。

(2) 运输合同变更和解除的条件。

①由于不可抗力致使合同无法正常履行。

②由于合同当事人一方的原因，致使合同无法在约定的期限内履行。

③合同当事人违约，致使合同的履行成为不可能或不必要。

④经合同当事人双方协商同意解除或变更，但承运人提出解除合同的，应退还已收的运费。

在运输过程中，由于不可抗力造成道路阻塞导致运输受到阻碍，承运人应及时与托运人联系并协商处理，其中发生的货物装卸、接运和保管费用应按照以下规定进行处理：

①托运人要求绕道行驶或改变到达地点时，承运人按变更后实际运输路程收取运费。

②货物在受阻处存放保管期间，保管费由托运人负责。

③接运时，货物装卸、接运费用由托运人负责，承运人应收取已完成运输里程的运费，退回未完成运输里程的运费。

④回运时，承运人收取已完成运输里程的运费，免收回程运费。

8.3 海上运输合同

8.3.1 国内海上运输合同

国内海上运输合同范本如表8-2所示：

表8-2 国内海上运输合同范本

甲方：_____
地址：_____
邮码：_____
电话：_____
法定代表人：_____
职务：_____
乙方：_____
地址：_____
邮码：_____
电话：_____
法定代表人：_____
职务：_____

根据《合同法》和海上运输管理规定的要求，_____（以下简称"甲方"）向_____交通海运局（以下简称"乙方"），计划托运_____货物，乙方同意承运，特签定本合同，共同遵守，互相制约，具体条款经双方协商如下：

1. 运输方法

乙方调派_____吨位船舶一艘（船舶吊装设备），应甲方要求由_____港运至_____港，按现行包船运输规定办理。

2. 货物集中

甲方应按乙方指定时间，将_____货物于_____天内集中于_____港，货物集齐后，乙方应在5天内派船装运。

3. 装船时间

甲方联系到达港同意安排卸装后，经乙方落实并准备接收集货（开集日期由乙方指定）。装船作业时间，自船舶抵港已靠好码头时起于_____小时内装完货物。

4. 运到期限

船舶自装货完毕办好手续时起于_____小时内将货物运到目的港，否则按有关规定承担滞延费用。

5. 启航联系

(续)

乙方在船舶装货完毕启航后，即发报通知甲方做好卸货准备。如需领航时也应通知甲方按时派引航员领航，费用由_____方负担。

6. 卸船时间

甲方保证乙方船舶抵达_____港锚地，自下锚时起于_____小时内将货卸完，否则甲方按超出时间向乙方交付滞延金每吨·时_____元，在装卸货过程中，因天气影响装卸作业的时间，经甲方与乙方船舶签证，可按实际影响时间扣除。

7. 运输质量

乙方装船时，甲方应派员监装，指导工作照章操作，装完封好舱，甲方可派押运员（免费一人）随船押运。乙方保证原装原运，除因船舶安全条件所发生的损失外，对于运送货物的数量和质量均由甲方自行负责。

8. 运输费用

按国家规定水运货物一级运价率以船舶载重吨位计货物运费_____元，空驶费按运费的50%计_____，全船运费为_____元，一次计收。

9. 费用结算

本合同经双方签订后，甲方应先付给乙方预付运输费用_____元。乙方在船舶卸完后，按照运输费用凭据与甲方一次完成结算，多退少补。

10. 附则

本合同甲乙双方各执正本一份、副本_____份，并向工商行政管理局登记备案，如有未尽事宜，按照《合同法》及国家的有关规定处理。

甲方：_____
代表人：_____
_____年_____月_____日
乙方：_____
代表人：_____
_____年_____月_____日

8.3.2 国际海上运输合同

国际海上运输合同范本如表8-3所示：

表8-3 国际海上运输合同范本

合同号：_____
日期：_____
订单号：_____
买方：_____
卖方：_____
买卖双方签订本合同并同意按下列条款进行交易：
(1) 品名及规格：_____。
(2) 数量：_____。
(3) 单价：_____。
(4) 金额：_____。
    合计：_____。
    允许溢短装：_____%。
(5) 包装：_____。
(6) 装运口岸：_____。

(续)

> (7) 目的口岸：_____。
> (8) 装船标记：_____。
> (9) 装运期限：收到可以转船及分批装运之信用证_____天内装运。
> (10) 付款条件：开给我方100%保兑的不可撤回即期付款之信用证，并须注明可在装运日期后15天内议付有效。
> (11) 保险：按发票110%保全险及战争险。_____由客户自理。
> (12) 买方须于____年____月____日前开出本批交易信用证，否则，售方有权：不经通知取消本合同，或接受买方对本约未执行的全部或一部分，或对因此遭受的损失提出索赔。
> (13) 单据：卖方应向议付银行提供已装船清洁提单、发票、中国商品检验局或工厂出具的品质证明、中国商品检验局出具的数量/重量签订书；如果本合同按 CIF 条件，应再提供可转让的保险单或保险凭证。
> (14) 凡以 CIF 条件成交的业务，保额为发票价值的110%，投保险别以本售货合同中所开列的为限，买方如要求增加保额或扩大保险范围，应于装船前经售方同意，因此而增加的保险费由买方负责。
> (15) 质量、数量索赔：如交货质量不符，买方须于货物到达目的港 30 日内提出索赔；数量索赔须于货物到达目的港 15 日内提出。对由于保险公司、船公司和其他转运单位或邮政部门造成的损失，卖方不承担责任。
> (16) 本合同内所述全部或部分商品，如因人力不可抗拒的原因，以致不能履约或延迟交货，售方概不负责。
> (17) 仲裁：凡因执行本合同或与本合同有关事项所发生的一切争执，应由双方通过友好方式协商解决。如果不能取得协议时，则在中国国际经济贸易仲裁委员会根据该仲裁机构的仲裁程序规则进行仲裁。仲裁决定是终局的，对双方具有同等约束力。仲裁费用除非仲裁机构另有决定，均由败诉一方负担。仲裁也可在双方同意的第三国进行。
> (18) 买方在开给售方的信用证上请填注本确认书号码。
> (19) 其他条款：
> 卖方：   买方：

8.4 集装箱运输合同

8.4.1 水运集装箱运输合同

水运集装箱运输合同范本如表 8-4 所示：

表 8-4 水运集装箱运输合同

> 托运方（以下简称"甲方"）：
> 承运方（以下简称"乙方"）：
> 根据国家有关运输规定，经双方充分协商，特订立本合同，以便双方共同遵守。
> 第一条 货物名称、数量、包装等：委托货物主要为非危险产品（货物用品、规格、数量、单价、总金额等内容），将在每批货物发运前以"沿海内贸货物托运书"的形式予以详细规定。"沿海内贸货物托运书"由双方签字后视为本合同不可分割的一部分。甲方的货物按照国家规定的标准包装。
> 第二条 货物起运地点、货物到达地点及货物到达时间要求：按"沿海内贸货物托运书"内填写的具体地点及运输方式为准。
> 第三条 运输费用：运价根据市场调整而调整，以书面确认为准，乙方应本着长期友好合作的原则给甲方报价。
> 第四条 货物承运日期及操作流程：
> （1）双方签字盖章确认托运书后，甲方按乙方所通知的船期安排货运，并至少提前一日通知乙方；接托运通知后，应妥善安排有关货运事宜。
> （2）由乙方安排货柜到甲方仓库；甲方负责装柜。
> （3）货到目的港后，根据运输条款，由乙方负责把重柜送到甲方指定的目的地。
> （4）由甲方指定的收货人负责卸货。
> （5）乙方在货物从甲方装箱后按托运书上的规定时间发运，如有变更需及时通知甲方。

(续)

第五条 收货人、接货方式及验收方式：收货人由甲方指定并列出详细地址、电话、传真、负责人。

乙方前往甲方指定地点接货时，须准备一式三份的集装箱货物装箱单，标明件数、总重，经托运方或其他代理人装妥货物，对集装箱进行加封后签字，甲方需留存一份。

第六条 运输费的结算方式：经双方协商决定，运费采用电汇，付款时结清运杂费（当月的运费次月的5日前双方书面核对完毕，甲方于次月15日前付款）。

第七条 双方的权利、义务：

一、甲方的权利、义务。

（1）权利：货物托运后，甲方需要变更到货地点或收货人取消托运时，有权向乙方提出变更合同的内容或解除合同的要求，但必须在货物未运至目的地前，提早通知乙方，并支付由此让乙方产生的适当费用。

（2）义务：

①规定标准进行包装。

②按合同规定支付运费。

③按合同规定的装货限制箱重量。

二、乙方的权利、义务。

（1）乙方确保向托运方开具合法、有效的发票。

（2）在符合法律和本合同规定条件下的运输，如由于发生不可抗力事件（地震、海啸、火灾、台风、海损等自然灾害），致使货物损失、短缺、损坏的，乙方应在事故发生时采取必要的抢救措施以尽量减少损失，并及时将当地公安部所认定的事故情况以电报或以传真形式通知甲方；乙方应在事故发生后及时提供事故详情及有效证明文件给甲方，协助甲方向保险公司索赔。此项证明文件应由事故发生地区的有关政府出具。

（3）双方长期合作的线路，乙方每月月底将船期计划事先通知甲方，同时甲方月底将各线路的运价书面传真报价给乙方。

（4）乙方必须遵守甲方和甲方顾客工厂的管理规定、《中华人民共和国道路交通安全法》及相关法律法规规定；运输单位、运输船舶、船员应具备国家海事管理机构颁发的适任资质；运输车辆、驾驶人员应具备国家交通管理部门颁发的相关资质。

（5）运输船舶及车辆应按核定的载重量范围装载货物，严禁超载。

（6）在储存、运输、装卸、装载过程中，乙方应遵守《中华人民共和国环境保护法》及相关法律法规规定，营运人员应当采取必要的措施，防止货物脱落、扬撒；防止危险货物燃烧、爆炸、辐射、泄漏，以保护环境、保证货物的安全送达。在储存、运输、装卸、装载过程中可能对环境造成污染或已经造成重大环境污染事故、存在安全隐患或已经造成重大伤亡事故的，甲方有权提出整改建议；如逾期仍未为改进的，甲方有权减少运输数量或更换承运商。

三、双方责任划分、货物的交接手续

（1）货物装箱时，由甲方负责，货物装箱完毕后，由甲方封好封条，风险由乙方承担。

（2）货物交接原则上按交通部的集装箱运输，以箱体完整、封条完好为准。

（3）乙方要提供完好的集装箱确保货物的安全，货到目的地后，如箱体、封条损坏，造成箱内货物损坏、减少（装箱货物以双方共同签署的货物清单为准），由乙方负责赔偿。货物卸完后由甲方指定收货人或收货方仓库员签名并盖章。

第八条 违约责任：

（1）如甲方所装货物超过合同规定的装限额，则应对由此所造成的一切后果负责。

（2）如乙方在无不可抗力事件发生的情况下，未能按甲方要求（或双方约定的时间）及时将货物送到甲方规定地点，乙方必须承担因此而给甲方造成的所有直接和间接损失。

（3）乙方交货迟延3天内，应向甲方支付违约金300元；交货迟延5天（含）以上的，应支付违约金1 000元。

（4）若发生经济损失或违约情况，甲方有权暂缓支付运费，或以运费作为经济损失和违约金冲抵。

第九条 如有异议，按交通部颁发的《国内水路集装箱货物运输规则》《国内水路货物运输规则》等有关法规办理。其他未尽事宜，由双方协商解决，协商不成则采取诉讼方式。

甲方代表人： 乙方代表人：

8.4.2 陆运集装箱运输合同

陆运集装箱运输合同范本如表 8-5 所示：

表 8-5　陆运集装箱运输合同

甲方：_____
乙方：_____

在港的集装箱运输业务，完善集装箱设备交接单制度，加快集装箱周转速度，减少集装箱的损坏和灭失，共同维护船公司、集装箱陆路运输承运人的利益，甲乙双方经过友好协商，就乙方接收/发货人委托从事甲方代理的集装箱的陆路运输业务事宜达成如下协议：

一、总则

甲方作为集装箱代理人，受海上承运人/集装箱营运人的委托，同意根据乙方提交的条例规定的完整手续将甲方代理的集装箱交给乙方，由乙方承担陆路运输任务。乙方作为配备专业集装箱运输工具的具有合法经营权的独立法人单位，同意严格按照本协议的条款承运甲方交付的集装箱并承担在其运输、储存、装卸集装箱货物过程中可能产生的一切风险、责任和费用。

双方同意按照《中华人民共和国海上国际集装箱运输管理规定》及其实施细则和《×××口岸设备交接单实施细则》规定的办法和标准进行集装箱的检验、核查、交接和划分责任，享受权利和承担义务。

乙方的责任期间：

自集装箱提离有关的码头/场站时起至集装箱返回有关的码头/场站卸箱时止。因在乙方责任期间内引起的集装箱损坏，其责任期间延长至集装箱修复，甲方检验合格返回指定堆场之日止。

任何第三方以乙方的名义从事集装箱陆路运输，第三方之拖车在本协议的范围内应视为乙方所有的拖车，依本协议所产生的一切风险、责任和费用均由乙方承担。凡第三方使用乙方盖章的提箱申请书者，均视为征得乙方的同意，乙方应承担所产生的一切风险、责任和费用。

二、乙方应当具备的条件

（1）完善的组织机构，严格、齐备的管理制度，切实可行的业务流转程序。

（2）配备性能良好、设备齐全的运输工具（如拖头、车架、发电机等），牌照完整、合格，保证适拖、适货。

（3）具有合格执照以及经过海运集装箱运输业务专业培训有素的驾乘人员，熟悉港口疏运业务，了解交通部、港务管理局和联合船代有关集装箱港口疏运的各项规章制度和条例，保证安全、迅捷地完成乙方承运范围内的集装箱运输任务。

（4）配备必要的通信和数据传递设备，可及时完成与甲方的业务联系和报表传递。

（5）乙方应将营业执照、经营许可证复印件提供给甲方，并将自有拖车、租赁拖车、挂靠拖车的车号或拖车营运证、行驶证复印件提供给甲方备查，同时应书面说明是否以自有拖车向第三人提供抵押担保。

三、进口集装箱的拖运

1. 申请提箱

乙方须凭进口提货单和乙方签字、盖章的提箱申请书向甲方提出提箱申请，甲方审核无误后应立即签发进口重箱设备交接单给乙方，并在设备交接单上注明乙方的公司名称和提箱地点。乙方若因客观原因无法及时完成疏运任务时，应及时与甲方联系更改事宜，未经甲方书面确认或更改，乙方不得随意将拖运业务转交其他公司，否则甲方有权追究乙方的违约责任并要求乙方支付每自然箱 RMB 500.00 的违约金。

2. 提取重箱

乙方凭甲方签发的进口重箱设备交接单到甲方指定的码头提取重箱。

3. 送往收货人

乙方在承担集装箱的陆路运输时，应保证按照货主的要求，及时将集装箱拖运至货主指定的地点，无正当理由不得拖延，否则收货人有权向甲方要求乙方承担由此产生的集装箱超期使用费。在拖运过程中，乙方应遵守交通规则，注意行车安全，在卸货场地装卸集装箱时应遵守操作规程，严禁野蛮装卸，在拖运和装卸过程中发生的集装箱箱损责任由乙方承担。

4. 交货

乙方在将进口集装箱交给收货人拆箱时，应督促收货人拆箱时要小心，妥善地进行操作。由于交货时拆箱不当而造成的箱损，乙方必须先行承担维修责任，但乙方有权根据责任缘由向收货人追索相应的修理费用，必要时可要求甲方协助追回有关费用。

(续)

5. 交还空箱

收货人将集装箱重箱拆空并通知乙方后,乙方应及时安排集装箱牵引车将空箱拖回甲方指定的还箱地点,无正当理由,乙方不得拖延,否则收货人有权要求乙方承担由此产生的集装箱超期使用费;乙方应严格按照甲方指定的还箱地点交还空箱,否则甲方有权要求乙方还箱至指定地点并收取由此引起的集装箱超期使用费,而且乙方应另外向甲方支付每自然箱 RMB 1 000.00 的违约金。

四、出口集装箱的拖运

1. 申请提箱

乙方在接受发货人的委托后,凭经确认订舱的场站收据提箱联和乙方书面的提箱申请到甲方处申请提取出口用空箱;甲方审核无误后应立即签发出口空箱设备交接单给乙方,并在设备交接单上注明乙方的公司名称和提箱地点。乙方若由于各种原因无法及时完成拖运任务时,应及时与甲方联系更改事宜,否则甲方有权追究乙方的违约责任并要求乙方支付每自然箱 RMB 500.00 的违约金。提箱费和出口超期使用费统一由乙方支付。

2. 提取空箱

乙方凭甲方出具的出口空箱设备交接单到甲方指定的码头、场站提取空箱。对于码头、场站发放的空箱,乙方应详细检查箱体状况,若由于码头、场站发放的空箱未达到适货标准,乙方有权要求码头、场站重新提供适货空箱。

3. 送往发货人

乙方在从事集装箱陆路运输时,应保证货主的要求,及时将集装箱拖运至货主指定的地点以便发货人装货,无正当理由不得拖延,否则乙方必须承担由此产生的集装箱超期使用费。

4. 乙方在将出口空集装箱交给发货人装箱时,应督促发货人在装箱时要小心,妥善地进行操作,由于发货人装箱不当而造成的箱损,乙方必须先行承担修理责任,但乙方有权根据责任缘由向发货人追索相应修理费用,必要时甲方应协助追回有关修理费用。

5. 收回重箱

发货人装货完毕并通知乙方后,乙方应及时安排集装箱牵引车将已装货集装箱拖回甲方指定的还箱码头。

6. 退载

乙方领取设备交接单后因退载未到堆场提箱,乙方应在设备交接单签发之日起的 15 天内持全套设备交接单到甲方处办理退载;超过 15 天要求办理退载的,甲方可以不退还已收的提箱费。重箱进码头后,乙方因故需要更改提单号,必须有发货人提出的正当理由,并提供相应的证明材料。

7. 套箱

乙方不得随意套箱,若确有需要,乙方需事先征得甲方和/或船公司的同意,并到甲方处办理相应的套箱手续。乙方未经甲方的同意而自行套箱,甲方事后不给予补办套箱手续,乙方应承担由此产生的一切费用和责任,并向甲方支付每自然箱 RMB 1 000.00 的违约金。

五、责任及费用结算

1. 进出场交接

乙方承运集装箱进/出码头、场站时,应与检查口人员一起详细检查箱体状况,发现破损或其他异常情况,应按设备交接单制度的有关规定将相关状况在设备交接单的进/出场联上注明清楚,交接双方签字、盖章认可。因交接不清而产生的责任和费用,由乙方自己承担。

2. 集装箱破损

(1) 若在乙方承运范围内发生的集装箱损坏、污染、灭失等,其责任、费用和风险由乙方承担。乙方发现问题后应立即书面通知甲方,请示处理意见,甲方在收到通知后三个工作日内应提出处理意见并书面通知乙方,乙方也应在三个工作日内予以回复,由此产生的费用由乙方承担;若乙方未能在三个工作日内对甲方的破损箱处理意见予以回复,则甲方有权自行安排修理,由此产生的修理等费用由乙方承担。

(2) 若乙方违反前项规定,没有及时将承运范围内发生的集装箱损坏、污染、灭失等责任事故在本协议规定的日期内通知甲方,甲方在接到码头、场站的破损箱报告后,应立即将破损箱的处理意见书面通知乙方,乙方也应在三个工作日内予以回复;若乙方未能在三个工作日内对甲方的破损箱处理意见予以回复,甲方视其已同意甲方的破损处理意见,甲方有权自行安排修理,由此产生的修理等费用由乙方承担。

(3) 未经甲方同意,乙方不得对损坏的集装箱擅自进行修理,否则,由此产生的一切责任和费用由乙方承担。若甲方同意由乙方自行安排修理,乙方应于集装箱修理完毕后立即通知甲方,由甲方安排验箱人员进行检验,检验合格后方可重新投入使用,检验费用由乙方承担。若乙方对甲方安排的验箱人员做出的修理检验结论有异议,甲乙双方同意申请 UNICON 驻×××的验箱师(届时如因 UNICON 无驻×××的验箱师,则由 ICSB 驻×××的验箱师)进行检验,检验费用由乙方承担,检验结果是终局性的。

（续）

3. 在任何情况下，乙方均不得占用、挪用、改建、盗取甲方集装箱，否则乙方除立即返还甲方集装箱外，应向甲方支付从提箱之日起计算的集装箱超期使用费并赔偿由此给甲方造成的一切损失；乙方从码头、场站提取甲方集装箱超过90天没有返回指定的码头、场站的（进口重箱收货人未拆空的除外），甲方有权推定集装箱已灭失，向乙方索赔全损价值

4. 乙方以"保函"形式代收货人支付收货人应付的集装箱超期使用费、进口文件费、卸箱费等费用，甲方有权决定是否接受乙方的"保函"

5. 甲方查询乙方提取的集装箱，乙方应在一个工作日内给予回复

6. 乙方应将进出场集装箱设备交接单运箱人联存档备查，保存期不低于两年

7. 根据本协议而从事提供各项服务的所有乙方职工，在任何时候均为乙方的雇员而非甲方的雇员，其所产生的各种责任、义务和费用，均由乙方承担

8. 甲方同意向乙方提供提箱、还箱的有关信息，配合乙方及时提到"设备交接单"指定的集装箱

9. 乙方同意在甲方处押限额足够的空白转账支票，以便结算其应付的集装箱超期使用费、提卸箱费、进口文件费、修箱费、洗箱费、清除危险品标记费、违约金和集装箱灭失等费用

10. 对于乙方在甲方处所产生的费用，甲乙双方同意用乙方押在甲方处的空白转账支票以每月一结的方式结账，每月10日前，结清上月乙方所产生的费用。乙方须保证账户中有足够的金额用于支付，否则，每逾期一日按未支付金额的万分之五收取滞纳金。乙方如对其所产生的费用有疑问，应在收到甲方所提供的清单后的7天内向甲方提出，并在此后的3个工作日内向甲方提供有关的证据。由甲方查实处理，逾期则视为所结算费用准确无误

11. 修箱费率
甲方指定的修理厂的费率。

12. 提卸箱费率为：49.5元/20GP、74.3元/40GP、53.7元/20RF、82.5元/40RF。协议有效期内如遇交通部有关提卸箱费率的变动，将执行交通部新的费率标准

六、协议期限
（1）本协议自签订之日起生效，到×年×月×日终止。到期双方无异议则自动顺延。
（2）在协议有效期内，无论甲乙双方任何一方需要提前终止合同的，应提前30天通知协议的另一方，并应：
①乙方将所承运的未交还甲方指定码头、场站的集装箱交付甲方指定的地点，并按协议要求办妥所有交接手续。
②乙方应在7天内将应由乙方负责的集装箱破损灭失等费用支付甲方或其他有关方。
③结清双方所有费用。
（3）在协议有效期内，乙方如发生以下行为，甲方有权单方面终止本协议，并由乙方承担由此产生的一切损失：
①有违反国家政策、法律、法规和规定的行为，或被司法机关追究责任的。
②向甲方申请提箱后又私自转让给任何第三方，经处理仍未改正的。
③私自占用、挪用、改建、盗取甲方集装箱。
④不按甲方指定的地点提箱或还箱，经甲方两次书面指出后仍未改正的。
⑤拖欠甲方费用，经甲方三次书面催缴仍未缴付的。
⑥开具空头支票或连续两次提供印鉴不符、票据有瑕疵的支票，导致甲方不能及时收取有关费用的。
⑦变更公司/企业名称、住所、注册资本、经营范围等登记注册事项后，未及时通知甲方。
⑧事先未通知甲方，转让自有拖车或者对拖车设置抵押权的。
（4）在协议的有效期内，乙方如有以下行为，甲方有权通知乙方终止本协议，甲方终止协议的通知发出后立即生效。
①乙方不能按本协议之规定与甲方办理有关单证交接。
②变更公司的联系电话、传真、增加或减少拖车数量未及时通知甲方的。
③乙方所押的限额空白转账支票未能足额支付其所产生的费用，支票印鉴不符、票据有瑕疵等原因，以致甲方无法转账，书面通知后一周内仍未缴清的。
④没有按第五条第6款保存设备交接单。不能按第五条第5款提供查询信息的。
⑤不按甲方指定的堆场、码头提箱或还箱的。

七、争议解决
本协议或与本协议有关的事项如因解释或履行上引起的任何争端，或导致甲乙任何一方无法履行本协议时，双方应尽可能以协商的方式解决，如不能以协商的方式解决时，任何一方均可向×××市湖里区人民法院提起诉讼。

八、本协议一式两份，双方各持一份，协议未尽事宜可通过双方协商解决

九、生效日期：　　年　　月　　日
甲方代表人：　　　　　　　　　　　　　　　　　　乙方代表人：

8.5 运输责任划分

8.5.1 托运人的权利、义务和责任

要保证运输合同的正确履行，避免运输纠纷的出现或合理解决运输纠纷，必须分清托运人、承运人以及收货人各自的权利、义务和责任。

1. 托运人的权利

托运人最主要的权利是要求承运人按照合同规定的时间把货物运送到目的地。货物托运后，托运人需要变更到货地点、收货人或者取消托运时，有权向承运人提出变更合同的内容或解除合同的要求，但必须在货物未运到目的地之前通知承运人，并按有关规定付给承运人所需费用。

2. 托运人的义务

托运人的首要义务是按约定向承运人交付运杂费，否则，承运人有权停止运输，并要求支付违约金。托运人对托运的货物，应按照规定的标准进行包装，遵守有关危险品运输的规定，按照合同中规定的时间和数量交付托运货物。

3. 托运人的责任

托运人未按合同规定的时间和要求提供托运的货物或应由托运人负责装卸的货物，超过合同规定装卸时间所造成的损失，或货物到达无人收货或收货人拒绝收货，造成承运人车辆放空、延滞及其他损失，托运人应负赔偿的责任。

由于托运人发生以下过错造成事故，致使承运人的车（船）及装卸机具和设备损失、腐蚀或人身伤亡，以及造成第三者的物质的损失，应由托运人负赔偿责任。

（1）在普通货物中夹带、匿报危险品或其他违反危险品运输规定的行为。

（2）错报笨重货物重量、规格、性质等导致吊具断裂，货物摔损、吊机倾翻、爆炸、腐蚀等事故。

（3）因货物包装缺陷产生破损，致使其他货物或运输工具、机械设备被污染腐蚀、损坏，造成人身伤亡，或货物包装不良，而从外部无法发现的货物损坏。

（4）未按规定制作图示、标志而造成货物或运输工具的损坏。

（5）在托运人专用线或在港、站公用线、专用线自装的货物，在到站卸货时，车辆铅封完好或无异状的情况下发现的货损、货差。

（6）不如实填写运单，错报、误填货物名称或装卸地点，造成承运人错送、装货落空以及由此引起的损失；或因未随车附带规格质量证明或化验报告，造成收货人无法卸货引起的损失。

8.5.2 承运人的权利、义务和责任

1. 承运人的权利

承运人有权向托运人、收货人收取运杂费用。如果收货人不交或不按时交纳规定的各种运杂费用，承运人对于货物有扣压权；查不到收货人或收货人拒绝提取货物，承运人应及时与托运人联系，在规定期限内负责保管并有权收取保管费用；对于超过规定期限仍无法交付的货物，承运人有权按有关规定予以处理。

2. 承运人的义务

在合同规定的期限内，将货物运到指定地点，按时向收货人发出货物到达的通知。对托运的货物负责安全，保证货物无短缺、无损坏、无人为损坏；如有上述问题，承运人有赔偿义务；在货物到达后，承运人在规定的期限内负责保管。

3. 承运人的责任

承运人如果未按合同规定的要求和运输期限将货物运送到目的地，应负违约责任。由于承运人发生下列过错，致使托运人或收货人的货物损失，则由承运人负赔偿责任。

（1）承运人过错赔偿责任。

①逾期送达责任：不符合同规定的时间和要求配车（船）、发运，造成货物逾期送达。

②错运、错交责任：货物错运到货地点或接货人，造成货物延误送达。

③货损、货差责任：在运输过程中，货物灭失、短少、变质、污染、损坏。

④故意行为责任：经核实确属故意行为造成的事故。

（2）不属于承运人过错赔偿责任。

在符合法律和合同规定条件下的运输，由下列原因造成的货物灭失、短少、变质、污染、损坏的，承运人不承担违约责任。

①不可抗力。

②货物本身的自然属性，如货物本身的自然性质变化等。

③货物的合理损耗。

④托运人或收货人本身的过错，如托运人违反国家有关法令，致使货物被有关部门查扣、弃置或做其他处理；押运人员责任造成的货物毁损或灭失；托运人或收货人过错造成的货物毁损或灭失。

8.5.3 收货人的权利、义务和责任

1. 收货人的权利

在货物运到指定地点后，收货人有以凭证领取货物的权利。必要时，收货人有权向到站或中途货物所在站提出变更到站或变更收货人的要求，以及签订变更协议的要求。

2. 收货人的义务

收货人的义务有：在接到提货通知后，按时提取货物，交纳应付费用；超过规定提货时，应向承运人交付保管费。

3. 收货人的责任

（1）若合同中规定收货人组织卸车（船），由于收货人的责任卸车（船）迟延，造成线路被占用进而影响承运人按时送达计划，或承运前取消运输，或临时计划外运输致使承运人违约造成其他运输合同不能落实的，收货人应承担赔偿责任。

（2）由于收货人原因导致运输工具损坏的，收货人应按实际损失赔偿。

8.6 运输合同纠纷处理

托运人把货物交给承运人后，承运人会根据双方订立的合同和行业的惯例履行运输的义务，把货物安全、及时地送交给收货人。无论是海运、公路运输、铁路运输还是航空运输，承运人都应意识到货运质量对企业发展的重要性。虽然加强货运质量惯例在某种程度上可以防止运输纠纷的发生，但由于运输途中存在着各种情况，货运事故、运输纠纷难以完全避免。

8.6.1 运输纠纷的类型

1. 货物灭失纠纷

造成货物灭失纠纷的原因有很多。例如，因承运人的运输工具如船舶沉没、触礁，或者飞机失事、车辆发生交通事故、火灾等，以及因政府法令禁运和没收、战争行为、盗窃等；因承运人的过失，如绑扎不牢导致货物坠海等；当然也不排除承运人故意而为，毁坏运输工具以骗取保险，或明知运输工具的安全性能不符合要求仍继续行驶而导致货物灭失等。

2. 货损、货差纠纷

货损包括货物破损、水湿，如汗湿、污染、锈蚀、腐烂变质、虫蛀鼠咬等；货差即货物数量的短缺。货损、货差可能是由于托运方自身的过失造成的，如货物本身标志不清，包装不良，交付货物的质量、数量、性质与运输凭证不符合等；也可能是由于承运人的过失造成的，如装载操作不当，未按要求控制货物运输过程中的温度，载货舱室不符合载货要求，混票等。

3. 货物延迟交付纠纷

货物延迟交付的情况有：承运货物的交通工具发生事故；承运人在接受托运时为考虑到本班次的载货能力而必须延误到下一班期才能发运；在货物中转时因承运人的过失使货物在中转地停留；承运人因自身的利益绕航而导致货物晚到卸货地。

4. 单证纠纷

单证纠纷的情况有：承运人应托运人的要求倒签，预借提单，从而影响收货人的利益，收货人在得知后向承运人索赔，继而承运人又与托运人产生纠纷，此即承运人或其代理人在单证签发时的失误引起承托双方的纠纷；此外，也有因货物托运过程中某一方伪造单证引起的单证纠纷。

5. 运费、租金等纠纷

这样的纠纷包括：因承租人或货方的过失或者故意，未能及时或全额交付运费或租金，双方在履行合同过程中对其他费用如滞期费、装卸费等发生纠纷。

6. 船舶、集装箱、汽车、火车及航空器等损害纠纷

这样的纠纷包括：因托运人的过失，对承运人的运输工具造成损害引起的纠纷。

8.6.2 货运事故和违约处理

货运事故是指货物运输过程中发生货物毁损或灭失。货运事故和违约行为发生后，承托双方及有关方应编制货运事故记录。

在货物运输途中，发生交通肇事造成货物损坏或灭失，承运人应先行向托运人赔偿，再由其向肇事的责任方追偿。

1. 货运事故处理具体规定

在货运事故处理过程中，收货人不得扣留车辆，承运人不得扣留货物。由于扣留车、货而造成的损失，由扣留方负责赔偿。

货运事故赔偿数额按以下规定办理：

（1）货运事故赔偿分限额赔偿和实际损失赔偿两种。法律、行政法规对赔偿责任限额有规定的，依照其规定；尚未规定赔偿责任限额的，按货物的实际损失赔偿。

（2）在保价运输中，货物全部灭失，按货物保价声明价格赔偿；货物部分毁损或灭失，按实际损失赔偿；货物实际损失高于声明价格的，按声明价格赔偿；货物能修复的，按修理费加维修取送费赔偿。保险运输按投保人与保险公司商定的协议办理。

（3）未办理保价或保险运输的，且在货物运输合同中未约定赔偿责任的，按本条第一项的规定赔偿。

（4）货物损失赔偿费包括货物价格、运费和其他杂费。货物价格中未包括运杂费、包装费以及已付的税费时，应按承运货物的全部或短少部分的比例加算各项费用。

（5）货物毁损或灭失的赔偿额，当事人有约定的，按照其约定，没有约定或约定不明确的，可以补充协议，不能达成补充协议的，按照交付或应当交付时货物到达地的市场价格计算。

（6）由于承运人责任造成货物灭失或损失，以实物赔偿的，运费和杂费照收；按价赔偿的，退还已收的运费和杂费；被损货物尚能使用的，运费照收。

（7）丢失货物赔偿后，又被查回，应送还原主，收回赔偿金或实物；原主不愿接收失物或无法找到原主的，由承运人自行处理。

（8）承托双方对货物逾期到达，车辆延滞，装货落空都负有责任时，按各自责任所造成的损失相互赔偿。

2. 货运事故处理程序

（1）货运事故发生后，承运人应及时通知收货人或托运人。收货人、托运人知道发生货运事故后，应在约定的时间内，与承运人签注货运事故记录。收货人、托运人在约定的时间内不与承运人签注货运事故记录的，或者无法找到收货人、托运人的，承运人可邀请两名以上无利害关系的人签注货运事故记录。

货物赔偿时效从收货人、托运人得知货运事故信息或签注货运事故记录的次日起计算。在约定运达时间的 30 日后未收到货物，视为灭失，自 31 日起计算货物赔偿时效。未按约定的或规定的运输期限内运达交付的货物，为迟延交付。

（2）当事人要求另一方当事人赔偿时，须提出赔偿要求书，并附运单、货运事故记录和货物价格证明等文件。要求退还运费的，还应附运杂费收据。另一方当事人应在收到赔偿要求书的次日起，60 日内做出答复。

（3）承运人或托运人发生违约行为，应向对方支付违约金。违约金的数额由承托双方约定。

（4）对承运人非故意行为造成货物迟延交付的赔偿金额，不得超过所迟延交付的货物全程运费数额。

8.6.3 纠纷与索赔的解决

1. 协商

合同当事人在友好的基础上，通过相互协商解决纠纷，这是最佳的方式。

2. 调解

合同当事人如果不能协商一致，可以要求有关机构调解，如一方或双方是国有企业的，可以要求上级机关进行调解。上级机关应在平等的基础上进行调解，而不能进行行政干预。当事人还可以要求合同管理机关、仲裁机构、法庭等进行调解。

3. 仲裁

合同当事人协商不成，不愿调解的，可根据合同中规定的仲裁条款或双方在纠纷发生后达成的仲裁协议向仲裁机构申请仲裁。

4. 诉讼

如果合同中没有订立仲裁条款，事后也没有达成仲裁协议，合同当事人可以将合同纠纷起诉到法院，寻求司法解决。除了上述一般特点之外，有些合同还具有其自愿的特点，如涉外合同纠纷，解决时可能会援引外国法律而不是中国相关的合同方面的法律。

8.6.4 运输保险

货物运输险（以下简称"货运险"）就是针对流通中的商品而提供的一种货物险保障。开办这种货运险，是为了使运输中的货物在水路、铁路、公路和联合运输过程中，因遭受保险责任范围内的自然灾害或意外事故所造成的损失能够得到经济补偿，并加强货物运输的安全防损工作，以利于商品的生产和商品的流通。

1. 主要种类

货运险主要有以下几个险种：

（1）海洋货物运输保险。
（2）陆上货物运输保险。
（3）航空货物运输保险。

2. 海上货物运输涉及的损失

（1）海损定义。

海上货物运输的损失又称海损，指货物在海运过程中由于海上风险而造成的损失。海损也包括与海运相连的陆运和内河运输过程中的货物损失。

（2）海损分类。

海上损失按损失的程度可以分成全部损失和部分损失。

①全部损失。全部损失又称全损，指被保险货物全部遭受损失，有实际全损和推定全损之分。实际全损是指货物全部灭失或全部变质而不再有任何商业价值。推定全损是指货物遭受风险后受损，尽管未达实际全损的程度，但实际全损已不可避免，或者为避免实际全损所支付的费用和继续将货物运抵目的地的费用之和超过了保险价值。推定全损需经保险人核查后认定。

②部分损失。不属于实际全损和推定全损的损失，为部分损失。按照造成损失的原因可分为共同海损和单独海损。在海洋运输途中，船舶、货物或其他财产遭遇共同危险，为了解除共同危险，有意采取合理的救难措施所直接造成的特殊牺牲和支付的特殊费用，称为共同海损。在船舶发生共同海损后，凡属共同海损范围内的牺牲和费用，均可通过共同海损清算，由有关获救受益方（即船方、货方和运费收入方）根据获救价值按比例分摊，然后再向各自的保险人索赔。共同海损分摊涉及的因素比较复杂，一般均由专门的海损理算机构进行理算。不具有共同海损性质，也未达到全损程度的损失，称为单独海损。该损失仅涉及船舶或货物所有人单方面的利益损失。按照货物险保险条例，不论担保何种货运险险种，由于海上风险而造成的全部损失和共同海损均属保险人的承保范围。对于推定全损的情况，由于货物并未全部灭失，被保险人可以选择按全损或按部分损失索赔。倘若按全损处理，则被保险人应向保险人提交"委付通知"。把残余标的物的所有权交付保险人，经保险人接受后，可按全损得到赔偿。

（3）损失通知。

当被保险人获悉或发现保险货物遭损，应马上通知保险人，以便保险人检验损失，提出施救意见，确定保险责任，查核发货人或承运人责任。延迟通知，会耽误保险人进行有关工作，引起异议，影响索赔。

3. 索赔指南

当被保险人保险的货物遭受损失后，向保险公司的索赔问题就产生了。被保险人应按照保单的规定向保险公司办理索赔手续，同时还应以收货人的身份向承运人办妥必要的手续，以维护自己的索赔权利。

（1）提出索赔。

被保险人或其代理人在提货时发现货物明显受损或整件短少，除向保险公司报损外，还应立即向承运人、受托人以及海关、港务局等索取货损、货差证明。当这些损失涉及承运人、受托人或其他有关方面如码头、装卸公司的责任，应立即以书面向他们提出索赔，并保留追偿权利，必要时还要申请延长索赔时效。

（2）采取合理的施救、整理措施。

保险货物受损后，作为货方的被保险人应该对受损货物采取措施，防止损失扩大。被保险人必须协助保险人进行转售、修理和改变用途等工作。因为相对于保险人而言，被保险人对于货物的性能、用途更加熟悉，因此，原则上残货应由货方处理。

（3）备全必要的索赔单证。

①保单或保险凭证正本。

②运输契约，如提单、运单和邮单等。

③货物发票。

④装箱单、磅码单。

⑤向承运人或有责任方请求赔偿的书面文件。

⑥检验报告。

⑦海事报告摘录或海事声明书。

⑧货损货差证明。

⑨索赔清单。

8.6.5 海上货物运输保险涉及的费用

海上风险还会造成费用支出，主要有施救费用和救助费用。所谓施救费用是指被保险货物在遭受承保责任范围内的灾害事故时，被保险人、其代理人或保险单受让人，为了避免或减少损失，采取各种措施而支出的合理费用。所谓救助费用是指保险人或被保险人以外的第三者采取了有效的救助措施之后，由被救方付给的报酬。保险人对上述费用都负责赔偿，但以总和不超过货物险保险金额为限。

运输保险的特点在于：

1. 被保险人的多变性

承保的运输货物在运送保险期限内可能会经过多次转卖，因此最终保险合同保障受益人不是保险单注明的被保险人，而是保单持有人。

2. 保险利益的转移性

保险标的转移时，保险利益也会随之转移。

3. 保险标的的流动性

货物运输保险所承保的标的，通常是具有商品性质的动产。

4. 承保风险的广泛性

货物运输保险承保的风险，包括海上、陆上和空中风险，自然灾害和意外事故风险，动态和静态风险等。

5. 承保价值的定值性

承保货物在各个不同地点可能出现的价格有差异，因此货物的保险金额可由保险双方按约定的保险价值来确定。

6. 保险合同的可转让性

货物运输保险的保险合同通常随着保险标的、保险利益的转移而转移，无须通知保险人，也无须征得保险人的同意。保险单可以用背书或其他习惯方式加以转让。

7. 保险利益的特殊性

货物运输的特殊性决定货运险通常采用"不论灭失与否条款"，即投保人事先不知情，也没有任何隐瞒，即使在保险合同订立之前或订立之时，保险标的已经灭失，事后发现承保风险造成保险标的灭失，保险人也同样给予赔偿。

8. 合同解除的严格性

货物运输保险属于航次保险，《中华人民共和国保险法》《海商法》规定，货物运输保险从保险责任开始后，合同当事人不得解除合同。

8.7 运输合同管理实训项目

8.7.1 项目一：填写运输合同

项目内容：学习具体的运输合同内容填写，能正确地完成合同填写。
项目要求：根据给出案例，上交一份填写完整的运输合同。
训练素材：潍坊飞速物流合同签订案例。
训练方法：根据所给背景资料，完成实训任务。
组织方式：个人完成，相互检查。
实施步骤：学习运输合同填写方法，掌握合同填写的注意事项→个人为单位完成合同的填写→老师公布结果、适当讲解→小组成员相互批阅、评分。

考核评价：任务考核。

【项目资料】

2014年10月10日，青岛中原贸易有限公司购买了一架型号为Y-140的锻压机，生产厂家为潍坊精密设备制造有限公司，采购价格为12万元，并将运输的任务委托给第三方物流公司潍坊飞速物流有限公司，与潍坊飞速物流有限公司签订了货物运输合同。双方在2014年10月30日签订货物运输合同，合计运费为1 850元（货物送达后由青岛中原贸易有限公司在确认货物外包装完好后一次性支付）。合同约定潍坊飞速物流有限公司必须于2014年11月2日前将货物运至青岛中原贸易有限公司，未按规定和要求送达货物承运方需承担货物价值10%的违约金，托运方未在签订合同次日提供托运货物的承担500元/日的违约金。合同签订后，潍坊飞速物流有限公司拟用一辆7.2米长的单轴高栏车投入运输，并规划了运输路线——生产厂家仓库到青岛中原贸易有限公司成品库。

运输合同模板参照表8-1。

运输合同模板

托运方：＿＿＿＿＿＿＿＿＿
托运方详细地址：＿＿＿＿＿＿＿＿＿
承运方：＿＿＿＿＿＿＿＿＿
收货方详细地址：＿＿＿＿＿＿＿＿＿
根据国家有关运输规定，经过双方充分协商，特订立本合同，以便双方共同遵守。
第一条　货物名称：＿＿＿＿；规格：＿＿＿＿；数量：＿＿＿＿；单价：＿＿＿＿总额（元）：＿＿＿＿。
第二条　包装要求
托运方必须按照国家主管机关规定的标准包装；没有统一规定包装标准的，应根据保证货物运输安全的原则进行包装，否则承运方有权拒绝承运。
第三条　货物起运地点：＿＿＿＿；货物到达地点＿＿＿＿。
第四条　货物承运日期＿＿＿＿；货物运到期限＿＿＿＿。
第五条　运输质量及安全要求＿＿＿＿。
第六条　货物装卸责任和方法＿＿＿＿。
第七条　收货人领取货物及验收办法＿＿＿＿。
第八条　运输费用、结算方式＿＿＿＿。
第九条　各方的权利、义务
一、托运方的权利、义务
1. 托运方的权利：要求承运方按照合同规定的时间、地点，把货物运输到目的地。货物托运后，托运方需要变更到货地点或收货人，或者取消托运时，有权向承运方提出变更合同的内容或解除合同的要求，但必须在货物未运到目的地之前通知承运方，并应按有关规定付给承运方所需费用。
2. 托运方的义务：按约定向承运方交付运杂费，否则，承运方有权停止运输，并要求对方支付违约金。托运方对托运的货物，应按照规定的标准进行包装，遵守有关危险品运输的规定，按照合同中规定的时间和数量交付托运货物。
二、承运方的权利、义务
1. 承运方的权利：向托运方、收货方收取运杂费用。如果收货方不交纳或不按时交纳规定的各种运杂费用，承运方对其货物有扣压权。查不到收货人或收货人拒绝提取货物，承运方应及时与托运方联系，在规定期限内负责保管并有权收取保管费用，对于超过规定期限仍无法交付的货物，承运方有权按有关规定予以处理。

（续）

2. 承运方的义务：在合同规定的期限内，将货物运到指定的地点，按时向收货人发出货物到达的通知。对托运的货物要负责安全，保证货物无短缺、无损坏、无人为的变质，如有上述问题，应承担赔偿义务。在货物到达以后，按规定的期限，负责保管。

三、收货人的权利、义务

1. 收货人的权利：在货物运到指定地点后有以凭证领取货物的权利。必要时，收货人有权向到站或中途货物所在站提出变更到站或变更收货人的要求，签订变更协议。

2. 收货人的义务：在接到提货通知后，按时提取货物，缴清应付费用。超过规定提货时，应向承运人交付保管费。

第十条 违约责任

一、托运方责任

1. 未按合同规定的时间和要求提供托运的货物，托运方应按其价值的_____%偿付给承运方违约金。

2. 由于在普通货物中夹带、匿报危险货物，错报笨重货物重量等而招致吊具断裂、货物摔损、吊机倾翻、爆炸、腐蚀等事故，托运方应承担赔偿责任。

3. 由于货物包装缺陷产生破损，致使其他货物或运输工具、机械设备被污染腐蚀、损坏，造成人身伤亡的，托运方应承担赔偿责任。

4. 在托运方专用线或在港、站公用线、专用铁道自装的货物，在到站卸货时，发现货物损坏、缺少，在车辆施封完好或无异状的情况下，托运方应赔偿收货人的损失。

5. 罐车发运货物，因未随车附带规格质量证明或化验报告，造成收货方无法卸货时，托运方应偿付承运方卸车等存费及违约金。

二、承运方责任

1. 不按合同规定的时间和要求配车（船）发运的，承运方应偿付托运方违约金_____元。

2. 承运方如将货物错运到货地点或接货人，应无偿运至合同规定的到货地点或接货人。如果货物逾期达到，承运方应偿付逾期交货的违约金。

3. 运输过程中货物灭失、短少、变质、污染、损坏，承运方应按货物的实际损失（包括包装费、运杂费）赔偿托运方。

4. 联运的货物发生灭失、短少、变质、污染、损坏，应由承运方承担赔偿责任的，由终点阶段的承运方向负有责任的其他承运方追偿。

5. 在符合法律和合同规定条件下的运输，由于下列原因造成货物灭失、短少、变质、污染、损坏的，承运方不承担违约责任：

（1）不可抗力。

（2）货物本身的自然属性。

（3）货物的合理损耗。

（4）托运方或收货方本身的过错。

第十一条 本合同正本一式两份，合同双方各执一份；合同副本一式_____份，送_____等单位各留一份。

托运方（盖章）：_____　　　承运方（盖章）：_____

代表人（签字）：_____　　　代表人（签字）：_____

地址：_____　　　地址：_____

电话：_____　　　电话：_____

开户银行：_____　　　开户银行：_____

账号：_____　　　账号：_____

_____年___月___日　　　_____年___月___日

签订地点：_____　　　签订地点：_____

8.7.2 项目二： 填写海运集装箱运输合同

项目内容：学习具体的海运集装箱运输合同内容填写。
项目要求：根据给出的案例，上交一份填写完整的运输合同。
训练素材：集装箱运粮太仓案例。
组织方式：个人完成，相互检查。
实施步骤：学习海运集装箱运输合同的填写方法，掌握合同填写的注意事项→个人为单位完成合同的填写→老师公布结果、适当讲解→小组成员相互批阅、评分。
考核评价：任务考核。

【项目资料】

集装箱运粮太仓破解北粮南运难题

太仓开通了运输东北大米的集装箱海运船舶，以其独特的优势受到了市场各方的好评。它不仅打破了太仓、苏南乃至江苏全省各地大米散货运输的常规，拉开了利用集装箱海运实现"北粮南运"的帷幕。

以往粮油运输都以铁路、公路为主，即使采用水运也只以散装为主。但是，由于铁路运力紧张，手续麻烦，时间较长，频繁转驳，粮食损耗也大，使得原本低廉的成本大幅上扬，还有许多市场的"潜规则"，因此铁路运输成为制约"北粮南运"的瓶颈。

去年以来，太仓在开展为太仓港发展建功立业的活动中，市粮食部门结合运粮储粮，创新工作思路，提出发展粮食市场，确保粮食安全，为构建和谐社会做出贡献。于是通过走访调查，发现目前太仓临江滨海，粮食物流大有文章可做。太仓港得天独厚的资源优势，能够为加快经济社会发展助力，为提升老百姓生活质量造福。

于是，集装箱海运粮食的动议应运而生。这个具有运输价格低、货物质量保证、交货时间及时等优点的方法，不仅能够做大做优粮食交易市场，形成市场核心竞争力，还能够扩大周边辐射面，对接下游的粮油市场产业链。在谈到发展集装箱海运粮食时，太仓市粮油批发交易有限公司总经理杨祖荫说："今年真正体现的是太仓港的这个优势。对太仓的好处就是粮食量增加了，第一个是大米新鲜，第二个是价格，没有经过中间环节，直接从米厂到我们粮油批发市场。"

对集装箱海运航线，直接受益的是那些进入市场的个体经销商。对他们来说，减少了环节，节省了成本，确保了粮食质量与安全。个体经营户王明增感触最深："太仓港开通集装箱海运之后，便于我们运输，也给我们的市场带来了不少方便，比如过去都是由昆山火车、汽车运到这边，现在海运开通以后是直接运到，运输费用减少了。快速、方便，太仓港起到了很大的作用。"

与太仓粮油批发交易市场内经营粮油产品的个体工商户一样，来自安徽的王明增，在太仓做了三年多的粮食批发生意，是市场开业后首批进入的批发商。他主要经营杂交米、东北米和苏北米，去年销售量达一万五六千吨，其中东北大米约占一半。今年开通了集装箱海运航线后,他的东北大米生意越做越兴隆。前四个月粮食批发量同比去年增了两倍多。像王老板这样的个体粮油批发户,在太仓粮油批发交易市场共有40余户。98%以上是外地人。

地处江海交汇的太仓,坐拥长江经济带和沿海开放带的天然良港。太仓,曾因2400多年前吴王在此设立粮仓而得名,是典型的"江南水乡金太仓",又因明代著名的航海家郑和七下西洋由此起锚而传世,太仓独特的区位优势令世人瞩目。昔日"皇帝的粮仓",今朝将呈现五谷丰登、国泰民安的景象。

随着经济的快速发展,太仓粮食也从"主产区"向"主销区"转变,太仓本土的粮食,除了用于国家储备粮外,剩余能流入市场的不多。老百姓对粮食的消费要求越来越高,不仅要米质好、口感好,还要富营养、无公害、绿色生态。2004年,太仓市政府出台实事工程,决定在新浏河与204国道交叉口,建立粮油批发交易市场。该市场总投入1.5亿元,拥有交易、仓储、质检、码头、综合服务等多个区域,市场集粮油商品批发、零售、中转、储存、质量检验、信息服务等于一体,是太仓最大的粮油专业交易场所和粮油商品物流中心,被誉为居民口粮供应的安全"蓄水池"、平抑粮食市场价格的"稳定器"。它还成了辐射临沪地区重要的粮油商品集散地之一。去年该市场实现批发粮油8.57万吨。其中近50%的粮食销往上海、苏州、昆山、常熟等地。

为了有效破解"北粮南运"的难题,太仓市粮食部门大胆探索,反复比较,最终选择太仓港集装箱运粮。2月中旬,太仓元鑫粮油批发经营部首开"集装箱海运"第一单:由辽宁营口港装载116吨大米的4个集装箱,经过海上运输到达太仓港,卸载后直接运到交易市场。这种"门对门"的服务形态,受到个体经营户的拍手称快。到目前,太仓粮油市场与辽宁营口、锦州、大连等港口开设"集装箱海运粮食"绿色通道,确保粮食运输的及时与安全。今年第一季度,该市场集装箱海运粮食30个标箱840吨,开辟了太仓港集装箱运粮新途径。

同样尝到集装箱运粮甜头的毕胜利,今年35岁,专做东北大米生意,有七八个品种,如普通的、中高档的,每个月的批发量三四百吨。太仓港开通集装箱海运航线后,他的生意越做越大。他对记者说:"海运过来最方便,因为它是直接从太仓港海运到我们粮油市场的,如果用火车运到上海,然后用短途运输到昆山,费用就高了,海运是最方便的。"

开业才三年多的太仓粮油市场,通过招商引资、人本管理,初具规模。去年该市场名列苏州粮食市场综合管理考核第一。王明增说:"政府在细节方面帮我们考虑得很周到,帮我们分析之前的市场行情,在什么地方找货车,哪里价格便宜,进什么货好卖,帮我们解决资金问题,便于我们发展。"

在太仓,像毕胜利、王明增这样做粮食生意的搭上了集装箱海运的新航线,将包括东北大米在内粮油商品不仅销往太仓城乡,还辐射上海、苏州等周边地区。聪明睿智的太仓人,用科学发展的战略眼光破解"北粮南运"的难题,并引发了一场粮食运输革命。太仓港开发的集装箱运粮,让原本去上海、苏州、昆山拉粮食的经营户,都集中到太仓港来运粮食、储大米,太仓逐渐成为长三角地区粮油的中转站和集散地。

今年太仓粮油市场任重道远，瞄准着太仓港集装箱海运粮食 3 000 个标箱。放眼今日太仓，稻米清香，鱼米之乡。这里将无愧于新世纪新时代再现的"天下粮仓"。

本章小结

本章讲述了运输合同的概念，运输合同纠纷类型，承运人、发货人等的权利和义务，运输合同的种类，运输过程中的保险以及责任；重点阐述了运输合同中货损、索赔和责任分配，并给出相应的解释和对策；列举了海运集装箱运输合同的例子，同时普及了合同管理的知识。

复习思考题

一、名词解释

1. 运输合同
2. 要约
3. 承诺
4. 货物灭失

二、简答题

1. 简述运输合同的类型。
2. 简述运输合同的特点。
3. 简述货运事故处理程序。
4. 简述索赔必备单证。
5. 试以一种货运方式为例说明如何确认货运事故中的赔偿责任。

三、思考题

1. 某货代公司接受货主委托，安排一批茶叶海运出口。货代公司在提取了船公司提供的集装箱并装箱后，将整箱货交给船公司。同时，货主自行办理了货物运输保险。收货人在目的港拆箱提货时发现集装箱内异味浓重，经查明该集装箱前一航次所载货物为精萘，致使茶叶受精萘污染。请问：

（1）收货人可以向谁索赔？为什么？

（2）最终应由谁对茶叶受污染事故承担赔偿责任？

2. UPS 是一家大型的国际快递公司，每天的运输量达 1 000 多件。UPS 在世界上建立了 10 多个航空运输的中转中心，在 200 多个国家地区建立了几万个快递中心，年营业额可达几百亿美元，在世界快递公司中享有很高的声誉。UPS 公司是从事信函、文件及包裹快速传递业务的公司，在世界各国和地区取得了进出的航空权。在中国，它建立了许多快递中心。请问：

（1）为什么说 UPS 是一家国际物流企业？它与一般运输物流企业有什么不同？

（2）开办快递物流企业是否有风险？风险表现在哪些方面？

附录 A · Appendix A

常用的缩略词及短语

A

advanced freight, A. F. 预付运费
actual gross weight 实际毛重
advance manifest system, AMS 提前舱单系统
air way bill, AWB 航空运单

B

bunker surcharge or bunker adjustment factor, B. A. F 燃油附加费
bill of lading, B/L 提单
booking note, B/N 托运单

C

currency adjustment factor, C. A. F 币值附加费
customs clearance 报关
customs declaration, C/D 报关单
cost and freight, CFR 成本加运费（运费付至目的港）
container freight station, CFS 集装箱货运站
cost, insurance and freight, CIF 成本运费加保险，俗称"到岸价"
counter offer 还盘

certificate of origin, C/O 产地证
chargeable weight 计费重量
container yard, CY 集装箱码堆场

D

direct additional 直航附加费
dry cargo container, DC 普通干柜
destination delivery charge, DDC 目的港交货费
devanning 拆箱
delivery order, D/O 提货单
dock receipt, D/R 码头收据
deviation surcharge 绕航附加费

E

equipment interchange receipt, EDI 港口设备交接单

F

freight all kinds, FAK 均一费率
full container load, FCL 整箱货
fore draft 吃水
federal maritime commission, FMC 联邦海事局

free on board, FOB　离岸价
flat/rack, F/R　平板柜

G

geneal cargo, G/C　普通货
general cargo rate, GCR　普通货物运价
gross weight, G.W.　毛重

H

house air way bill, HAWB　航空分运单
house bill of lading, HB/L　货代单
heavy lift additional　超重附加费

I

International Air Transport Association, IATA　国际航空运输协会
International Civil Aviation Organization, ICAO　国际民航组织

L

letter of credit, L/C　信用证
less than container Load, LCL　拼箱货
letter of guarantee, L/G　保函
loading list, L/L　装货清单
long length additional　超长附加费

M

master airway bill, MAWB　航空公司总运单
master bill of lading, MB/L　船东单
manifest, M/F　载货清单
mate's receipt, M/R　收货单、大副收据
merchant vessel, M/V　商船

N

net weight, N.W.　净重

O

ocean bill of lading, OB/L　船东单
original receiving charge, ORC　出口地附加费
optional surcharge　选卸附加费
open top, O/T　开顶柜

P

port additional or port surcharge　港口附加费
port congestion surcharge　港口拥挤附加费
packing list, P/L　装箱单、明细表
port of loading, POL　装货港
port of discharge, POD　卸货港

R

refrigerated container, RF　冻柜

S

shipping mark　唛头
shipping marks, S/M　装船标记
shipping note, S/N　装船通知单
shipping order, S/O　订舱单；装货单；关单；下货纸
shipper's own container, SOC　自备柜

T

terminal handing charge, THC　港口附加费
transshipment surcharge　转船附加费
transit time, T/T　航程

V

volume weight　体积重量

W

weight, WT　重量

参 考 文 献

[1] 傅莉萍. 运输管理 [M]. 北京：清华大学出版社，2015.
[2] 许淑君，尹君. 运输管理 [M]. 上海：复旦大学出版社，2011.
[3] 刘艳霞，杨丽. 物流运输管理 [M]. 北京：机械工业出版社，2008.
[4] 黄友文. 运输管理实务 [M]. 北京：北京大学出版社，2013.
[5] 王海兰. 集装箱运输管理实务 [M]. 北京：电子工业出版社，2014.
[6] 余洁. 运输管理 [M]. 北京：电子工业出版社，2012.
[7] 李联卫. 物流运输管理实务 [M]. 2版. 北京：化学工业出版社，2012.
[8] 李庆，吴理门. 运输管理实务 [M]. 大连：大连理工大学出版社，2009.
[9] 张理，刘志萍. 物流运输管理 [M]. 北京：清华大学出版社，2012.
[10] 李文翎. 物流运输管理 [M]. 北京：科学出版社，2017.
[11] 陈彬. 基于RITS的铁路货运业务流程优化研究 [D]. 成都：西南交通大学，2014.
[12] 崔云洪，韩伯领，高德庆，李伟. 中国铁路国际货物运输理论与实务 [M]. 北京：中国商务出版社，2009.
[13] 阴跃平，郝洪建. 铁路货物运输合同纠纷赔偿问题研究 [J]. 法律适用，2007（12）：87-88.
[14] 郑秀恋，温卫娟. 物流成本管理 [M]. 北京：清华大学出版社，2013.
[15] 何妍，朱亚琪，贾丽颖. 物流运输管理实务 [M]. 北京：清华大学出版社，2015.
[16] 顾丽亚. 国际多式联运实务 [M]. 北京：人民交通出版社，2011.
[17] 阎子刚. 物流运输管理实务 [M]. 2版. 北京：高等教育出版社，2011.
[18] 朱仕兄. 物流运输管理实务 [M]. 北京：北京交通大学出版社，2009.
[19] 杨志刚. 国际集装箱多式联运实务与法规 [M]. 北京：人民交通出版社，2011.
[20] 徐国祥. 统计预测与决策 [M]. 上海：上海财经大学出版社，2008.
[21] 刘国山. 数据建模与决策 [M]. 北京：中国人民大学出版社，2004.
[22] 云俊，等. 运筹学原理及运用 [M]. 北京：北京大学出版社，2012.
[23] 杜红. 应用运筹学 [M]. 杭州：浙江大学出版社，2010.
[24] 李成标. 运筹学 [M]. 北京：北京大学出版社，2012.
[25] 张杰，周硕. 运筹学模型 [M]. 沈阳：东北大学出版社，2005.
[26] 郑翔. 运输合同签订与风险控制 [M]. 北京：人民法院出版社，2007.
[27] 张长青，郑翔. 运输合同法 [M]. 北京：北京交通大学出版社，2005.